魔法少女はなぜ変身するのか

目次

魔法少女はなぜ変身するのか

――ポップカルチャーのなかの宗教

序章

劇場版アニメ「鬼滅の刃【1】」（図1）が社会現象といわれるほどの大ヒットとなった。二〇二〇年一〇月一六日に封切られて以来、ネットもテレビのワイドショーも連日「鬼滅の刃」の話題で盛り上がった。これまでの日本映画における興行収入ランキングをみると、一位「千と千尋の神隠し」（三〇八億円）、二位「君の名は。」（二五〇億円）、三位「ハウルの動く城」（一九六億円）となっていて、さらに「もののけ姫」「踊る大捜査線 THE MOVIE2 レインボーブリッジを封鎖せよ！」「崖の上のポニョ」「天気の子」と続く。二〇二〇年一二月二七日、「鬼滅の刃」は「千と千尋の神隠し」を抜いて興行収入一位となった。アジアやアメリカでも好評で興行収入も五〇〇億円を超えた（二〇二一年四月末）。

妹の禰豆子のために身を挺する竈門炭治郎に家族愛を見て涙する人が多いというが、禰豆子は「鬼」であり、戦う相手も鬼である。【2】マンガの最終巻では、登場人物は生まれかわって邂逅する。

【1】吾峠呼世晴が二〇一六年二月から二〇二〇年五月にかけて『週刊少年ジャンプ』に連載したマンガ『鬼滅の刃』（単行本全二三巻）を原作としたアニメ。劇場版「無限列車編」は二〇一九年四月から九月にかけてTOKYO MXテレビ他で放送された深夜アニメ（全二六話）の続編。

図1『鬼滅の刃』第1巻（吾峠呼世晴、集英社）

「千と千尋の神隠し」は異界に迷い込んだ少女の物語で、「君の名は。」の主人公・三葉は神社の家系の巫女である。「ハウルの動く城」では荒れ地の魔女が重要な役回りを演じている。

宗教研究者、とくに現代社会における宗教を考察する研究者の間では、アニメやマンガ、あるいはゲームに、「宗教」が頻繁に登場することはよく知られている。日頃接する学生さんがひじょうに狭い宗教領域（大抵はトリビア）について詳しかったりすることもそう珍しいことではない。彼らは実生活では無縁な「イタコ」や「陰陽師」についてどこで知ったのだろうか。「生まれ変わり」「死後の世界」への関心はいったいどこで醸成されたのだろうか。家庭か、地域共同体か、学校での教育か。思い当たるのは「メディア」である。

アニメやマンガを素材にして、宗教的なテーマを論じることは十分に可能である。密教を主たる研究領域とする正木晃は、大学で宗教画を説明するのに身近なアニメ作品の利用が効果的として「風の谷のナウシカ」を用いている【3】（図2）。予言、シャーマン、トリックスター、キリスト教の色彩学、貴種流離譚、陰陽五行などかなりの項目数である。それだけ「風の谷のナウシカ」には宗教的要素が詰まっていることになる【4】。

他にも、神話学者の平藤喜久子のように、現代のグローバル化社会においてど

【2】一条真也も指摘しているように（『「鬼滅の刃」に学ぶ』現代書林、二〇二一年）、「鬼滅の刃」の鬼が、多分にヴァンパイア的である点に留意しておきたい。民俗学者の小松和彦は古くから語られてきた鬼退治の物語の継承を指摘するが（朝日新聞、二〇二一年一月一六日）、様装や能力、ストーリーは断絶の面が強いと考える。

図2『風の谷のナウシカ』マンガ版第2巻（宮崎駿、徳間書店）

【3】『はじめての宗教学——『風の谷のナウシカ』を読み解く』（春秋社、二〇〇一年）。

【4】正木は他にも、『お化けと森の宗教学 となりのトトロといっしょに学ぼう』（春秋社、二〇〇二年）、『「千と千尋」のスピリチュアルな世界』（春秋社、二〇〇九年）を刊行している。

のように神話が利用されているかを論じたり[5]、古代メソポタミアを専門領域とする渡辺和子のように、宮崎駿が原作・脚本・監督した「崖の上のポニョ」を洪水神話から読み解こうとした事例もある[6]。研究領域が現代社会と宗教ではなくても、自らの領域の知見に立ってポップカルチャーに見出される宗教性を分析することはそう珍しいことではない。かくいう筆者も、「攻殻機動隊」を使って高度技術社会における現代人の魂を論じたことがある[7]。

ＡＩはロボット工学の中核的な最先端技術である。ロボットと宗教との関わりを考える上で想起されることに「機械の中の幽霊」がある。この言葉はイギリスの哲学者ギルバート・ライルがデカルトの心身二元論を批判するために用いた表現である[8]。ライルによれば、デカルトは心（res cogitance）と身体（res extensa）をわける。前者には直観、自由、分割不能、破壊不能そして自由意志という特権的な立場を与え、自己としての同一性の根拠も心にあるものと優越性を設定する。しかしながらライルは、我々は心と身体の両方をもつ存在としてあるのであって、私という存在は、私の身体と関連づけられてはじめて意味を持つと主張する。デカルトの主張は「機械の中に幽霊がいるという教義」（the dogma of the Ghost in the Machine）であると批判し、人が肉体という機械の中に精神というゴーストをもっているかのように考えるのは誤りであると述べている。

【5】平藤喜久子「グローバル化社会とハイパー神話――コンピュータＲＰＧによる神話の解体と再生」（松村一男・山中弘編『神話と現代』リトン、二〇〇七年）。

【6】渡辺和子「ポニョの海の中と外――「初源神話」の創出」（『現代宗教　２０１２』秋山書店、二〇一二年）。

【7】拙稿「機械の中の幽霊」（『宗教研究』第三七七号、二〇一三年）。

【8】Ｇ・ライル『心の概念』（原著、一九四九年、坂本百大他訳、みすず書房、一九八七年）。

「機械の中の幽霊」という表現は、その後アーサー・ケストラーがそのまま書名としたことで知られるようになった。[9] ケストラーもライルの考え方を受け継いで、ホロンという全体概念を提唱している。

ところで、「機械の中の幽霊」は、現代日本のポップカルチャーにおいては、士郎正宗原作のマンガ・アニメ作品「攻殻機動隊」の元ネタとして知られている。[10] 「攻殻機動隊」の英語タイトルは *Ghost in the Shell* である。作品は、ライルの the dogma of the Ghost in the Machine をもじったものではあったが、内容はまったく異なったものだった。ライルやケストラーが心身二元論を否定し、人の総体的な存在様式を理解しようとしたのに対して、「攻殻機動隊」では、義体化しサイボーグ化していく肉体と、純粋化する自分（自意識や魂）はみごとに分離して描かれている。「攻殻機動隊」に登場するネットワークのゴーストは、明らかにデカルト的でオカルト的な心の概念を隠喩するテーマである。

現代日本社会におけるアニミズムの残存もしくは維持は、いろいろな機会に指摘される。

アメリカの人類学者ジェニファー・ロバートソンは、最先端ロボットのなかに神道の伝統が生きていると述べている。「日本のロボット開発が評価される理由は、その文化的・宗教的な歴史にある」のであり、神道では石や木などあらゆる

【9】 Arthur Koestler, *The Ghost in the Machine* (Hutchinson & Co Ltd, 1967). 邦訳は『機械の中の幽霊――現代の狂気と人類の危機』（日高敏隆訳、ぺりかん社、一九六九年）。

【10】 原作のマンガは一九八九年、アメリカで人気となった劇場版アニメは一九九五年。高度なネットワーク社会と電脳化を背景にしたSF作品。

モノに生命を吹き込むから「ロボットは生あるものとみなされ、日本の開発者はロボットに感情や良心をもたせられると信じている」[11]。ロバートソンの神道理解が正しいかどうかは別にして、日本人がロボットを単なる機械と見なしていないことは、他の多くの事例からも理解できる。

朝日新聞の特集「〈文化変調〉第6部・ガラパゴスの先へ（3）機械と異界 魂宿す人型ロボット」（二〇一一年一月八日）の中で、なぜ日本人はロボットと共生したがるのかと尋ねられた人工知能専門研究者・松原仁は、「神に創造された人間が特権的に自然を支配する西洋的な世界観でなく、万物に魂が宿る価値観が背景にある」と分析している。また、日本でのＡＲ（拡張現実）への関心の高さについて、情報工学の稲見昌彦は「地縛霊や座敷童など、場所に特定の存在を見いだす日本ならではの、八百万の神を可視化する眼鏡かもしれない」と話す。

こうした状況を「テクノ・アニミズム」という語を用いて説明しようとする研究者が複数存在する。奥野卓司は早くからテクノ・アニミズムという語を用いた研究者である[12]。アメリカの社会学者アン・アリスンも、『菊とポケモン』において、いつでも携帯できる小さな機器「ゲームボーイ」「ＤＳ」を単なる道具とはせず、他者とのコミュニケーションツールとし、学習による自己向上に役立てようとする日本人を評して「テクノ＝アニミズム」とよんでいる[13]。

【11】*NewsWeek* 日本語版（二〇〇八年、一〇月一五日号）、五五頁。

【12】奥野卓司『人間・動物・機械――テクノ・アニミズム』（角川書店、二〇〇二年）。

【13】アン・アリスン『菊とポケモン』（実川元子訳、新潮社、二〇一〇年）、三五二頁。

いきなり話を広大な領域に展開してしまったが、人型ロボットとして「鉄腕アトム」が生み出されたり、初音ミクがネットの世界へ拡散していったのも日本ならではのことのように思える。奥野やアリスンの指摘は、現代日本社会におけるアニミズムの存在を、再び指摘して見せはしたが、我々を取り巻く社会や日常生活がこれだけ変化したにもかかわらず、なぜそうした現象が維持されるのか、その理由が明確になるわけではない。なぜメディアの中に、多様な宗教性が見え隠れするのだろうか。

しかしながら、子どもの頃から見てきたアニメやマンガ、数多くのゲームソフトに「宗教」を意識したことがあるだろうか。「ONE PIECE」（図3）は異能者の物語であり、「ナルト」はありえない忍術を使う作品である。「鬼滅の刃」でも「約束のネバーランド」でも鬼が重要な役割を担っている。「魔法少女プリキュア」「魔法少女まどか☆マギカ」の主人公は魔法少女である。しかし読者（視聴者）は、そうした人物を「宗教者」と考えたことがあるのだろうか。宗教学者が指摘するように、多くの宗教的要素が詰め込まれているとしても、そうした宗教性への関心が日常生活において高まるとか、身につくとかといったことは考えにくい。アニメやマンガを媒介にして何か超越的なつながりを感じるなどということがあるのだろうか。巫女や魔法使い、陰陽師はたんなるキャラクターであって、

図3『ONE PIECE』第1巻（尾田栄一郎、集英社）©尾田栄一郎／集英社

本格的な宗教的世界へ誘う存在ではない。宗教的と思われるテーマも、「努力」「根性」「友情」「恋愛」「成長」の前ではかすんでしまう。アニメやマンガを多く視聴する者が宗教的要素故に内省的な深まりを経験しているとか、精神的な困難の克服に役立てているというわけではないだろう。制作者は、多くの場合、宗教者や宗教団体ではなく、マンガ家、アニメーター、制作委員会である。読者アンケートの順位が低くなるとか、視聴率が低迷すれば連載や放映は打ち切られる。

本書の目的は、アニメやマンガといったポップカルチャーに宗教がどのように表象されているのかを考察することで、現代社会における宗教の意味の変容を理解することである。無数といっていいほどの作品の中から、魔法使い、巫女や神社や能力者をこれでもかと集めて披瀝したり、「新世紀エヴァンゲリオン」や「魔法少女まどか☆マギカ」といった特定の作品を取り上げて、いかに宗教的であるか深読みしようとする試みではない。戦後、社会構造の変動により神社や寺院の社会的基盤となっていた地域社会は解体していった。その結果、地域社会の紐帯や伝統文化保持の役割を果たしてきた氏神信仰は脆弱化した。他方で、祖先崇拝の基盤となってきた「家」の解体と核家族化、さらには少子高齢化、未婚率と単身世帯の上昇は、日本人の基層的で重大な宗教性であった祖先崇拝の変容を余儀なくしている。

実生活での宗教性の希薄化とは対照的に、ポップカルチャーにおける宗教性の表出は実に多様多量である。日常生活において、地域社会や村の古老から、学校教育で、そして家庭において伝統的な宗教性が継承されず、ましてや宗教団体に帰属することのない若者が、宗教に関する知識を有していることは確かである。明らかにその基盤は高度情報消費社会である。こうしたことを考えると、メディア、とくに若者の間で広く共有され、視聴されているアニメやマンガといったポップカルチャーにどのような宗教的テーマやキャラクターが見られるか、影響力の有無を考察することは、現代日本の宗教状況を理解するために不可欠な研究であるように思えてくる。

学問的な考察を進める上で、いくつかお断りしておきたいと思う。何を考察の対象とし、どのように扱うかについてである。とくに関心の無い方は本文に進んでいただいても結構である。

考察を進める際にまず問題になったのはどの作品を取り上げるかであった。まず考察の対象とされるべきは、若者の間で支持されたり、社会的に話題となった作品であるだろう。人気作品は往々にして長編となる。最初のシリーズ終了後に新シリーズが開始されるのは、しばしば見られることである。「プリキュア」のシリーズは（二〇二二年四月現在）一九シーズンに及び、現在も放映中である。「美少女戦士セーラームーン」（以下「セーラームーン」）はテレビ放送から二五年を経て、二〇二一年に劇場版「美少女戦士セーラームーンEternal」が二部連続で公開された。

こうした「長大化」は、現在のメディアミックスの中でより複雑な形態を取ることになる。ウィキペディアから「メディアミックス」について引用してみると、

特定の娯楽作品が一定の経済効果を持った時、その作品の副次的作品を幾種類かの娯楽メディアを通して多数製作することでファンサービスと商品販促を拡充するという手法のことを指す。……近年は、元々一つのメディアでしか表現されていなかった作品（原作）を、小説、漫画、アニメ、ゲーム（コンピュータゲーム）、音楽CD、テレビドラマ、映画、タレント、トレーディングカード、プラモデルなど、複数メディアを通じて展開するビジネスモデルを指して、「メディアミックス」と呼ばれるのが一般的である。

ということになる。研究者として望ましいのは、特定の作品を論じる際に、メデ

ィアミックスされた全ての作品も承知していることである。しかし、これはきわめて困難である。作品によってはパチンコ業界へ波及しているものさえ存在する。

ひとつの作品に関する多様なメディア展開は、そのキャラクターやストーリーひとつをとっても、複雑で場合によっては矛盾に満ちたものとしている。作品群が膨らんでいく中で、原作にないキャラクターが登場し、あらたなシチュエーションと終焉が設定される。これをどうやってひとつの作品として理解したらいいのだろうか。

作品数の多さと視聴にかかる時間の長さにも困惑した。どの作品を取り上げるべきなのか、明確で客観的な基準が見当たらない。マンガであれば発行部数がひとつの基準になるが、誰でもが確認できる発行部数というデータは見いだせなかった。視聴率も同様で、近年は深夜枠に放送される作品が少なくないが、視聴率自体は低い。しかしながらその後の話題性や、メディアミックスでの影響力など、単純に放送時の視聴率だけでは推し量れない。

アニメの場合、本編を一本二〇分として計算すると、放送回数全体の時間は、単純に計算しても長大なものとなる。たとえば「セーラームーン」は全二〇〇話で四〇〇〇分（約六七時間）である。人気のアニメで現在も放送が続いている「プリキュア」シリーズは、一八シリーズまでで全八七三話、一万七四六〇分

（二九一時間）となる。これらを視るだけでなく、研究としてノートやメモをとることを考えると、気が遠くなる。アニメの評論家たちは本当に全作品を見ている（きちんとチェックしている）のかとさえ思われる。[14]

取り上げる作品の恣意性も大変気になる。個人的な意味で関心のある作品、考察するのに都合の良い作品を取り上げる傾向はないだろうか。ポップカルチャー全体を俯瞰するような構造になっているのか。実際に執筆する際にはどうしても偏向が生じる。アニメに関する考察としては早い時期に刊行されたスーザン・ネイピア『現代日本のアニメ[15]――『ＡＫＩＲＡ』から『千と千尋の神隠し』まで』では、「魔法の少女とファンタジーの世界」を考察するために、宮崎駿作品（「となりのトトロ」、「魔女の宅急便」、「風の谷のナウシカ」）と、「うる星やつら」（図４）「ああっ女神さまっ」「電影少女」の六作品を取り上げている。多くの魔法少女作品の中からなぜこれらの作品が選ばれたのかは記されていない。すぐにも考察対象の適切性が問題となる。

読者もしくは視聴者が受ける影響の点についても頭の痛いところである。作品で描かれる宗教的なキャラクターやストーリーは、受容者にどのような影響をどの程度及ぼしているのだろうか。そもそも、受容者は作品をすべて視ている、読んでいるのだろうか。毎週一度視聴する場合と、全話を短時間にまとめて視るの

【14】小森健太郎は、斎藤環『戦闘美少女の精神分析』（筑摩書房、二〇〇〇年／ちくま文庫、二〇〇六年）を批判しているが、それは、解釈の相違によるものではなく、斎藤が対象とした作品を「実際に見ていない」ことを問題にしている（小森健太郎『神、さもなくば残念』作品社、二〇一三年）。

【15】原書、二〇〇〇年、神山京子訳、中央公論新社、二〇〇二年。

図４『うる星やつら』第３巻（高橋留美子、小学館）

とでは影響や感想も異なるにちがいない。当然、影響や感想は一律ではないだろう。視る年齢・性によっても差が生じるだろう。

対象自体が持つ制約という点では、ゲームの方がより困難かもしれない。ゲームを研究対象としたときに、考察のためにはどのような作業が必要なのだろうか。ゲームの世界観や宗教性を指摘するためには、やはり自分でゲームを操作してクリアしておく必要があるだろうか。自分でゲームをしなくても実況動画を見るだけでもいいのだろうか。それとも公開されている外形的な説明を読むだけで論じてもいいのだろうか。手探りである。

以上のことを想定しながら本書が取り上げる作品はおおよそ以下のようになっている。基本は、人気作品であること。「人気」の基準は視聴率、販売部数、人気ランキング、受賞作品といったもので、一律の客観的な基準があるわけではない。解釈のために、上記の基準に必ずしもそぐわない作品も含まれているかもしれない。その点は恣意的である。言及したアニメはすべて視聴した。ただし、複数のシーズンにまたがる作品で話題になったのが第一シーズンの場合には、言及がない限りは第一シーズンのみの視聴である。映画版も同様の扱いとなっている。アニメとマンガでの描写の違いを説明するために、同一タイトルの場合にはマンガも見るようにした。「生まれ変わり」の章など、マンガを主として参照した場合もあるが、基本的にはアニメに軸足を置いている。ゲームは対象外とした。テーマも多様に設定可能であるが、本書では「魔法少女」「巫女・神社」「異世界・転生」に絞った。機会があれば、他のテーマについても考察して見たいと思っている。

「ポップカルチャー」について簡単に説明をしておく。ポップカルチャーと類似した用語にマスカルチャーがある。どちらも訳されるときには「大衆文化」となる。ただ、マスカルチャーが「マス」であるように、大衆を文化的に統合された大きな塊として成立する文化を意味する。他方で、ポップカルチャーは、「先端的」という意味も含有し、脱マスカルチャーということができる。また、ポップカルチャーの主たる受容者は若者であるから、ユースカルチャーとも重なっている。現在では、アニメやマンガは必ずしもユースだけでなく幅広い年代の視聴者に享受されているが、基本は若者文化を想定しておきたいと思っている。

第1章

魔法少女はなぜ変身するのか

1 魔法少女の発生と展開

「魔法使いサリー」

魔法少女は一九六六（昭和四二）年に登場して以来、片時も私たちの側を離れない。日曜の朝には定時の番組があって、当たり前に視聴してきたのではないだろうか。中学生になって低学年向けの魔法少女は卒業しても、依然としてアニメやマンガには多様な年代にアピールする魔法少女が存在する。時には驚くような視聴率をとったり、莫大な興行収入を得ることもある。社会現象となった作品すら存在する。そして、私たちはそれが「魔法」として描かれていることに頓着していない。

魔法と「変身」

本章は、「魔法」と「変身」をキーワードとして、現代日本社会のポップカルチャーに表象される宗教性について考察する。

変身であるが、変身願望は、現代日本社会において、多様な形態を取りながら、いたるところにうかがうことができる。新聞記事検索で「変身」「変身願望」を検索すると、実に多くの記事に行き当たる。私たちがいかに外形を変えることで、何か別の物、別の自分になりたがっているか、具体的に理解することができる。エステやダイエットによる痩身願望は、変身願望ときわめて近い関係にあるように思える。筋肉を付けるボディメイクや、整形にいたっては変身そのものである。タトゥーやスプリットタン（舌を割る）、身体に異物を埋めこんだり穴をあけるなどの身体改造も同様と考えていいだろう。

新聞記事でヒットする多くは、化粧や服飾に関するものである。ウィッグ、カラーコンタクト、メーキャップ、男装・女装、そしてコスプレなどは、比較的簡単な「変身」である。

田中東子によれば、少女系サブカルチャーにおいては主流ではなかったコスプレが一気に広がりを見せるのは一九九〇年代半ば以降である。[1]コスプレとは「既存のキャラクターに似た衣装や化粧や装具を身につけ、そのキャラになりきって決めのポーズを取ったり、踊ったり、写真のモデルになったりする仮装遊び[2]」である。化粧や服装を日常とは極端に変えることで、「別人になったみたい」「イメージチェンジがしたかった」「いつもと違う自分」ということなのかもしれない

【1】田中東子「コスプレという文化」成実弘至編『コスプレする社会』（せりか書房、二〇〇九年）。

【2】小泉恭子「異性を装う少女たち」井上貴子他編『ヴィジュアル系の時代』（青弓社、二〇〇三年）。

が、こうした変身にはどこか宗教性がつきまとっているように思えてならない。【3】

一九九九年八月、メディアでは「ヤマンバ」（図1）が社会現象として話題になった。ヤマンバは渋谷のギャル系ファッションで、顔は日焼け以上に黒く、髪を白・金・銀色などに染めてメッシュを入れる、髪をバサバサにする、唇を白く塗る、目元はパンダのようでラメやパールメイク、ボリュームのあるつけまつ毛をする、という化粧をしてしまえば、本人とは認識できないファッションである。「ヤマンバ」は山奥に住み旅人を喰うとされる妖怪である。化粧をしている女性自らが名乗ったわけでない。彼女らにとっては、小麦色の肌、ガングロの延長線上にあった渋谷カジュアルである。【4】

二〇一六年ハロウィンはテレビを初めとした多くのメディアで取り上げられ注目を集めることになった。前年の渋谷でのハロウィンに、仮装をした多くの若者が集まり、予想をはるかに超える賑わいというか、騒動にまでいたったからである。渋谷のハロウィンが一気に盛り上がったのは二〇一五年のことだった。ハロウィンのイベントは以前から川崎市や六本木、あるいはディズニーランドで行われてきたが、渋谷で盛り上がりを見せることはなかった。しかしながら徐々に整いつつあった渋谷ハロウィンは、突然爆発することになった。警察は想像以上の混乱に急遽二〇〇名の警官を動員したのであった。【5】

【3】たとえば、「不思議な国の女の子たち 変身願望、「かつら」でいこうヨ！」毎日新聞一九九六年四月一六日（東京夕刊）、「私もノリカや菜々子に 髪型・メーク、有名プロの手で変身願望かなえます」読売新聞一九九九年一〇月五日（東京夕刊）。

図1 ヤマンバメイクの少女（撮影：Nesnad. 2016. CC BY-SA 4.0. Wikimedia Commons）

【4】吉江真美「渋谷のヤマンバ——その誕生と展開」倉石忠彦編著『渋谷学叢書1 渋谷をくらす』（雄山閣、二〇〇七年）、石井研士『渋谷学』（弘文堂、二〇一七年）参照。

【5】石井研士『渋谷学』（弘文堂、二〇一七年）。

主人公や人気のキャラクターへの変身は、近年、コミックマーケットといった、おそらくはいかに参加人数が多いとはいえ、限定された空間から都市空間一般へ、一部のファンから非特定の人々へと広がっている。

本章で扱うのは、現代日本社会における「変身」「変身願望」全般ではない。アニメやマンガに色濃く「変身」の関わるジャンルが存在するからである。宗教においては、変身は重要な概念である。宗教用語に関する代表的な辞典である『宗教学辞典』(東京大学出版会、一九七三年)には「化身」が、『宗教学事典』(丸善、二〇一〇年)には「身体偽装・異装」という項目が設けられている。日本の辞典だけでなく *The Encyclopedia of Religion* (Macmillan Publishing Company, 1987) には「shape shifting」が項目として立てられている。「変身(shape shifting)とは、意のままに身体の形を変える能力のことである。その特徴は神々、精霊、宗教的職能者(たとえばシャーマン)に共通する」[6]。たんに髪型を変えるとか、服装が替わるとか以上に、さまざまな儀礼の場面において、神になる、鬼神になる、仏になるなど、人格的変換を遂げる場合がある。特別な宗教者ではなくても、成年式や結婚式など、通過儀礼の際には、子どもとして死んで大人として生まれ変わるとか、別の者になることが強調される。

そうした現象がアニメ・マンガにおいても認められるのである。とくに顕著な

【6】 Smith, Jonathan A. ed. *The Harper-Collins Dictionary of Religion* (Harper-Collins).

のが「魔法少女（魔女っ子、あるいは魔女っ娘とも表現される）」と呼ばれるジャンルと「ロボット」である。魔法少女に関しては、「魔法」が付されているように、宗教学的に扱うことは可能だろうという推測は働く。しかしながらロボットを主人公にしたアニメやマンガに宗教性が見られるという前提はそう簡単ではなさそうである。

アニメ・特撮研究家で明治大学大学院客員教授も務める氷川竜介は、現在に至るまでのロボットアニメの主流が、人型サイズのアトムではなく、巨大ロボットであることを指摘している。さらに、巨大ロボットであっても、鉄人28号のような外からの操縦タイプではないロボットアニメこそが多くの視聴者を獲得してきたと述べている。

たしかに、鉄人28号も巨大なロボットではありますﾠ。しかし、主人公の少年や少女が乗り込むことは、物語においてそれまでとは全く異なる要素をもたらしました。……ロボットアニメは『ウルトラマン』や『仮面ライダー』の変身ヒーローものの派生形であり、リアルな進化形だと思うんです。本当に「人の形が変わってしまう」ということはあり得ないけれど、「ロボットに乗って操縦する」ような形なら、まだあり得る。自分にもできるかもしれないというリアリズムの感覚を子どもは持っているし、重視しているということ。そしてこの「疑似変身」に相当するプロセスというか作品にはいるための手続きが、合体とか変形と言われているギミックという位置付けなんですね。[7]

巨大ロボット系のアニメを「変身」のテーマで扱うことは、氷川の言動からも十分に可能であるように思える。宗教とナショナリズム論や近代神道史を専門とする菅浩二は宗教的要素と巨大ロボットとの間には親和的関連性が存在するとして、「選ばれた彼/彼女は、人型のロボットと一体の超人へと変身し、とくに主人公はいわばロボットの背後の「神」により選ばれし作品世界の救世主たることを、視聴者から期待されている[8]」と述べている。「新世紀エヴァンゲリオン」を宗教的な語を用いて説明することで、作品のある側面を読み取ることはできるのではないだろうか。

ここでいう「変身」は「成長」とは異なった状況を指し示すものである。アニメやマンガでは、主人公が周囲の助力を得て、困難な状況下で成長していく物語が少なくない。「成長」というテーマは、読者の年代の問題もあって、恋愛物やギャグマンガなどほとんどの作品に含まれているといっていいのではないか。たとえば、スポーツをテーマにしたものの大半は、試合や闘いを通して成長してい

【7】『平成24年度 メディア芸術情報拠点・コンソーシアム拠点事業 日本アニメーションガイド ロボットアニメ編』(森ビル株式会社、二〇一三年)、四二頁。

【8】菅浩二「巨大ロボットと宗教」、池田太臣・木村至聖・小島伸之編著『巨大ロボットの社会学——戦後日本が生んだ想像力のゆくえ』(法律文化社、二〇一九年)、一〇一頁。

く。最近では、アイドルになるための活動を通して（「ラブライブ！」）、学校を存続させるための戦車道によって（「ガールズ＆パンツァー」）など、いくらでも列挙することが可能である。小説に教養小説（ビルドゥングスロマン）と呼ばれるジャンルがある。ゲーテの『若きウェルテルの悩み』のように、主人公がさまざまな苦難を体験することで人間として成長していく小説のことであるが【9】、ポップカルチャーでは王道的なテーマである。「成長」もまた、不断の努力によって継続し連続していくのではなく、どこかでそれまでとは格段に異なる飛躍が生じることがあるだろう。宗教的な「変身」は、継続よりは断絶に力点と意味が置かれている。

魔法少女のはじまり

先に記したように、アニメ・マンガには「魔法少女」といわれるジャンルがある。魔法少女の歴史はかなり具体的に分かっている。日本で最初の少女向けアニメは横山光輝原作の「魔法使いサリー」である【10】。

一般的に、魔法使いサリーはテレビ放送のアニメとして知られているが、アニメに先だってマンガが集英社の月刊少女雑誌『りぼん』（一九六六年七月号〜一九六七年一〇月号）に掲載されている（図2）。掲載が開始されて間もない一一月号

【9】しんせい会編『教養小説の展望と諸相』（三修社、一九七七年）。

【10】『日本のアニメ全史』（山口康男編著、テンブックス、二〇〇四年、一二八頁）では「魔法使いサリー」の登場によって「美少女＝魔法使いの概念が生まれる」と記されている。研究者も同様で、須川亜紀子は巻末に付した付録「おもな女の子向けテレビアニメ」の最初に「魔法使いサリー」を挙げている（須川亜紀子『少女と魔法——ガールヒーローはいかに受容されたのか』NTT出版、二〇一三年、二八〇〜二八一頁）。登丸あすかも須川の研究を踏襲して、魔法使いサリーを最初としている（登丸あすか「アニメ番組が提示する魔法少女像」加藤佐和子他編『マンガ・アニメにみる日本文化』文京学院大学総合研究所、二〇一六年、二一七頁）。おおよそ、アニメの通史、「魔法少女」を扱った著作論文は、ほとんどが同様の判断をしている。

に、テレビでの放送開始が予告されている。テレビでの初回放送は一九六六年一二月五日であるから（終了は一九六八年一二月三〇日、全一〇九話）、制作期間を考慮すると、テレビでの放送は連載してまもなく決定したことになる。

連載と放送が並行していたこともあるが、テレビの放送内容は、横山光輝の原作とは主人公の名前（マンガでは当初は「サニー」）やストーリー、世界観をはじめ、さまざまな点で変更を確認できる。

制作会社の東映動画（現・東映アニメーション）は「魔法使いサリー」がヒットしたことで、魔女っ子シリーズとして、「ひみつのアッコちゃん」「魔法のマコちゃん」「さるとびエッちゃん」「魔法使いチャッピー」「プリキュアシリーズ」などの作品を作り続けた。他社も追随し、「魔法の天使クリィミーマミ」「魔法の妖精ペルシャ」「美少女戦士セーラームーン」「魔法少女まどか☆マギカ」などが作り続けられ今日にいたっている。

魔法少女について書かれた複数の文献、ネット上の情報（作成に当たっては、ウィキペディア「魔法少女アニメ一覧」も参照している）を参考にして主たる作品一覧を作成すると次のようになる。一覧は、網羅を目的にしたものではなく、研究者を含めて一般的に「魔法少女」というジャンルで括られる作品を示すために作成した（表1）。

図2『原作完全再現版 魔法使いサリー』（横山光輝、講談社漫画文庫）表紙には『りぼん』連載開始時の扉絵が（題名は変えて）使用されている。

放送開始年	作品名（制作会社）
1966	魔法使いサリー（東映動画）
1969	ひみつのアッコちゃん（東映動画）
1970	魔法のマコちゃん（東映動画）
1971	さるとびエッちゃん（東映動画）
1972	魔法使いチャッピー（東映動画）
1973	ミラクル少女リミットちゃん（東映動画）
1973	キューティーハニー（東映動画）
1974	魔女っ子メグちゃん（東映動画）
1978	魔女っ子チックル（東映動画）
1979	花の子ルンルン（東映動画）
1980	魔法少女ララベル（東映動画）
1982	魔法のプリンセス ミンキーモモ（葦プロダクション）
1983	魔法の天使クリィミーマミ（スタジオぴえろ）
1984	魔法の妖精ペルシャ（スタジオぴえろ）
1985	魔法のスター マジカルエミ（スタジオぴえろ）
1986	魔法のアイドル パステルユーミ（スタジオぴえろ）
1987	エスパー魔美（シンエイ動画）
1988	ひみつのアッコちゃん（東映動画）
1989	魔法使いサリー（東映動画）
1990	魔法のエンジェル スイートミント（葦プロダクション）
1991	魔法のプリンセス ミンキーモモ 夢を抱きしめて（葦プロダクション）
1992	花の魔法使いマリーベル（葦プロダクション）
1992	美少女戦士セーラームーンシリーズ（東映動画）
1992	姫ちゃんのリボン（スタジオぎゃろっぷ）
1994	赤ずきんチャチャ（スタジオぎゃろっぷ）
1995	愛天使伝説ウェディングピーチ（ケイエスエス）
1995	ナースエンジェルりりかSOS（スタジオぎゃろっぷ）
1996	魔法使いTai!（トライアングルスタッフ）
1996	魔法少女プリティサミー（AIC）
1998	ひみつのアッコちゃん（東映アニメーション）
1998	カードキャプターさくら（マッドハウス）
1998	魔法のステージ ファンシーララ（スタジオぴえろ）
1999	おジャ魔女どれみシリーズ（東映アニメーション）
1999	神風怪盗ジャンヌ（東映アニメーション）
1999	コレクター・ユイ（日本アニメーション／NHKエンタープライズ21）
2002	ナースウィッチ小麦ちゃんマジカルて（タツノコプロ／京都アニメーション）
2002	プリンセスチュチュ（ハルフィルムメーカー）
2004	ふたりはプリキュア／ふたりはプリキュア（Max Heart／東映アニメーション）
2004	魔法少女隊アルス（STUDIO 4℃）
2004	魔法少女リリカルなのはシリーズ（セブン・アークス）

表1　テレビの魔法少女アニメ一覧

放送開始年	作品名（制作会社）
2004	ウィッチ -W.I.T.C.H.-（シップ・アニメーション）
2005	撲殺天使ドクロちゃん（ハルフィルムメーカー）
2005	シュガシュガルーン（studio ぴえろ）
2005	奥さまは魔法少女（J.C.STAFF）
2005	魔女っ娘つくねちゃん（XEBEC）
2006	ふたりはプリキュア Splash Star（東映アニメーション）
2006	砂沙美☆魔法少女クラブ（AIC）
2006	出ましたっ！パワパフガールズZ（東映アニメーション）
2007	Yes! プリキュア5／Yes! プリキュア5GoGo!（東映アニメーション）
2007	かみちゃまかりん（サテライト）
2008	ストライクウィッチーズシリーズ（GONZO → AIC → SILVER LINK.）
2009	フレッシュプリキュア！（東映アニメーション）
2010	ハートキャッチプリキュア！（東映アニメーション）
2011	魔法少女まどか☆マギカ（シャフト）
2011	スイートプリキュア♪（東映アニメーション）
2011	快盗天使ツインエンジェル〜キュンキュン☆ときめきパラダイス!!〜（J.C.STAFF）
2012	スマイルプリキュア！（東映アニメーション）
2012	黒魔女さんが通る!!（シンエイ動画）
2013	ドキドキ！プリキュア（東映アニメーション）
2013	Fate/kaleid liner プリズマ☆イリヤシリーズ（SILVER LINK.）
2014	ハピネスチャージプリキュア！（東映アニメーション）
2014	ウィッチクラフトワークス（J.C.STAFF）
2015	Go! プリンセスプリキュア（東映アニメーション）
2016	魔法つかいプリキュア！（東映アニメーション）
2016	ふらいんぐうぃっち（J.C.STAFF）
2016	魔法少女？なりあ☆がーるず（バウンスィ）
2016	装神少女まとい（WHITE FOX）
2017	キラキラ☆プリキュアアラモード（東映アニメーション）
2018	HUGっと！プリキュア（東映アニメーション）
2019	スター☆トゥインクルプリキュア（東映アニメーション）
2020	マギアレコード 魔法少女まどか☆マギカ外伝（シャフト）
2020	ヒーリングっど♥プリキュア（東映アニメーション）
2021	トロピカル〜ジュ！プリキュア（東映アニメーション）
2021	ワッチャプリマジ！（タツノコプロ、DONGWOO A&E）

表1　テレビの魔法少女アニメ一覧（つづき）

【11】須川亜紀子『少女と魔法』

アニメ・マンガには「魔法少女」と言われるジャンルがある、と記したが、この領域では文学のようにジャンルに関する研究の積み重ねがあるわけではなさそうである。須川亜紀子は「少女が魔法を駆使して大活躍する「魔法少女」アニメジャンル[11]」といい、登丸あすかは「魔法少女アニメ番組は、一九六〇年代からこれまで、さまざまな設定とストーリーで放映されてきた。1つのジャンルとして成立していると言えるだろう[12]」と述べているが、魔法少女というジャンルがどのようなものかはリストの提示のみに終わっている。

日本のアニメの全体像を扱った著作においても、ジャンルに関する考察や分類が明示されることはほとんどない。言及が見られる場合でも、「アニメのジャンルは、SF、スポーツ、ファミリー、アクション、冒険、ファンタジーなど多岐に渡る[13]」と表記され、文学作品や映画などで用いられている分類をそのまま援用しているように思える。[14]アニメ・マンガが研究対象となる場合には、多くの場合、ジャンルが意識されるよりも、「宮崎アニメ」「宇宙戦艦ヤマト」「機動戦士ガンダム」「新世紀エヴァンゲリオン」といったように、個別の監督や作品が念頭に置かれているようである。

魔法や魔術とテーマが重なる幻想文学というジャンルを構造主義的アプローチから解明しようとしたトドロフは、現実とこれに隣接する超自然の領域の関係を

——ガールヒーローはいかに受容されたのか』(NTT出版、二〇一三年)、二頁。

【12】登丸あすか「アニメ番組が提示する魔法少女像」加藤佐和子他編『マンガ・アニメにみる日本文化』(文京学院大学総合研究所、二〇一六年)、一二五〜一二六頁。

【13】「chapter6 ロボットと美少女は ANIME の2大潮流となった」『別冊宝島638 日本のアニメ』(宝島社、二〇〇三年)、一二八頁。

【14】『アニメ研究入門』(小山昌宏・須川亜紀子編著、現代書館、二〇一三年)には「第一章 文学理論 アニメ研究における批評理論の可能性」が掲載されている。執筆者の中垣恒太郎は文学批評理論を参照にしてアニメ作品を分析する実践例を提示するとして、ジャンル批評にも言及している。中垣が具体的に扱っているのはSFであるが、SFというジャンルそのものの枠組みの考察ではない。文学理論におけるジャンルについては、ノースロップ・フライ『批評の解剖』(海老根宏他訳、法政大学出版局、一九八〇年)参照。

明確にすることで理念モデルとしての幻想文学を構築してゆく。『幻想文学論序説』（東京創元社、一九九九年）では、ジャンルに関してかなり入念な考察が繰り返されている。【15】

私がここで論じているのは、文学と異なってマンガ・アニメにおけるジャンルに関する考察が不十分であるとか、明確にジャンルが規定されていないにも関わらずひとつのジャンルとして複数の作品を論じること自体に意味があるのかといったことではない。すでに「魔法少女」は私たちの間で十二分に認知され、そのジャンルを前提にして新たな作品が制作、流通、視聴（消費）、論評されている事実を前提としたいのである。

先にも指摘したように、こうした一般的な状況の中で、「ジャンル」が強く意識されるものに「ロボット」と「魔法少女」がある。先に引用した氷川竜介の文章の続きは次のようになっている。「中でも常に一定の支持率を得ているジャンルが「ロボット」と「美少女」だ。……この2ジャンルが日本のアニメを常に牽引し、支えてきたのは事実である。……日本だけに存在する特異な世界である」【16】。

ここで言う「美少女」はキャラクターとしてさらに四分類されているが、一大勢力は「変身系美少女」である。変身系美少女の事例として取り上げられている作品の大半は魔法少女である。【17】

【15】 トドロフは、テクスト中で語られる奇怪な出来事に対し、合理的な説明をとるべきか、超自然的な説明をとるべきか、読者に「ためらい」を強いることこそが幻想文学の第一条件だとする。

【16】 「chapter6 ロボットと美少女はANIMEの2大潮流となった」『別冊宝島638 日本のアニメ』（二〇〇三年、宝島社）、一二八～一二九頁。

【17】 同前、一三六～一三七頁。

「魔法少女」というジャンルが一般的に認知されているとしたら、それはどのようなジャンルで他の隣接領域とどのように異なっているのだろうか。現代における「魔法少女」の一般的な意味をウィキペディアに依拠すると、「作中において魔法などの不思議な力を使い、騒動を巻き起こしたり事件を解決したりする少女をさすキャラクター類型（ストックキャラクター）である。魔女っ子ないしは魔女っ娘ともいう」と記されている。先に引用した須川亜紀の定義「魔法少女とは、一般的に、「魔法を使う少女」のことである」[18]と変わらない。

一件明快な定義のように思えるが、想定される作品を念頭に置いて考察すると、定義の曖昧さが問題となる。実際の作品では、不思議な力の源泉が「魔法」といえるのかどうかわからないものが少なくない。魔法を使う女性であれば「魔女」になるが、具体的な絵柄といっても西洋の伝統的な魔女とはほど遠い。また、マンガやアニメでは「巫女」は不思議な能力を持つ人物として登場するが、「魔法少女」というジャンルには含まれないのが一般的である。「涼宮ハルヒの憂鬱」で涼宮ハルヒは自覚しないままに不思議な力を発揮しており、そのことがストーリーの中核をなしているにもかかわらず、「魔法少女」には分類されない。

さらに奇妙なのは、呪いや恐怖をモチーフにしたアニメやマンガもこのジャンルからは排除されている。たとえば「地獄少女」[19]「富江」[20]や、実写が話題になっ

【18】須川亜紀子『少女と魔法──ガールヒーローはいかに受容されたのか』（NTT出版、二〇一三年）、二頁。

【19】二〇〇五年から現在まで断続的に放送されているマンガ・アニメ。地獄少女・閻魔あいが晴らせぬ恨みを代わって晴らす物語。

【20】伊藤潤二によるホラーマンガで一九八七年より複数の雑誌に掲載。主人公の富江は絶世の美女であるが殺しても死なない。映画化・ドラマ化もされている。

た「エコエコアザラク」[21]を事例として挙げることができる。また、「魔法少女」を扱う論者は、アニメに限定しがちで、マンガは概ね無視する傾向にある。なぜ考察をアニメに限定するのか、その理由も明確ではない。

魔法には、西洋の魔女からの連想や、そうした魔女が登場する映画や絵本の影響が指摘される。日本人が魔法や魔女に関する基本的な知識を有しているとは思えない。他方で、なんとなくイメージされるものはあるようだ。箒に跨ったり、黒い衣装をまとい、黒い三角帽子をかぶる、杖で不思議な行為をする、などがそうであろうが、実際にそうした姿で現れる「魔法少女」はわずかである。作品のあまりの多様さにとまどうことになる。

「魔法使いサリー」が魔法少女というジャンルの最初の作品であるとしたら、この作品がどのようにして構想されたのかを見ておくことは、後の考察のための出発点になるだろう。

なぜ「魔法使い」サリーだったのか

魔法少女アニメの嚆矢が「魔法使いサリー」であるとして、なぜサリーは「魔法使い」だったのだろうか。少女向けのアニメが受けないことを理由に敬遠されていた時期に、なぜサリーは「魔法使い」として登場したのだろうか。

【21】黒魔術を駆使する美少女・黒井ミサを主人公とする古賀新一のマンガで、『週刊少年チャンピオン』（秋田書店）に一九七五年から一九七九年まで連載された。複数の映画、テレビドラマも制作された

魔法使いサリーが生まれるきっかけとなったのは、これまで明らかになっている限りでは、「奥さまは魔女」、ジョン・バッカン『魔法のつえ』、そして「お化けのQ太郎」の三つである。
原作者の横山光輝は次のような文章を残している。

連載期間が短かったのは、あの頃、作品をたくさん書いてましたから多忙だったのと、アニメでやるならこちらはそこまで書く必要はないんじゃないかという気がして途中でやめた作品なんです。まあ、この作品は童話の世界にある魔法使いの悪魔的イメージから、『奥さまは魔女』のような明るいイメージという、魔女を別のとらえ方でマンガとして楽しく書けるんじゃないかと感じて書いたのが、成功したのでしょう。[22]

アニメの「魔法使いサリー」は東映動画によって作成されたが、アニメにすることを思い立ったのは、当時、東映本社のプロデューサーだった渡辺亮徳である。横山のマンガの連載予告を見た渡辺は、ただちに電話をして「ぼくがテレビにするから、よそにやっちゃダメだよ」といったという。[23] 渡辺はアニメが男の子向け活劇であったのに対してもっと女の子が喜ぶものを作れないかと考えていたとい

【22】 横山光輝「あとがき」『原作完全版 魔法使いサリー』(講談社、二〇〇六年)、三四六頁。

【23】 「ニッポン人脈記 いつもアニメが:5 魔女っ子だって悩んでいる」朝日新聞二〇一〇年三月二五日夕刊。

う。「たまたまこの年、米国のコメディ「奥さまは魔女」が人気にもなっていた。そこで目にした横山のサリーの絵、「かわいい魔女、これは当たる」と直感した。[24]

「奥さまは魔女」

マンガの連載に先立つ半年ほど前の一九六六年二月一日から「奥さまは魔女」というアメリカのホームコメディ番組がTBS系列で放映された。番組は大ヒットしたといわれ、その後のテレビ番組に少なくない影響をもたらした。

「奥さまは魔女(Bewitched)」(図3)はアメリカのABC放送で一九六四年から一九七二年まで放送されたコメディドラマである。ABCネットワーク創設いらいの大ヒットを記録した。[25] アメリカでの第一シーズンの視聴率は三一%、八年間の平均視聴率は二二・六%と高く、エミー賞を始め多くの賞を獲得している。[26]

日本での放送の冒頭にはナレーションがつけられていた。これは日本のオリジナルで、「でもただ一つ違っていたのは、奥さまは魔女だったのです」というフレーズは、主人公のサマンサが口と鼻をぴくぴくと動かして魔法をかける動作とともに、一躍人気となった。日本での放送時間は毎週火曜日の二一時三〇分から三〇分間という、子どもが見る番組としては遅い時間帯であった(宮崎慎一は、遅い時間帯にもかかわらず子どもが視聴している実態を把握して放送がうまくいくことを

【24】同前。制作会社である東映アニメーションの紹介頁にも、「アメリカのTVシリーズ「奥様は魔女」のヒットがきっかけとなって企画された」(http://www.toei-anim.co.jp/lineup/tv/sally/)と記されている。アニメ化される経緯については、当時東映からNET(現・テレビ朝日)に出向し東映テレビ部が企画した子ども向け活劇を担当していた宮崎慎一の回想がある(「『魔法使いサリー』プロデューサー宮崎慎一インタビュー」『横山光輝プレミアム・マガジンVol.6』講談社、二〇〇九年、一四〜一五頁)。

【25】「巻頭特集 奥さまは魔女」『キネマ旬報』No.1438、二〇〇五年、三〇〜三七頁。『キネマ旬報』の「海外TVドラマ ベスト・テン」では第六位にランクインしている(三六頁)。

【26】ハーピー・J・ピラト『「奥さまは魔女」よ、永遠に』(庄野勢津子他訳、ワニマガジン社、一九九八年)、一八〜二〇頁。

確認していたと述べている[27]。

タイトルバックに黒の三角帽子と黒い服、黒のマントを羽織ってほうきに跨るサマンサが描かれているが、実際の放送ではこうした姿で登場したことは一度しかない[28]。サマンサは当時のアメリカの普通の主婦として登場する。

第一回放送で、サマンサは結婚後夫のダーリンに、自分は魔女であることを打ち明ける。冗談と思って信じないダーリンに、サマンサはライターの火を点ける、灰皿を動かす、皿を動かして肘を皿に入れる、といったいたずらに近い魔法を見せて信じさせる。二人の間で、魔法を使わず普通の家庭を築くことが約束される。もっともサマンサは、ダーリンが見ていないときには都合良く、料理を作ったり後片付けをしたりと、「魔法」を使うことにさほど躊躇しない。

『魔法のつえ』

先に引用した横山光輝の「あとがき」には、もうひとつ創作の源泉となったものが挙げられている。ジョン・バッカンの『魔法のつえ』である。横山は「今まで読んだ本の中に、『魔法のつえ』という小説があって杖をまわすと自分の思う所へいけちゃうという、それがヒントになったんですがね[29]」と述べている。

『魔法のつえ（The Magic Walking Stick）』はスコットランド人のジョン・バッカ

【27】「『魔法使いサリー』プロデューサー宮崎慎一インタビュー」『横山光輝プレミアム・マガジンVol.6』（講談社、二〇〇九年）、一五頁。

【28】第一シリーズ第一五話「北極のサンタクロース（A Visions Of Sugar Plums）」で、クリスマスを一緒に過ごすことになった孤児に、サンタクロースはいないといわれて、自分は魔女で北極にサンタクロースがいると説明するために、黒いマントを羽織ったことがある。さらに子どもの求めに応じて黒い帽子と箒を取り出した。

図3 『「奥さまは魔女」よ、永遠に』（H・J・ピラト、庄野勢津子他訳、ワニマガジン社）。TVドラマの解説本。

ン（John Buchan）が一九三二年に刊行した児童小説である。日本での初訳は一九五一（昭和二六）年で講談社より刊行された。『オバケのQ太郎』や『忍者ハットリくん』を書いた藤子不二雄Ⓐは、復刻された『魔法のつえ』（株式会社復刊ドットコム、二〇一三年）の巻末に「『魔法のつえ』の思い出」を寄せている。藤子不二雄Ⓐによると、藤子・F・不二雄の少年時代の愛読書が『魔法のつえ』であったという。藤子不二雄Ⓐは、後年、藤子・F・不二雄が『ドラえもん』を描いたときには「この『魔法のつえ』のアイディアがあったと思うんです【30】」と述べている。

『魔法のつえ』は、あやしげな老人から魔法の杖をもらった少年の物語である。杖の取っ手をぐるぐるまわしながら行きたい場所を念じると瞬時に移動することができる。最初は移動を楽しんでいた主人公のビルは、飛行機で遭難した叔父を助け、さらにはグノーシャ国の内乱にかかわって王子を助け国を平和に導く……、というストーリーになっている。

『魔法のつえ』は教訓色の強い物語である。使う人の心が正しくないと杖は怒って消えてなくなるといわれる。ふとしたことで杖が自分から離れることになったビルは、何もかも杖の力であるのに自分の力と思い込んでいたから杖は謙遜の心を教えるために自分の元を去ったのだと考える。「つえがおしえてくれた、さ

【29】横山光輝「あとがき」『原作完全版　魔法使いサリー』（講談社、二〇〇六年）、三四四頁。

【30】『魔法のつえ』（株式会社復刊ドットコム、二〇一三年）、一七七頁。

としをわすれずに、これからけんそんに、まじめに、べんきょうしていこう」（一七三頁）というのが物語の最後となっている。

「オバケのQ太郎」

今ひとつ別の理由を、須川亜紀子は、東映動画の魔法使いサリーの企画書（未刊行物）から、次のように指摘している。

> 東映動画の企画書によると、先行していたアニメ『オバケのQ太郎』（一九六五～六七）の成功が、『サリー』誕生のひとつのヒントとなったようである。超能力を持つ主人公（Q太郎）が日常生活の中に登場する点で、「スーパーマン、忍者ものと大きな違い」が魅力となったため、魔女の主人公サリーは、日常生活の中で超能力を持つ「やさしい心を持ったお茶目な少女」として企図されたのだった。[31]

「オバケのQ太郎」（図4）は、藤子不二雄（藤子・F・不二雄＋藤子不二雄Ⓐ）原作によるギャグマンガである。[32] 卵から生まれたQ太郎は大原家の居候になる。お人好しで大食らい、犬が苦手なQ太郎はさまざまな騒動を巻き起こしていく。Q

図4『オバケのQ太郎』てんとう虫コミックス復活版第1巻（藤子・F・不二雄＋藤子不二雄Ⓐ、小学館）。

【31】須川亜紀子『少女と魔法——ガールヒーローはいかに受容されたのか』（NTT出版、二〇一三年）、八〇頁。

【32】『週刊少年サンデー』に一九六四年六号から一九六六年五一号まで掲載された。

太郎は空を飛び姿を消すことができる。

テレビの視聴率は三〇％を超え、主題歌の入ったシングルレコードが六〇万枚を超える大ヒットとなり、「日本中に空前の大ブームを巻き起こした[33]」。

本章は「変身」をテーマにしている。そのジャンルとして「魔法少女」「ロボット」を措定したが、最初の魔法少女アニメといわれる「魔法使いサリー」は変身しない。そもそも「奥さまは魔女」は魔法は使うが変身しない。「オバケのQ太郎」もまた、空を飛び、透明になって壁を通り抜けたりするが、変身することはない。『魔法のつえ』の主人公も、自由に移動しこそすれ、変身はできない。魔法使いサリーを生み出した要因の中には、「変身」は含まれていない。

「魔法少女」が「魔法使いサリー」から始まるとされるのであれば、作品において魔法がどのように表現されているのか、西洋由来の「魔法使い」はどのように表象されているかを確認することは、今日まで営々と継承されているとされる「魔法少女」を考察する上で、避けて通ることのできない作業である。

「魔法使いサリー」の魔法

「魔法使いサリー」は、制作を担当した東映アニメーション（当時は東映動画）の公式サイトで次のように紹介されている。

【33】『日本TVアニメーション大全』（世界文化社、二〇一四年）、五三頁。

お転婆でいたずら好きな魔法使いの女の子・サリーが、ある日人間の世界に遊びにやって来ました。アドバルーンにひかれてデパートにやって来たサリーは、同じ年頃の女の子、すみれちゃんとよし子ちゃんを見つけ、友達になりたいと思います。二人と親友になれたサリーはすっかり人間の世界を気に入って、弟分のカブと二人で人間のふりをして、この町で暮らしていくことに決めたのです。そして、人間界の生活を通して魔法よりも大切なものを知っていくのです。【34】（傍点は筆者）

【34】 http://www.toei-anim.co.jp/lineup/tv/sally/

「魔法使い」というイメージ

本章の冒頭で述べたように、アニメの一連の作品は「魔法少女」「魔女っ娘（子）」として把握されている。「魔法」「魔女」は作品を貫くキーコンセプトであるが、実際には「魔法」と「少女」の組み合わせである。

「魔法使いサリー」において、「魔法」はどのように表象されているのだろうか。日本人が「魔女」「魔法」「魔法使い」について具体的で詳細な知識や情報を有しているとは考えにくい。いくつかの断片的なイメージや情報から成り立っているのではないか。

先に指摘したように、制作の際に「奥さまは魔女」が、原作の横山光輝とアニメの製作者の側に強く念頭に置かれていたことは明かである。「奥さまは魔女」の冒頭のシーン、箒に乗ってサマンサが登場する様子は、そのまま魔法使いサリーに引き継がれている。

毎回繰り返されるオープニングは、十分に「魔法使い」を意識したものである。冒頭でサリーは短い杖を持っている。杖の先から光の粉のようなものが現れ、古い木株を包むと、木株は洋館へと変わっていく。視聴者は、サリーが魔法を発動したために洋館が建ったと理解することになる。サリーの服装は普段着で、「魔女」を表象するようなものは、「杖」以外にはみられない。[35] 毎回繰り返されるオープニング主題歌では、サリーが何者で何をするかが端的に説明されている。視聴者は、説明付きでオープニングの映像を見ているわけである。

オープニング映像

古い木株から洋館を建てる
ネズミが踏んだ香水瓶からパンチが出る
ネズミが怒って投げる香水瓶等を消す
ネズミが持ち上げたブラシをネコに変える

【35】サリーはオープニングでこそ魔法の発動に杖を使うが、本編ではまったくといっていいほど使われる場面はない。最終回でサリーは、火事で燃える校舎を先生や友だちの前で、魔法を使って雨を降らせ消火するが、そのときにも杖は使われていない。

ネズミを追いかけるネコをブラシに戻す
ネズミを追いかけるブラシを消す
箒に跨って空を飛ぶ

オープニング主題歌・歌詞

マハリクマハリタ　ヤンバラヤンヤンヤン
マハリクマハリタ　ヤンバラヤンヤンヤン
魔法の国から　やって来た　ちょっとチャームな　女の子
サリー　サリー
不思議な力で　町中に　夢と笑いを　ふりまくの
サリー　サリー　魔法使いサリー
ほうきに乗って　やって来た　ちょっとおちゃめな　お姫さま
サリー　サリー
魔法の言葉を　となえると　愛と希望が　とび出すの
サリー　サリー　魔法使いサリー
（サリー　サリー　サリーちゃん）

肝心の魔法であるが、作品ではどのような場面でどのように表現されているのだろうか。また、作品で示される魔法はどの程度視聴者に面白がられ（影響を与え）、憧れを与えるのだろうか。そもそもテレビで見るだけで、影響があるのかどうか、さまざまな疑問が生じるが、まずはどのように表現されているのかを具体的に見ることにしたい。そのために、第一話から最終回の第一〇九話まで使用される魔法についてメモを作成した。長大な量になるので、ここでは数話分の掲載にとどめる。恣意的にならないために区切りのいい第五〇話と第一〇〇話を掲載する（表2）。

サリーやカブの魔法の使用に関しては、原則が設けられている。それは「魔法使いであることが知られたら魔法の国へ戻る」である。それゆえに、サリーやカブが魔法を使っているところを見られることは致命的な出来事であり、二人はそのことを十分に承知している（「私たちの魔法のことがわかったら人間の世界にいられないわ」（五四話））。一方で、作品自体は「魔法」を売り物にしているのであり、魔法禁止の原則は時に容易に反故にされる。

ところで、なぜ魔法使いであることが人間に知られたら魔法の国へ戻らなければならないのか、その理由は明確にされない。魔法や魔法使いの存在自体を知られることが問題であるかというと、そうではなさそうである。

第 50 話　まごころのかけ橋	
サリー	カブの頭の卵焼きを冷やすためにお風呂をだす
カブ	ピクニックのお弁当を作る
サリー	引かれそうになった犬を助けるために車を止める
サリー	犬が人の言葉を喋ることができるようにする
カブ	カラスに化ける
サリー	カブをカラスから元に戻す
サリー	犬が人の言葉を喋ることができるようにする
サリー	道路に歩道橋を作る
父親	サリーが作った歩道橋を消す
よし子の父親が運転するタクシーがすみれの愛犬をはねたことが原因で、よし子の父親はノイローゼ（？）で運転ができなくなり、すみれは車を怖れて道が渡れなくなる。歩道橋ができれば問題が解決すると思ったサリーは役所に相談しに行くがうまくいかない。父親から魔法で作ってはいけないと諭されたサリーは運動を起こして歩道橋を作ることに成功する。	

第 100 話　ほらふき和尚さん	
ポロン	よし子の弟の三ツ子がお寺の鐘を突こうとするのを悪戯で動かす
カブ	天狗を誘い出すために変装する
ポロン	天狗の鼻を低くする
カブ	天狗の鼻を長くする
ポロン	天狗の鼻を小さくする
カブ	天狗の下駄を長くする
ポロン	天狗の下駄を短くする
カブ	天狗を飛ばす
サリー	箒に乗って飛んでいく
サリー	天狗の前に現れる
サリー	天狗の縄をほどく
サリー	木の上に移動する
サリー	団扇でカブを飛ばす
サイクリングへ出かけたサリー達は、すみれの知り合いの和尚さんを訪ねる。和尚さんからひょうたん山には天狗が住んでいるという話を聞いた三ツ子は、好奇心からその山へと向かう。天狗の正体は和尚さんで、子どもを危険な山に近づけないために天狗に化けていた。	

表2　魔法使いサリー第50話・第100話の魔法一覧

最終回で、魔法の国へ戻ることになったサリーは、先生や友達のいる前で、火災で燃えている校舎を魔法で（雨を降らせることで）消火する。サリーが魔法使いであることを知った友だちはサリーから一時的に離れていくが、いよいよ魔法の国へ帰る時に、「サリーちゃんはサリーちゃんよ」「ちょっと驚いただけ」といって別れを惜しんでいる。サリーが魔法使いであることを知っている者は他にも少なからず存在し、存在が知られたこと自体でこの世界のバランスや未来に変更が生じる、といったことは想定されていない。

つまり、魔法使いからすれば、人間と魔法使いはいっしょに生活できない（すべきではない、魔法使いの方が優越している）という不文律があって（人間の側からすればそのようなものは存在しない）、人間の世界に興味を持ったサリーが禁を犯しているという状態で、物語が進行していることになる。

魔法が行使される場面は、大まかに言って三種類である。第一に日常的行為、第二にいたずら、そして第三に救済（人助け、懲罰）である。

サリーや、カブ、ポロン（人間界ではサリーの弟、従姉妹ということになっている）はきわめてふつうに魔法を使役する。「ふつう」というのは、魔法の国ではこれが当たり前、という意味である。「何でも魔法で解決しようとしてはダメ」（三七話）、「できるだけ魔法は使わないようにしている」（四一話）とサリーは繰り返すが、料理を作る、着替える、移動する（箒に跨る、壁やドアを通り抜ける、カブはカラスに変身して空を飛ぶ）、消える（現れる）など、視聴者が望むような魔法は惜しみなく使われる。

サリーやカブは朝食や夕食、お菓子など調理することなく魔法で用意する。杖も持たずに指を振ったりウィンクするだけで、テーブルに夕食やお茶が用意されるのである。時には、冷蔵庫から勝手に具材が出てきて、調理され、ふわふわとテーブルへ飛んでいく、といった場面も描かれる。

サリーは学校の登下校など、友だちといっしょの時は歩いたり電車に乗ったりと普通の小学生である。しかし、いったん急を要するときには躊躇せず箒に跨がって空を飛ぶ。学校など外との行き来に際して玄関ドアを開けずに通り抜けることもする。

カブはもっぱらカラスの姿で空を飛んで移動する。完全にカラスになるわけではなく、明らかに本人とわかる顔にくちばしが付けられている。カブはカラスになって木や屋根に停まってサリーや三ツ子を見ている。動かずに物を取る、移動させるなどもふつうに行う。

第九九話「サリーのかぐや姫」では、建前上自制的であったサリーが、「思いっきり使ってみましょうか」と、カブとともに箒に乗って空を飛ぶ。場面はエンディングに近い部分で、構成上の問題で時間を埋めるためであるのかもしれないが、魔法を使うことの楽しさが伝えられるようになっている。同じくカブも、「魔法とはこうも便利なものである」といっては舞台の大道具を魔法を使って制作する。

　魔法が行使される第二のパターンは、「いたずら」である。視聴者を引きつけておくためにも、また話を進行させる上でも、魔法を使ったいたずらは重要なファクターである。全話を見てまずわかることは、もっとも頻繁に、なんの抵抗もなく魔法を使って騒動を引き起こすのは、サリーの弟分として登場するカブと、話の後段で登場する妹分のポロンである。サリーは「いたずらで魔法を使ってはいけない」（四六話）と叱り、カブもまた「人間の国ではできるだけ魔法は使わないようにしている」（四一話）とはいうものの、使用しなければ他のアニメとの差別化はできない。年少のカブとポロンは「いたずら」として魔法を使うことを強いられている。

　番組にはサリーの友人であるよし子の三ツ子の弟が登場する（図5）。三ツ子の息の合ったいたずらや攻撃に対抗するために、カブは魔法を頻発する。いたずらが大好きな三ツ子との遊びとも喧嘩ともつかないシーンは、間違いなく子どもには面白い場面と映ったにちがいない。

図5　DVD版『魔法使いサリー』第6巻（東映アニメーション）。表紙のよし子と三ツ子。

第三の魔法は、人間を救済するためであったり、あるいは悪者を懲らしめるために用いられる魔法である。積極的な魔法の発動が望まれる。こうした際の魔法の発動者は、もっぱらサリーであるが、サリーの手に余るような場合には、父親（魔法の国の国王）や母親、さては祖父（大魔王）までが登場する。

全一〇九話の中に、泥棒や銀行強盗、誘拐犯が登場する話が少なくない[36]。悪者を退治するためには容赦なく使用される魔法であるが、一度に決定的なダメージを与えたり捕獲をする類いのものではない。楽器の弦で弓矢を放つなどオモチャで泥棒を攻撃する、階段を回転させて泥棒を二階に上らせないようにする、泥棒の靴にローラースケートを付けるなど、最終的には捕まえることになるが、魔法自体は遊びに近いものである。

【36】第一話「かわいい魔女がやってきた」、第五話「誘拐団は大あわて」、第七話「こんにちは泥棒さん」、第一五話「魔法の地下鉄0号線」、第一九話「おてんばドライブ」、第二四話「謎の幽霊船」、第四〇話「かぎっ子太郎」、第九二話「秘密の宝もの」。

「魔法」の矮小化・無力化

サリーが同情したり気の毒だと感じた事柄には、積極的に魔法を使う。母親のいない三ツ子に同情してケーキを出現させる、父親が病気でクリスマスを祝ってもらえないという女の子のためにクリスマスツリー、ケーキ、プレゼントを魔法を使って出し、雪まで降らせる。車に轢かれそうになった三つ子を助けるために時間を止める、なくなった切手を探すために時間を巻き戻すなど、お節介なくらいに魔法を使う。父親の魔王からは「人間を幸福にする魔法ならいい」（七三話）ともいわれている。広義の「救済」といえるだろう。

サリーは人間の世界に興味を持ってやってきたのであって、人間の世界を変えるためではない。心優しいサリーは、真珠の養殖が赤潮で大打撃を受けると知れば魔法で赤潮を吹き飛ばそうとし、友だちの祖父が念願にしていた七色の真珠の養殖の夢を叶える。少し考えてみれば、こうした魔法の使い方が、人間にとって望ましいかどうかは問題であるだろう。打算のない心優しいサリーが人のために用いる魔法は、視聴者にも快く映るに違いない。しかしながら、こうした魔法の使い方は、「魔法」そのものとしてみた場合、きわめて異質である。

番組の中で、魔法は都合のいいきわめて便利なものとして印象づけられるが、絶対的なものとしては描かれていない。魔法は相対化され矮小化されている。

たとえば、使役されない領域の魔法が存在する。ひとつは治病に関する魔法である。サリーは人を助けるために、あるいは帳尻を合わせるためにかなり大がかりで突飛な魔法を使うことがある。線路内に残された人が轢かれるのを防ぐために、衆人環視の中、電車を空中に持ち上げるとか、車に轢かれそうになった子どもを助けるために時間を停止する、ポロンがいたずらで小さくした電車を、テレビ中継で車庫が映っているにもかかわらず元の大きさに戻すなどである。[37] ところ

【37】こうした場合、周囲の人間はサリーたちが魔法使いであることを認識するか、何か特別な力が働いていることを知ることになるが、そうしたことはなかったことになる。

が、病気に関しては基本的には治療を行わない、できない、という態度を取る。娘の結婚式を楽しみにしている盲目の父親の目が見えるようにできない。サリーは「無理だわ」と話す（九四話）。

第八話で友だちのすみれが足を怪我する。サリーは治すことなく、カブを医者に化けさせ湿布を貼らせる（治す）という面倒な手段をとる。トラックにはねられた友人のよし子の怪我を治すことができない（一三話）。クラスメートの美津子の父親が病気で生活に困るが、サリーは治さずに他の方法を探る（四二話）。親友のよし子の父親が病気になり生活が苦しくなるが、父親の病気を治さない（五〇話）。転校生のポニーの心臓病は治せない（六〇話）。番長に痛めつけられたクラスメートの傷は治さない（六七話）。サメに噛まれて瀕死の重傷を負った三ツ子の一人カン太を助けるために、サリーは薬を持って嵐の海に小舟でこぎ出す（八七話）。

第二八話「夢のバレリーナ」では、ちょっと複雑な経緯をたどる。知り合いのバレリーナが交通事故で足を骨折する。白鳥の湖を踊ることを夢見ていたバレリーナに同情したサリーは、すぐに治そうとするが、父親に止められる。結局、三時間しか効かない、という条件つきで治すことを認めてもらうが、最終的には「サリーの親友ならしかたがない」という父親の一言で父親が病気を治す。

アメリカンスクールのメリーの風邪を治さない（六三話）。真心を込めて看病することが大事と母親に言われるが、結局、魔法の薬がひとつあったという父親の手助けで病気は快癒する。

魔法で他人の身体を治してやると自分のその部分が悪くなることがある、と父親から言われる。近視のクラスメートが眼鏡をかけたくないために悩んでいるのを見て、サリーは治そうとする。結局は、眼鏡をかけても男子生徒にからかわれない（からかわれても大丈夫）ということで話は終わる（八二話）。地下鉄に乗ることを楽しみにしていた病気の子どもを魔法で慰撫するが最終的に子どもは亡くなる（一一五話）[38]。

もともと「人間世界では魔法は使えない（使ってはならない）」が原則ではあるが、番組の目的からいってもサリーが魔法を使うことは求められている。その結果、魔法はしばしば矮小化、無力化されて表現される。日常生活の出来事に関して、すべて魔法で解決という表現は明らかに望ましくない。とくに病気が魔法で簡単に治る、という表現は、放送上いくらアニメとはいえ慎まれたに違いない[39]。

ポロンに「魔法がなくてもいい」といわせたり、カブに「魔法で作るより本物の方が美味しい」といわせるなど、現実社会に対する魔法の優越性は担保されていない。直接魔法が介在しなくても、地道に努力すること、話し合うこと、謝罪

【38】治療の成功事例もあるが、相手は人間ではなく熊である。親熊が怪我を負っているときに治病をする。実際には大きな絆創膏が怪我をしている状況を表していて、その絆創膏がとれることで治ったとする。

【39】日本民間放送連盟放送基準には、（15）児童および青少年の人格形成に貢献し、良い習慣、責任感、正しい勇気などの精神を尊重させるように配慮する。（41）宗教を取り上げる際は、客観的事実を無視したり、科学を否定する内容にならないよう留意する。（53）迷信は肯定的に取り扱わない。（57）医療や薬品の知識および健康情報に関しては、いたずらに不安・焦燥・恐怖・楽観などを与えないように注意する。……などの規定がある。

することの重要性はいたるところで強調されている。
第六〇話「ポニーの花園」（図6）は、魔法少女をジェンダーの視点から分析する須川亜紀子が印象深い話として取りあげる回である。ポニーは父親が外国人のハーフで外国で育った。ポニーは母親の国を愛し日本の文化と伝統を知ろうと努力する。文化の違いを乗り越えて友だちを増やしていくが、せっかく作った花壇をいじめっ子に壊されてしまう。ポニーは自分の努力が足りないと雨の中花壇作りに没頭する。しかし、生まれつき心臓が弱いポニーは倒れ、成功率五〇％の手術を受けることになる。退院したポニーが登校して見たものは花壇一杯に咲く花とクラスメートの笑顔だった。

「ポニーの花園」では、魔法を使う場面はほとんどでてこない（カブがいたずらをして公園の噴水を噴き出させたのに対して、サリーは罰としてその水をカブに浴びせただけである）。話は、ポニーの努力やクラスメートとの和解がテーマである。『少女と魔法』を記した須川亜紀子は「少女の勤勉性と自己犠牲が、尊敬に値する行為として表象され、集団調和と相互理解をもたらす例」[40]としているが、上述したように魔法はポニーの勤勉性にも自己犠牲にもまったく関係していない。当然ながら、クラスメートがポニーを受け入れる態度の変化にも関与していない。

魔法が使用される場面のひとつとして「いたずら」を指摘したが、いたずらに

図6　DVD版『魔法使いサリー』第11巻（東映アニメーション）。「ポニーの花園」を収録。表紙にはポニー（右）とサリー。

【40】須川亜紀子『少女と魔法――ガールヒーローはいかに受容されたのか』（NTT出版、二〇一三年）、九〇頁。

おいても魔法の優位性が担保されているわけではない。カブはサリーの友人であるよし子の三ツ子の弟と喧嘩を繰り返す。三対一で対峙するカブは容赦なく魔法を用いるがそれでも勝てずにこてんぱんにされることが少なくない。ここでも魔法の力は絶対的なものでなく相対化され矮小化されている。

矛盾する魔法

いまひとつサリーが魔法使いとして位置付けられながらも使用することのない魔法の領域がある。それは予言である。治病行為（薬草の作成等）と予言（占い）は、魔女の重要な宗教的機能であるが、これらは基本的に排除されている。とくに予言には全く触れられていない。サリーが、危険を察知するとか、将来を占って行動を起こすといった場面は存在しない。

そもそも魔法は当初から矛盾した存在だった。魔法の国から来たサリーは人間の世界で魔法を使うことを禁じられている。「人間が当然作るものを魔法で作ってはいけない」（五〇話）と父親（図7）から釘を刺されているように、魔法は社会の改変にかかわるような使い方はできず、サリーの私的な領域にとどまっている。番組は魔法を使うことを想定して制作されているが、最終的に強調されるべきは努力、勤勉、友情といった魔法とはほど遠い、きわめて人間くさいものであ

図7　DVD版『魔法使いサリー』第9巻（東映アニメーション）。サリーのパパとママが表紙。

る。

　こうした点からすると、番組がいかに前近代的で非科学的な魔女や魔法から遠いものだったかがよく理解できる。

　サリーが住む魔法の国は、原作とは設定が明らかに異なっている。アニメ化に際して、わざわざ改変が加えられたことになる。マンガではサリーの住む国は「悪魔の世界」で暗く汚い異形の者が集まる場所である。父親は悪魔の世界の「帝王」である。とがった髪やコスチュームは、サタンを想起させるのであろう。アニメでは従来の魔女や魔法に繋がるイメージは払拭するか戯画化されている。サリーの住む魔法の国は地球から離れたどこか別の星として描かれており、冷たい感じはするもののお城のような建物である。父親は魔法の国の国王である。母親はロングドレスを着た栗色の髪（もしくは金髪）の女性として描かれていて、魔女を想起させるようなものではない。

　魔法の国のヒエラルキーや世界観もきわめて不分明でご都合的である。サリーの父親は国王とされるが、神様や愛の女神も登場し、へりくだった態度でお願いをする。他にも、メフィスト、死に神、キューピッド、雨降りじいさんなど、少なからぬ神々が登場するが、その場しのぎの登場に終わっている。唯一継続的に登場するのは「ウルトラおばば」と呼ばれる伝統的な魔女に近い姿の老婆である。

ウルトラおばばは人間の世界でサリーの家庭教師、見張り役としてしばしば登場する。黒ではないが灰色の先の曲がった帽子をかぶりかぎ鼻をしている。[41] しかし「老婆」であって、毒リンゴの製造をサリーやカブにめちゃくちゃにされたり、やたらに居眠りをするなど、危険なイメージは見られない。魔女が持つ反社会性や危険性は、「年老いた老婆」のワンテンポ遅れた動作によって解消され戯画化されている。

【41】 カラー版になったオープニングでサリーがかぶる帽子は、黒ではなく緑色である。あえて魔法使いとしての暗い側面を否定するような設定を施しているように見える。

「魔法使いサリー」から「ひみつのアッコちゃん」へ

本章は「変身」をテーマにして、魔法少女、魔女っ娘（子）を扱い、このジャンルの嚆矢として「魔法使いサリー」を取り上げた。しかしながら、サリーは、基本的に、変身することをしない。要するに、他のものになろうとしないのである。

サリーが全一〇九話の中で「変身」するのは二度だけである。一度は、担任の山辺先生がホテルで見合いをするというので、友だちと見に出かけた際に、小学生は入れないと断られ、サリーがドレス姿の「大人」に変身した（三三話）。しかし、友人のよし子とすみれは、背も急速に高くなったにもかかわらず、サリーであることを承知しており、サリーも友人に「私が見てくる」と言って入場する。

それゆえに変身というよりは変装に近い。今一度は、女神に化けて友人を励ます場面であるが（三二話）、コスチュームがそれらしくなるだけで、サリーが別人に変わったわけではない。

魔法少女で「変身」がテーマになるのは、東映動画が魔法少女シリーズ第二作として制作した「ひみつのアッコちゃん」からである。「魔法使いサリー」の最終回で、後継の番組として「ひみつのアッコちゃん」が紹介された。一般的な「次週からは○○」という告知ではなく、最終回の話が終わった後に、サリーが再び登場して自らお礼を言い、「すごくチャーミングでお茶目な女の子、その名はアッコちゃん」と紹介し、アッコちゃんの「よろしく」という挨拶についで次回の放送内容が流された。「魔法使いサリー」の成功と東映動画による魔女っ子シリーズの継続を強く表すものであった。

先に「魔法使いサリー」が「奥さまは魔女」の強い影響を受けて企画されたことを指摘したが、「奥さまは魔女」は企画の段階で強い反対にあった。放送が予定されていたアメリカの三大ネットワークのひとつであるＡＢＣの幹部たちは「こぞってドラマの「魔法」や「オカルト」といった超自然的部分に難色を示した」【42】。

【42】ハービー・Ｊ・ピラト『「奥さまは魔女」よ、永遠に』（庄野勢津子他訳、ワニマガジン社、一九九八年）、三七頁。

ＡＢＣの社長（当時）トム・ムーアは、このドラマにどうしてもついて回る、魔女や魔法が引っかかっていました。とくにアメリカ中西部および南部地域の、通称「バイブル・ベルト」（キリスト教信仰に篤い、保守的な地域）の視聴者から、多くの苦情がでるのではないかと心配したのです。【43】

【43】同前。

ＡＢＣ幹部の心配は杞憂に終わったが、ダーリン役を演じたディック・ヨークはラジオ番組の中で、リスナーから電話で「『奥さまは魔女』は神を冒とくするドラマであり、自分の子どもには決して見せない」といわれた、という。【44】日本にはこうした心配や一部の反発が生じるキリスト教的な文化的背景は存在しない。魔女とは、悪魔と契約して特別な力を持ち、自然を操ったり、疫病を広める、毒薬を調合する、人間に害をなす者であるという文化的な常識は「ひみつのアッコちゃん」ではさらに一掃される。

【44】同前、三九頁。

サリーとアッコについて、その出自からサリーを「正統魔女」、アッコを「世俗魔女」とする表現が見られる。出自による分類も、実際には「魔法少女」の本質や意味にはあまり有意味ではない。物語後段の主要キャラクターの一人であるポロンは、元来は人間の子どもで、捨て子だったのを魔法使いに拾われて育てられた。魔法の国で魔法について教育されたために魔法を使えるようになったと説明される（一〇八話）。最終的に、ポロンには自分が魔法使いであったのは夢と思い込ませることで、魔法を使うことができないようにする（人間である印として、生まれたときにあった赤いアザが手に浮かんでくる）。この説明に従えば、魔法は必ずしも生得的なものではなくなる。ポロンとは逆に、もともと魔女であった者が人間になるケースも描かれ、生得か獲得かの境界は明確ではない。

「ひみつのアッコちゃん」も、鏡の精から不思議な鏡を受け取った、おそらく唯一の少女であり、「特別」な点ではサリーと変わらない。

2 魔法による変身は何をもたらすのか

「ひみつのアッコちゃん」

魔法少女としての「ひみつのアッコちゃん」

「ひみつのアッコちゃん」（図1）は、小学生の加賀美あつ子が鏡の精からもらった魔法のコンパクトを用いてさまざまな人物に変身して騒動を解決していく物語である。テレビではNET系列で月曜一九時から三〇分番組として放送された。放送期間は一九六九年一月六日から一九七〇年一〇月二六日まで全九四話であった。近年のアニメが一二話や一三話で放送されることがあるのを考えると、「魔法使いサリー」や「ひみつのアッコちゃん」は長期間にわたってお茶の間に届けられたことになる。最高視聴率は二七・八%、平均視聴率も「魔法使いサリー」を超える一九・八%と大ヒットした[1]。

アニメや特撮のヒロイン像の特徴を巧に表現して見せた斎藤美奈子『紅一点論』[2]では、主人公のアッコちゃんは「シンデレラ型魔法少女」で、「「あたしこそ

図1『ひみつのアッコちゃん オリジナル版』かがみの国のおつかいの巻（赤塚不二夫、河出書房新社）。

【1】『魔女っ子大全集 東映動画篇』（バンダイ、一九九三年）、四六頁。

【2】斎藤美奈子、ビレッジセンター出版局、一九九八年、ちくま文庫、二〇〇一年。

が主役」という女の子の自己中心的な発想にマッチした」と指摘されている。[3]

企画を担当した東映動画の横山賢二は「『アッコ』の時は、最初から私が企画を進めました。『サリー』は他人に魔法をかけて、相手を変えるけれど、『アッコ』の場合は自分自身が変化していく。そういう違いをつけることによって、視聴者にとって身近な、現実味のある女の子の物語を作れれば、と考えたんです」[4]と述べている。同様のことを演出を手がけた池田宏も述べており、[5]制作側で共有されたイメージが存在した。

テレビ「ひみつのアッコちゃん」の概要を公式ホームページから引用すると次のようになる。

加賀美あつ子ことアッコちゃんは、パパが豪華客船の船長をしているので、普段はママと二人暮し。アッコは、大切にしていた手鏡が割れてしまい、お墓をつくってあげます。

その晩、輝きながら天へと登っていく鏡。そしてアッコは鏡の精から、鏡を大切にしてくれたお礼にとコンパクトをもらうのです。それは「テクマクマヤコン」の呪文を唱えると、望むものなんにでも変身できる魔法のコンパ

【3】同前、一二六〜一二七頁。

【4】『魔女っ子大全集 東映動画篇』(バンダイ、一九九三年)、一四〇頁。

【5】同前、一四三頁。

クト！
お転婆で、泣き虫だけど友達思いのアッコが、気が強くてあわてん坊のモコやモコの弟で姉思いの熱血漢のカン吉、ガキ大将で意地悪もするけど人情家の大将、大将の弟の少将に、チカ子、ガンモたち仲間と加賀美家の飼い猫シッポナや赤塚家に居候中のネコのドラや動物たちと、魔法のコンパクトを使っていろいろな事件を解決していきます【6】。

「魔法使いサリー」には、箒に跨がって空を飛ぶ姿とか、一部に「魔女」を意識した表現が見られる。これらは直接「魔女」を意識したというよりは、制作の直接の動機となった「奥さまは魔女」のモチーフを受け継いだものである。少女向けアニメ第二弾と位置付けられる「ひみつのアッコちゃん」では「魔女」のイメージは払拭されている。普通の女の子に変身能力を持たせることで子どもにより親しみを持たせようとする意図がよく理解できる。魔法の小道具、マスコットの動物、美形のキャラクターという魔法少女に必須の要素は、サリーを後継したアッコで成立を見たことになる。

【6】http://www.toei-anim.co.jp/lineup/tv/akko/

アッコちゃんの魔法

サリーが、文字通り魔法の国の王女である故に魔法が使えるのとは異なり、主人公の加賀美あつ子（以下「アッコ」）は普通の小学校五年生である。アッコが不思議な力を使えるようにいたった経緯は第一話で描かれている。テレビの映像を文字化すると以下のようになる。

鏡を埋めて十字架を立てた土饅頭のお墓に不思議な光が降りてきて、割れた鏡の破片が中に浮かび元通りになる（ひびは入ったまま）。「ありがとう、アッコちゃん。私は鏡の精。割れてしまったんだけど、アッコちゃんのお蔭でお星様になることができたのよ」「壊れた鏡はお星様になるの？」「そう、ただし人間にかわいがってもらった幸せな鏡だけが星になれるのよ。ラミパスラミパスルルルル」「なあにそれ」「鏡の国の言葉で「さようなら」っていう意味よ。これはお礼の印」

こうしてアッコは星から飛んできたコンパクトを受け取り、コンパクトに記されていた「テクマクマヤコン」が変身のための、「ラミパスラミパスルルルル」が変身を解くための呪文になったのである。

コンパクトを手に入れたアッコは、まず星の王女様に変身する。斎藤美奈子が指摘するような「シンデレラ型魔法少女」であるが、全九四話を通してみたとき

話数	アッコが変身したもの
第 1 話	星の王女様、父親、森山先生
第 2 話	小さな女の子
第 3 話	犬、女神
第 4 話	お姫様、牛若丸、クレオパトラ、ガンマン、ネズミ
第 5 話	シッポナ（飼い猫)、母親
第 6 話	銀行のお姉さん、婦人警官
第 7 話	花の精、鳩、母親
第 8 話	モコちゃん（親友)、高井さん（社長の娘)、森山先生、星の王女様
第 9 話	ネコ
第 10 話	モコちゃん、カラス
第 11 話	易者、子犬、カラス
第 12 話	先生の花嫁候補、犬
第 13 話	スター
第 14 話	ネズミ
第 15 話	友だちの妹
第 16 話	ネコ
第 17 話	森山先生
第 18 話	少将（友だちの弟）
第 19 話	ブルドック
第 20 話	シッポナ
第 21 話	化け猫
第 22 話	オウム
第 23 話	犬
第 24 話	ガードマン
第 25 話	婦人警官
第 26 話	トビウオ
第 27 話	白鳥
第 28 話	森山先生
第 29 話	とかげ女、天使
第 30 話	カッパ
第 31 話	タヌキ
第 32 話	
第 33 話	10 年後の自分
第 34 話	祐子（友だち）の書いた母親像の女性、ガードマン
第 35 話	赤ちゃん
第 36 話	牛、交通事故で死んだめぐみちゃんの母親
第 37 話	シッポナ、日本少年少女心配事センターの女性、森山先生、幽霊
第 38 話	鳩
第 39 話	カエル
第 40 話	
第 41 話	驚くような服を着た姿
第 42 話	女中
第 43 話	カンガルー
第 44 話	ハト
第 45 話	オウム
第 46 話	鳥、母親
第 47 話	

表1　ひみつのアッコちゃん変身一覧

話数	アッコが変身したもの
第 48 話	小鳥、お山の大将
第 49 話	賢太（友だち）の父親、お化け
第 50 話	サンタクロース
第 51 話	婦人警官、犬のぬいぐるみ、犬
第 52 話	10 年後の自分
第 53 話	シッポナ、鳥、大将のおじいさん
第 54 話	人魚
第 55 話	鳥の子ども、子猫
第 56 話	鬼
第 57 話	看護婦、掃除のおばさん、おばあさん、代理の先生の前赴任地の学校の花子
第 58 話	チンドン屋
第 59 話	ウサギ、雪女
第 60 話	おひな様、ながし雛
第 61 話	ファッションモデル
第 62 話	シッポナ
第 63 話	母親、シッポナ
第 64 話	こけし、お花ちゃん（知り合いの友だち）
第 65 話	緑のおばさん
第 66 話	大将の父親
第 67 話	先生
第 68 話	ネコ、オウム
第 69 話	婦人警官、ガーボー、泥棒、鯉のぼりの神様
第 70 話	蝶々、ネズミ、悪人
第 71 話	鳥
第 72 話	森山先生
第 73 話	蝶々
第 74 話	大将、モコちゃん、ガーボー、大将の偽者
第 75 話	つばめ
第 76 話	亡くなったひとみちゃん
第 77 話	小鳩
第 78 話	緑の実の母親に似せた看護婦
第 79 話	子犬
第 80 話	ヤマンバ、鷲
第 81 話	母親
第 82 話	犬、森山先生
第 83 話	鳩、ウサギ
第 84 話	鷹
第 85 話	百合子（友だち）
第 86 話	鯛
第 87 話	蝶々、鷲
第 88 話	なっちゃん（友だち）
第 89 話	
第 90 話	ハチ
第 91 話	鳩
第 92 話	ちか子、ガーボー
第 93 話	雀
第 94 話	鷲

表1　ひみつのアッコちゃん変身一覧（つづき）

に、アッコが変身するのは「シンデレラ」ばかりではない。むしろ違ったものへの変身が圧倒的に多いのである。

表1は全九四話でアッコが変身したものの一覧である。文脈を省略してあるので、なぜそのようなものに変身したかは理解できないと思うが、アッコの「変身」にかなりの特徴のあることがわかる。

アッコが変身するタイプは、「シンデレラ型」「小動物」「人間」「その他」の四種類である。

第一の「シンデレラ型」であるが、事例はわずかである。後に述べるように、物語の基本的な枠組みからいっても、周囲に認知されるような形で変身して活躍することは困難である。変身した外形から「シンデレラ型」に該当するのは、かなり広義にとっても「星の王女様」（一話）、「女神」（三話）、「お姫様」「クレオパトラ」（四話）、「花の精」（七話）、「星の王女様」（八話）、「先生の花嫁候補」（一二話）、「天使」（二九話）、「人魚」（五四話）の九回で、全九四話中八話に過ぎない。

私が「基本的な枠組みから困難」というのは、周囲がアッコ本人と判断できる形で変身することが不可能だからである。アッコが鏡の精から鏡をもらったところへ母親が部屋に入ってくる。母親に「魔法の鏡よ。お姫様になれるの」といって呪文を唱えるが変身できない。アッコは「人が見ていると鏡の魔力が効かない」と理解するのである。変身の場面を他者に見せられないということは、本人と変身後の人物（や動物）が同一であることを証明することが困難であることを意味している。アッコは何に変身しても自己満足にとどまることになる。

「星の王女様」（一話、八話）になるのは、鏡の精と会話した後の夜一人自室でのことで、他者は存在せず、「ステキね」と羨望の眼差しで見られることもない。「お姫様」「クレオパトラ」（四話）は同級生のガキ大将を懲らしめるために、牛若丸、ガンマンと次々に変身した中のひとつである。「花の精」（七話）では小さな花の精になって花の周囲を飛ぶが、とくだんストーリーの展開に意味を持つわけではない。「先生の花嫁候補」（一二話）はいたずらで、「人魚」（五四話）は、海に行ったアッコが気持ちよさそうということで海の中を泳いだという話である。

そうした中で、「女神」（三話）と「天使」（二九話）では、女神や天使になって人を励ます役を演じているが、こうした変身は稀であり、シリーズを貫くモチーフになっているわけではない。

第二のタイプであるが、アッコの変身で圧倒的に多いのは動物、しかも小動物である。飼い猫のシッポナに始まり、ハト、犬、ネズミ、オウム、カエル、ウサギ、ブルドック、鷲、鷹、トビウオなど多様である。そのときの都合によって変身する。

なぜアッコは動物に変身するのか。大半は移動のためである。空を飛ぶことで素早い移動が可能になり、狭い場所でも通り抜けることができる。場所や距離によって変身する動物は使い分けられている。小動物への変身は、番組が視聴対象とした低年齢層には魅力的に映ったかもしれない。動物に変身すると、動物と会話することが可能になる。話によっては、動物と会話するために変身が用いられることもある。動物と会話することで、通常では得られない情報を入手したり、動物の協力を得ることが可能となる。極端な事例では、人の姿のままで動物とコミュニケーションをしている（第七話では、人間の姿のまま鳥の声が理解できる）。ハトや子犬への変身が多いのは、それらがかわいく身近な存在であるからであろう。

第三のタイプであるが、小動物と同等に多いのは、「身近な人間」である。通っている小学校の先生や母親、友だちに変身して、ちょっとしたもめ事や事件を解決しようとする。

とくに多いのは、小学校の音楽教師である森山先生、婦人警官、そして自分の母親である。視聴者である女児からすれば憧れの存在であり、物語の進行からすれば、小学生には認められない権限や情報を持つ者、あるいは命令のできる者たちである。

ところで、こうした目上の者への変身がトラブルや問題の解決に直結しているかというと、必ずしもそうではないのである。かえって、事態を複雑にしたり(身近な人間であるがゆえに話のつじつまが合わなくなる、中身は小学五年生なので対応ができない等)、混乱を引き起こすのである。学校や町内に同じ人物が同時に現れれば、関わった人間の間で情報は混乱し、結果として人間関係に齟齬が生じる。魔法による変身は、必ずしも効果的に描かれてはいないのである。

アッコは第一話で変身に関する教訓を得る。ガキ大将の大将に一泡吹かせるために森山先生に変身したアッコは、偶然に担任の佐藤先生から抜き打ちテストのあることを聞く。森山先生に変身したアッコは、佐藤先生にテスト用紙を間違えているといって前回の回答用紙を手渡す。その結果、テストはなくなるが、佐藤先生は本物の森山先生と喧嘩になる。最終的に森山先生に変身して事態を繕い事なきを得るが、第一話でコンパクトの乱用を反省することになる。同級生のチカ子や校長先生など、森山先生に変身したアッコに、周囲は違和感を覚えその結果森山先生の評判が下がることになる。

視聴者からすれば、変身によるどたばたは見ていて面白いかもしれない。しかしながら、斎藤美奈子が指摘する「「あたしこそが主役」という女の子の自己中心的な発想」は最初から痛手を被るのである。

男性に変身することがあるが、事例はひじょうに少ない。必要に迫られて、たとえば母親に小遣いの値上げを認めてもらうために父親に変身する（一話）、留守番を頼まれて易者になる（一一話）といった場合である。

コンパクトによる変身は、ストーリーによってはかなりとんでもない物にまで及ぶ。第四のタイプ「その他」である。カッパ、幽霊、お化け、雪女、一〇年後の自分などというものもある。さらには、こけし、ひな人形といった本来生き物ではない物にも変身できる。

変身というよりは変装といった方が適切である事例も見られる。（第四一話ではアッコは母親が驚くような服を着た姿に「変身」する。第五八話では、チンドン屋に変身するが、容姿は変わらずチンドン屋として利用する太鼓や旗を体につけている程度）鏡による「変身」は、ストーリーによってはかなり都合よく使われている。

今ひとつ、アッコは変身とはまったく異なる魔法を使う。長距離の「移動」である。第四六話「南の島に愛の祈り」のストーリーは次のようなものである。秋田ケン吉の両親はインドネシアのスマトラでボランティアの医師をしている。ある日、ケン吉のもとに母親が病気で倒れたというエアメールが届く。一刻も早くスマトラへ行きたいケン吉であるが、叔母夫婦は日本で待つように勧める。アッコは「テクマクマヤコン、スマトラに行け」と唱えてスマトラへと移動した。

「鏡の道」という言葉が初めて使われるのは第五七話である。鏡の道を通って新しい担任の以前の赴任地を往復する。以降の放送で、頻繁ではないが遠方の移動に「鏡の道」が用いられている（六五話、七一話、八九話）。各話の脚本、演出は異なっており、特定の人物が好んだ趣向ではなさそうである。「鏡の道」は明らかに鏡による「変身」ではなく「移動」である。物語を展開する上で、動物での移動に限界があり、面白くするために考え出されたアイデアではないだろうか。

変身による能力

ところで、冒頭で指摘したように、魔法と変身に関しては、メディアとジェンダーを専門領域とする須川亜紀子の分析がある。これまでアッコが用いてきた魔法や変身に関する分析を元に、須川の考察を検討してみたい。

須川の著書『少女と魔法』の目的は二つで、第一は「日本の女の子向け「魔法少女」テレビアニメにおける魔法少女は、どのように表象されてきたかを、その作品が放映された時代の社会文化的コンテキストにおいて、通史的に分析すること」である。第二は、「そのような魔法少女の表象を、日本のプレティーンの少女が、どのように理解、交渉、享受、共鳴、消費、利用をしてきたかを析出すること」【7】である。

須川の分析視点はポストフェミニズムなので、アッコが変身のための鏡を入手

【7】須川亜紀子『少女と魔法——ガールヒーローはいかに受容されたのか』（NTT出版、二〇一三年）、九頁。

した経緯も次のように解釈される。「魔法の力がアッコの善行（割れた鏡を生物の死と同様に丁重に扱った）の報酬として与えられることは重要である。これは、フェミニニティと結びついた「適切な」ケアと思いやりが、普通の人間から、超自然力を持つ人間へアップグレードする機会を生産することを意味している」[8]。筆者は、須川のポストフェミニズムの分析自体は問題としない。興味深いのは「超自然力を持つ人間」という解釈である。アッコは超自然力の持ち主としてアニメの中で振る舞っていない。むしろ日常はアッコの変身をもってしても改変されず、より適切には日常の維持が望まれているように思えるのである。この点については後述することにする。

須川によると、コンパクトによる変身はもうひとりの自分になりたいという欲望とフェミニニティの結びつきを表しているという。フェミニニティと美は魔法の力で顕在化する。

アッコは……魔法によってフェミニニティを「使用し」、女性の劣位を転覆させるのである。これはヘゲモニックな家父長制的イデオロギーを直接批判するラディカルなフェミニズムとは一線を画するものである。……アッコは、日本社会において女性が直面する困難を経験し、変身魔法でそれを解決

【8】同前、九四頁。

する。女性の魔法の力は、フェミニズム的なエンパワメントとなっているが、もう一方で、保守的で家父長制的な思想とのせめぎあいの場にもなっている。【9】

【9】同前、九九頁。

須川が説明のために引用する箇所は、きわめて恣意的であり、ラディカルではないにしても家父長制的イデオロギーの批判と解釈することにはかなり無理が感じられる。また、魔法による他者への変身は少女の多様な潜在能力の表象であり、自己肯定の契機であるとも述べているが、一覧で示したような実際の変身を考えたときに、こうした説明にはなかなか納得がいかない。須川の結論は以下の通りである。

『アッコ』では、鏡を通じての変身は、フェミニニティと美に深く結びついている。それは美しくカワイイ、格上の女性に変身したいという少女の欲望や快楽を表象しているが、同時に変身は、ヘゲモニックなフェミニニティや審美観の表象性を常に問い直す場でもあり、同時に変身しない自己（むき出しの自己）の肯定の場としても機能している。【10】

【10】同前、一〇二頁。

興味深いのは次のような指摘である。須川自身はあまり意識していないと思われるが、「変身しない自己の肯定」は、魔法を使わない、あるいは魔法の限界を知ることで成立するのである。それはあいかわらず、両親との関わり、先生の指導、友だちとの衝突と友情によって達成されなければならないものである。そして「成長」は自分だけでなく、友だちを中心とした周囲の人間とともにである。魔法によってしかアイデンティティが構築されないとしたら、あるいは問題が魔法を使うことによってしか解決されないとすれば、それは現実や社会からの逃避や離脱を意味することになる。女児向けアニメといっても番組は教育的な意味合いを十分に有している。

原作マンガからの改変

先にも記したように、アニメ放送に先立って、赤塚不二夫によるマンガが集英社の少女漫画誌『りぼん』に掲載されていた【11】。アニメ化する際にマンガの設定に改変が加えられている。ここでは登場人物やストーリーではなく、本論に関わる部分のみを取り上げることにしたい。

まず問題になるのは、なぜどのようにして主人公の加賀美あつ子は魔法の鏡を入手できたのか、である。マンガではアッコは次のような出会いで変身が可能となるように描かれている。

【11】一九六二年六月号より一九六五年九月号まで。

自宅で留守番をしていたアッコのところへ外から野球のボールが飛び込んできて、大事にしていた鏡が割れてしまう。泣いていたアッコのところへサングラスをかけた男性が現れ、「われたかがみをいただきにきました。かわりにこれをうけとってください」と申し出たのだった（図2）。男性はかがみの国から来たのであり、鏡を大切にしている人の鏡が割れたら新しい鏡と交換していると説明する。さらに男性は、アッコがいつも何か他の人になりたがっていることを知っており、その願いを叶えようと申し出たのだった。変身するためには鏡に向かって、なりたい者の名前をさかさまに唱えることで変身する。

マンガの設定に関して、アニメ版では複数の点が改変されている。第一は、力の付与者である。アニメでは鏡の国のサングラスのおじさんから女性の鏡の精に変更されている。怪しげなセールスマンを連想させる男性から女性の精霊への変更は、低年齢層の女児を意識したものであるにちがいない。「魔法使いサリー」が番組として成功し、その後継として低年齢層をターゲットとしたときに、原作の持つ怪しさは解消されたことになる。

いまひとつ重要と思われるのは、「鏡」である。マンガでアッコが受け取った不思議な鏡はコンパクトではない。持ち運びには不便なかなり大きなものである。変身の呪文が逆さ言葉であったように、鏡が実際の鏡として機能することが、明

図2『ひみつのアッコちゃん オリジナル版』かがみの国へのおつかいの巻（赤塚不二夫、河出書房新社）、一三頁より。©赤塚不二夫

らかに求められている。
他方で、アニメのコンパクトはたんなる変身のためのアイテムである。魔女が持つ杖と同じような機能を果たすが、女性が喜びそうなかわいらしいアイテム化は、毒気を抜かれた消費財に近い。魔法少女では、しばしば変身する際にアイテムを用いる。以後、不思議な力を発動させるためのアイテムは魔法少女では常用されるようになる。しかし、これは魔法少女ゆえの特徴というよりは、当時の少女をとりまく消費環境に問題があったように思える。
当時、演出を手がけた東映動画の池田宏は「あの時代ですでに商品化を狙った部分もあって、これは売れるぞ、と絵を作りながら話していましたね」と述べている。【12】実際、当時のスポンサーである中嶋製作所から玩具化されて大ヒットになったという。【13】
一九七九年に株式会社ぴえろを設立し、数多くの魔法少女アニメを制作した布川郁司は、『クリィミーマミはなぜステッキで変身するのか?』(図3)で端的に説明している。

スポンサーである玩具メーカーからの要望は、「ステッキを使って変身してほしい」というもののみ、そこで伊藤さんと一緒に『クリィミーマミ』と

【12】『魔女っ子大全集 東映動画篇』(バンダイ、一九九三年)、一四三頁。
【13】同前、四六頁。

いうタイトルを考え、「普通の女の子がスターになる」というコンセプトで原案を作りました。【14】

子ども向けアニメのスポンサーはほとんどが玩具メーカーであり、「女児向けに魔法のステッキを売りたい」というのがスポンサーの意向だった。【15】着せ替え人形のリカちゃんが誕生したのは一九六七年のことで、大阪での万博を経て一九七四年にはサンリオのハローキティが登場した。一九七〇年代は少女を巡る消費文化が急速に進展した時代だった。テレビアニメが黄金時代を迎えたのも七〇年代である。突如として小学校の高学年の女子がバレンタインチョコを送り始めたのもこの頃である。アッコのコンパクトはそうした時代の先駆けのひとつとなるものだったと考えてもいいだろう。

【14】布川郁司『クリィミーマミはなぜステッキで変身するのか?』(日経BP社、二〇一二年)、七二頁。

【15】同前、七六頁。

「魔法」か、それとも日常か

アッコにとって魔法はどれだけ重要なものだったのだろうか。たとえ王女様やモデルに変身しても、第三者からみればアッコとはわからない。アッコのもう一人の自分になりたいという少女の欲望は充足されたのだろうか。一時自分ではない他者にはなれても、変身した人物の能力が発揮できるわけではない。小学校の

図3『クリィミーマミはなぜステッキで変身するのか?』(布川郁司、日経BP社)

森山先生に変身したとしてもピアノが弾けるわけでもない。医者に変身したからといって医療行為を行えるわけでもない。結局元の自分に戻るしか、アッコには選択の余地がない。変身した人物のまま生活することは、それまでの人生や人間関係を帳消しにする行為である。変身後に元に戻れなくなったときのアッコの当惑や哀しみは大きく深い。

アッコは最終回で魔法の鏡を手放すことになる。大型台風のために点灯できなくなった灯台で、父親が船長をする客船に座礁の危機を知らせるため、コンパクトに世界中の鏡の光を集め点灯する。

アッコはコンパクトを取り出し、鏡の精に「鏡の精さんお願い、パパの船が沈んじゃうの。お願い、パパの船を助けて」と頼むのであった。鏡の精は、ひとつだけ方法があるがそのためにはこの鏡は二度と使えなくなると説明する。以下がアッコの答えである。

かまいません。日本丸と大勢の人を助けることができるんだったら、鏡の精さん、早くその方法を教えて

アッコは「テクマクマヤコン」と呪文を唱えて、「世界中の光よ集まれ」と命

じるのである。これまでコンパクトが発揮したことのない能力である。その結果船は座礁を免れるが、鏡の光は灯台の光と錯誤されて、灯台守の努力が賞賛される。コンパクトは消えてしまうが（消えるシーンはない）アッコの「ちょっぴりさみしいけれどしかたがありません」というナレーションが入る。

魔法少女においては、日常世界の優越性は明白で、魔法によって、友だちとの喧嘩をはじめさまざまな社会問題がつぎつぎと解決されていくわけにはいかない。魔法で病気が治るようであれば、医学の進歩は必要ない。最終的には自らの努力や周囲の援助によって問題が解決され、誤解が解けることが望ましいにちがいない。そうした意味で、魔法少女であっても常に最終的には日常生活の肯定、もしくは日常を生きていくしかない私たちの世界の確認が行われる。

それでは、斎藤美奈子や須川亜紀子らフェミニズムの視点からの発想や分析は的外れであったかというと、必ずしもそうは思えない。つまり、「変身」が一人歩きしたのではないかと思えるのである。最終回でアッコは視聴者に向かって次のように話す。

内緒でとってもいいことを教えてあげるわ。あのね、鏡を大事にしてくれる人には、魔法のコンパクトをあげるかもしれないって、鏡の精さんがいってたの。だから、今度は魔法のコンパクトがあなたのものになるかもしれないのよ。

視聴者にとっては、アッコがハトに変身したか、犬だったか、お姫様だったかは関係なかったのかもしれない。問題は「コンパクトで変身できる」だったのではないか。アニメは明らかに、かわいく変身したいという少女の欲望や快楽への志向を刺激した。魔法のコンパクトは市販され、購入され、使用されたのである。そこでは、アッコが変身を隠さざるを得なかった状況や、日常の小さなトラブルは最終的に友情や努力で解決される必要は存在しない。

魔法少女の展開

魔法少女といわれるアニメ番組の一覧は先に示した通りである（二七〜二八頁）。一九六六年に「魔法使いサリー」が放映されて以来、コンスタントに魔法少女ものが放送されているが、一九八〇年代までは基本的に一年に一本の状態が続く。制作会社も東映動画、葦プロダクション、スタジオぴえろと数社にとどまっている。ところが一九九〇年代に入って突如として活況を呈し、六本の番組が同時期に放送されるまでになる。そして一九九二年には「美少女戦士セーラームーン」

の放送が開始されている【16】。

一九九〇年代以降、多くの作品が放送されただけでなく、作品内容が多様な展開を遂げた。従来の低年齢層向けから、需要層であった視聴者の成長に合わせるように、幅広い年齢層を対象にした作品が現れるようになった。

こうした魔法少女の最大公約数を拾ってみても、有意味な作業には思えない。日本ばかりでなく海外においても大きな反響を得た作品、現在まで多くの視聴者の支持を得ている作品に登場する「魔法少女」を分析することで、「魔法少女」の現代的で文化的な意味を理解したいと思う。分析対象とすべきであろう作品は、「美少女戦士セーラームーン」、「プリキュア」、そして社会現象となった「魔法少女まどか☆マギカ」である。

【16】 この点に関して『魔女っ子大全集』は「'89～'91年にかけて放送された新作「ひみつのアッコちゃん」と「魔法使いサリー」、この二大名作リメイクによって開拓された親子二世代にわたる支持層が、その後も派生し続けたためと考えるのが妥当であろう」(『魔女っ子大全集　東映動画篇』バンダイ、一九九三年、三頁)としている。「魔法使いサリー」は一九六六年に初回放送された後に、平成元年から第二シリーズが放送された(一九八九年一〇月九日～一九九一年九月二三日)。放送局はテレビ朝日系列で夕方七時から、全九〇話であった。「ひみつのアッコちゃん」は一九六九年の第一シリーズ後に第三シリーズまでテレビ放映された。第二シリーズは一九八八年一〇月九日から一九八九年一二月二四日まで、全六一話がフジテレビ系列で日曜日のゴールデンアワーに一八時～一八時三〇分に放送された。第三シリーズは一九九八年四月五日から一九九九年二月二八日まで、全四四話がフジテレビ系列で日曜九時～九時三〇分に放送された。

3 戦闘美少女と魔法

「セーラームーン」と「プリキュア」

はじめに

現在アニメのモチーフは多様化し、作品が対象とする年齢も、当初の若年層から格段に広がった。近年では「魔法少女まどか☆マギカ」が社会現象化したといわれるが[1]、このアニメは深夜枠での放送である[2]。後にインターネットで配信され、動画サイトやレンタル（ＤＶＤやＢＤ）でも見ることができるようになるが、それでも視聴者の年齢層は東映魔女っ子シリーズが想定していた「女児」ではないことは明らかである。

ここで簡単に「ひみつのアッコちゃん」以後の魔法少女ものの状況を説明してみよう。東映動画は「魔法使いサリー」「ひみつのアッコちゃん」以後、次々と「魔女っ子シリーズ」といわれる作品を作り続けた。一九八〇年代までの「魔法少女」作品は、いくつかの制作会社で作られたが、「魔女っ子シリーズ」を牽引

【1】「大ヒット」や「社会現象」の明確な基準はない。過去に放送されたアニメの視聴率を確認するのも容易ではない。マンガに関しても総販売部数を知ることも困難である。「まどか☆マギカ」については「爆発的なヒット」（『日本TVアニメーション大全』世界文化社、二〇一四年、四五二頁）、「ダークな中に希望を見いだすストーリー、アート的な表現などで大人気」（氷川竜介『アニメ10 0年ハンドブック』IRD工房、二〇一七年、八〇頁）といった評価がある。

【2】放送は二〇一一年一月から四月にかけて系列三局で行われた。たとえばTBSテレビでは金曜日の深夜二五時五五分から二六時二五分まで放送された。二三時から二八時の間に放送されるアニメを深夜アニメという。

してきた東映動画は一九八〇年の「魔法少女ララベル」でいったん幕を下ろす（東映動画は一九八八年に二作目の「ひみつのアッコちゃん」を、一九八九年には続編の「魔法使いサリー」を制作している）。このジャンルが停滞したためであった。[3] 一九八〇年代は葦プロダクションが「魔法のプリンセス ミンキーモモ」（一九八二年三月～一九八三年五月）を、スタジオぴえろが「魔法の天使クリィミーマミ」（一九八三年七月～一九八四年六月）から「魔法のアイドル パステルユーミ」（一九八六年三月～八月）まで四作品を毎年制作するにとどまった。

こうした状況は一九九〇年代に入って劇的に変化する。第二次アニメブームといわれるこの時期に、「名探偵コナン」（一九九四年にマンガ、一九九六年にアニメ）、「ポケットモンスター」（一九九六年にゲーム、一九九七年にアニメ）、「ワンピース」（一九九七年にマンガ、一九九九年にアニメ）が放送され、「新世紀エヴァンゲリオン」（一九九五年にアニメ）の大ブームが起こったのだった。

「魔法少女」についても一九九〇年代に入って多くの作品が同時に現れるようになった。量的に格段に増えたのである。そして、大ヒットとなる作品が現れた。一九九二年に放送が始まった「美少女戦士セーラームーン」（以下「セーラームーン」）である。他にも「ナースエンジェルりりかＳＯＳ」（一九九五年七月～一九九六年三月）、「おジャ魔女どれみ」（一九九九年二月～二〇〇三年一月）、さらに「カー

【3】『日本ＴＶアニメーション大全』（世界文化社、二〇一四年）、一五九頁。

ドキャプターさくら」(一九九八年四月〜一九九九年六月)、「魔法少女リリカルなのは」(二〇〇四年一〇月〜一二月)など現在まで多くのファンを持つ作品が現れた。

「セーラームーン」研究史

「セーラームーン」がどのような反響を与えたかを論じるのはそう簡単ではない。「セーラームーン」は一九九三年度の第一七回講談社漫画賞少女部門を受賞しているが、これまでに売れたマンガのベストテンには入っていない。視聴率も驚くような数値ではなさそうである。その一方で、現在でも知名度が高いこと、フィギュアスケートのメドベージェワ選手が日本語で歌詞を歌うなど、海外にまで知られていることもわかっている。明確な根拠は指摘できなくとも、「セーラームーン」を魔法少女の一九九〇年代の成功例として挙げることはそれほど的外れではないだろう。

「セーラームーン」に対する社会的反響が大きかったことの証左になるかもしれないが、「セーラームーン」に関するかなりの言説が見られる。それは評論だけではなく、研究レベルでも存在する。一連の宮崎アニメ、「新世紀エヴァンゲリオン」、「魔法少女まどか☆マギカ」などを除けば見られない特徴である。評論と研究の境界は微妙であるが、「セーラームーン」をめぐる考察をまとめておくと次のようになる。

一九九五年　高田明典『アニメの醒めない魔法』ＰＨＰ研究所
一九九六年　四方田犬彦「アニメの越境と『セーラームーン』」『ユリイカ』28(9)
一九九七年　藤本由香里「女の子の欲しいものがなんでも詰まったセーラームーンの神話と構造」『別冊宝島　アニメの見方が変わる本』宝島社
一九九七年　山口佳代子「男装する『美少女戦士』――異性装のキャラクターから見るアニメ『セーラームーン』」『女性学年報』第一八号
一九九八年　山田利博「文学としてのマンガ：現代版竹取物語・「セーラームーン」について」『宮崎大学教育学部紀要　人文科学』85、三三一–四三頁
一九九八年　斎藤美奈子『紅一点論』ビレッジセンター出版局
二〇〇〇年　四方田犬彦『マルコ・ポーロと書物』エイ出版社
二〇〇〇年　古田明子「Mother/Girl――母なる少女：『美少女戦士セーラームーン』にみる通過儀礼」『女性学評論』14
二〇〇六年　四方田犬彦『「かわいい」論』筑摩書房

二〇〇七年　東園子「仲間は使命とともに――『美少女戦士セーラームーン』における仲間という存在の意味」『年報『少女』文化研究』(3)

二〇一一年　中川裕美「少女マンガの「戦う少女」にみるジェンダー規範――『リボンの騎士』から『美少女戦士セーラームーン』まで」『愛知淑徳大学現代社会研究科研究報告』(6)

二〇一二年　山崎鎮親「未来の否定と永遠の現在：「魔法少女」の成熟」『相模国文』39

二〇一三年　須川亜紀子『少女と魔法――ガールヒーローはいかに受容されたのか』NTT出版

二〇一七年　山田利博「新旧「セーラームーン」アニメの比較によるジェンダー理解の変容について」『宮崎大学教育学部紀要　人文科学』89

二〇一七年　嵯峨景子「『美少女戦士セーラームーン』における「改変」と幾原邦彦：少女たちの欲望と九〇年代」『ユリイカ』49(15)

二〇一七年　青柳美帆子「全ては『劇場版美少女戦士セーラームーンR』から始まった」『ユリイカ』49(15)

「セーラームーン」が、東映動画が製作した一連の魔法少女シリーズのひとつであることを前提とした上で、これらの論文や評論を読んでまず気づくのは、魔法に関するまとまった言及や考察がないという事実である。論者の視点はフェミニズム、記号論、構造論など多様である。彼らの関心を引いたのは「美少女」と「戦闘」の組み合わせである。不思議な力によって中学二年生の女の子が「変身」し、変身することで獲得されたアイテムや力によって敵と戦うのであるから、「変身」の成立かつ「変身」による不思議な力やその行使（理由）に関する考察があってしかるべきと考えるが、分析者の関心は「美少女」が「闘う」ことに向けられている。

「美少女戦士セーラームーン」とは

アニメの「セーラームーン」は武内直子『セーラームーン』を原作としていると思われがちであるが、当初からアニメ化を想定して作られた作品である。武内は講談社『なかよし』一九九一年八月号に「コードネームはセーラーV」という読み切りを掲載した。東映動画は、これを元に、五人のセーラー戦士や四天王を登場させることにしてアニメ版の「セーラームーン」の企画を完成させた。武内は「セーラーV」の設定を長期シリーズ用に発展させ、一九九二年二月号から連載を開始した。テレビ放送は同年三月七日からである。東映動画は、土曜日夕刻七

時という男の子枠に、男の子の視聴率も獲得できるような女の子路線へとシリーズの方向性を修正したのだという。【4】

番組は一年間の放送で終了し、後番組は男の子向けスポーツアニメが候補に挙げられていたが、「希にみる大ヒット」【5】となり、続編「美少女戦士セーラームーンR」の制作が決定された。以下、シリーズは次のようになる。

美少女戦士セーラームーン　一九九二年三月～一九九三年二月
美少女戦士セーラームーンR　一九九三年三月～一九九四年三月
美少女戦士セーラームーンS　一九九四年三月～一九九五年二月
美少女戦士セーラームーンSuperS　一九九五年三月～一九九六年三月
美少女戦士セーラームーン　セーラースターズ　一九九六年三月～一九九七年二月
美少女戦士セーラームーンCrystal　二〇一四年七月～二〇一五年七月

当初からマンガとアニメのメディアミックスとして始まっているが、劇場版アニメをはじめゲーム、ミュージカル、テレビドラマ（実写）などが制作されている。

ストーリーであるが、現在ホームページ上で公開されているオフィシャルサイ

【4】『魔女っ子大全集　東映動画篇』（バンダイ、一九九三年）、一三二頁。
【5】同前。

ト「美少女戦士セーラームーン25周年公式サイト」[6]には「あらすじ」として物語の始まりの部分がごく簡単に触れられているだけである。ここでは『アニメ作品事典――解説・原作データ付き』に記されている、オフィシャルサイトよりは少し長い作品解説を引用する。「美少女戦士セーラームーンR」以下も個別に解説されているが、もっとも重要な最初のシリーズの解説にとどめる。引用文の最後にある「生まれ変わり」については後の章で扱う。

「月に代わっておしおきよ!」という決めセリフが広く世間でも話題を呼んだ、変身ヒロインものの革命的作品。ドジで泣き虫な中学生・月野うさぎは、ある日言葉を話す猫・ルナからセーラームーンへの変身能力を与えられる。その力を用いて人間のエナジーを狙うダークキングダムに戦いを挑むうさぎの前に、続々とセーラー戦士の仲間が集結。実は、彼女たちは月の王女セレニティとその側近たちの生まれ変わりだったのだ。[7]

「変身」と「変装」

「セーラームーン」の変身は、服装が変わったり装飾品が加わるなどするが、基本的に本人が変わることはない。[8] 言ってみれば、同形の変身、着せ替えといっ

【6】http://sailormoon-official.com/

【7】『アニメ作品事典――解説・原作データ付き』(日外アソシエーツ、二〇一〇年)、六四二頁。

【8】イラストなど、場合によっては多少大人びた姿で描かれることもある。

てもいいものである。「ひみつのアッコちゃん」は明らかに別の者・物になるわけで、それまでの「魔法少女」とは大きく異なっている。主人公の月野うさぎが変身する際の呪文は「ムーンプリズムパワー、メイクアップ！」である。この点を斎藤美奈子は「変身とは、武装ではなく化粧、パワーアップではなくメイクアップ……シンデレラの変身と同じ着替え[9]」と指摘している。

ところで、セーラームーンの代表的なコスチューム姿とは別に、主人公は本来の意味で変身することがある。物語の中で月野うさぎは「変装ペン万年筆」を使って、看護婦や大人に「変装する」（作中の表現）のである。服装だけでなく体型も変わり、父親の前でも本人であることは分からない[10]。管見の及ぶ限り、主人公の「変装」に言及する論者はいない。表1は一覧であるが、回数も少なく、「変装」することで、効果を上げるようなことは期待されていない。「セーラームーン」では、「変装」はストーリー展開上の単なるアクセントであって、強調されるのは、戦闘モードに同形変身＝メイクアップすることである。表1でもわかるように、物語の当初使われていた「変装」は、話が進んで行くにつれて行われなくなって

話数	変装した人
1-64	医者
1-104	スチュワーデス
1-135	お姫様
1-180	花婿
第3話	アナウンサー
第6話	大人のミュージシャン
第8話	医者
第10話	スチュワーデス
第12話	女流カメラマン
第16話	花嫁
第22話	お姫様
第30話	易者
第42話	カモメの水兵さん

表1　セーラームーンの変装

【9】斎藤美奈子『紅一点論』（ビレッジセンター出版局、一九九八年）、三一頁。

【10】「不思議のアッコちゃん」のように、完全に別人になるわけではないが、それでも同形ではない。

いく。

「変身」できる理由と力の獲得

セーラームーンへの変身は、ルナというネコからもらった「変身ペン」を使い、それぞれの戦士に与えられた呪文を唱えることで完成する。[11] ルナは日本語をしゃべり、コンピュータを操る。ルナはセーラー戦士にアイテムを与え、呪文を唱えることを教える。セーラー戦士に能力を与えるルナがなぜそうした不思議な力を持っているか、なぜセーラー戦士は変身し不思議な力で必殺技を使えるようになるのか、とくだん理由は問われない。変身＝不思議な能力の獲得という事実として了解されるだけである。

もっとも、タイトルに「ムーン」がついており、ルナの額に隠されていたのは三日月である。変身のための呪文は「ムーンプリズムパワー！　メイクアップ!!」であり、決めゼリフは「月にかわっておしおきよ！」である。読者は漠然とながらも「月」との関係は想定しているに違いない。さらに、次々と現れる仲間のセーラー戦士がすべて星の名前を冠しているにいたって、星の力、宇宙のエネルギーといったものが作用していると思うかもしれない。しかしその程度であって、それらを体系化して理解したり、背景の世界観を捉えようとすることはな

【11】セーラー戦士は、セーラームーンをはじめ、セーラーマーキュリー（水星）、セーラーマーズ（火星）、セーラージュピター（木星）、セーラーヴィーナス（金星）の五人である。変身のための呪文であるが、たとえばセーラーマーキュリーであれば、「マーキュリーパワー、メイクアップ」となる。

いのではないか。

　セーラー戦士は変身するとコスチュームが変わるだけでなく、必殺技を繰り出して敵を倒すことができるようになる。必殺技は、当初の状態から、必要に応じて次々に新しい強力な技へと変わっていく。以下は、第一シリーズで使われている主な必殺技である。窮地に陥れば、さらに強力な必殺技が使えるようになる（表2）。

　その他にも、なんの説明もなく、空を飛んだり、瞬間移動かと思われるようなことが可能である。

表2　セーラー戦士の必殺技一覧

セーラー戦士	必殺技（効果）
セーラームーン（月野うさぎ）	ムーン・ティアラ・アクション（ティアラを円盤状にして投げつける） ムーン・ヒーリング・エスカレーション（悪いエナジーを浄化する）
セーラーマーキュリー（水野亜美）	シャボン・スプレー（霧を出して周囲の温度を変える）
セーラーマーズ（火野レイ）	ファイヤー・ソウル（炎の渦を投げつける） ファイヤー・ソウル・バード（炎の渦を投げつける）
セーラージュピター（木野まこと）	シュープリーム・サンダー（静電気を集めて電撃を出す） シュープリーム・サンダー・ドラゴン（静電気を集めて電撃を出す）
セーラーヴィーナス（愛野美奈子）	クレッセント・ビーム（右手人差し指から熱光線を出す） クレッセント・ビーム・シャワー（右手人差し指から熱光線を出す）

「変身」とは

早い時点で論評を行った高田明典は、セーラー戦士がコスチュームを着ることによって「中学生から成熟した女への同形変態を実現する」と指摘し、「誰しもが現在の年齢のママで「セーラームーン」になれる（女になれる）、ということを暗示」していると述べている。[12] そしてそれは、同形であるがゆえに成長の拒否の心理構造が存在するとも指摘している。

同じく早くからセーラームーンに関心を持ち、繰り返し書籍で取り上げてきた四方田犬彦は高田とは異なった分析をしている。セーラームーンの敵が、「セクシーで、……原色の皮膚と巨大な乳房を持ち、蛇や蜥蜴、蔓草と隠喩的な関係を持って、半裸に近い姿」をした成熟した女性であるのに対して、セーラー戦士は「清楚なセーラー服を身にまとい、そこからはいささかも性的なフェロモンは放出されない。……成熟して性的な存在であることは悪と同義語である。そして世界を真に救済できるのは、……どこまでもジェンダー的に明確な分水嶺の手前に留まり、成熟を躊躇している少女たちである」と述べている。[13]

高田の同形のまま「女になれる」という説明はわかりにくいし、四方田のいう「成熟の拒否」もまた、「変身」が一部の男性に十分に性的なイマジネーションを惹起したであろうことを考えると簡単に首肯することは難しい。[14]

【12】高田明典『アニメの醒めない魔法』（PHP研究所、一九九五年）、一一一頁。

【13】四方田犬彦『「かわいい」論』（筑摩書房、二〇〇六年）、一二六～一二七頁。

【14】先にセーラー戦士は変身シーンはあるが解除シーンはないと記したが、戦いに負けた際に何度

「セーラームーン」における変身はアニメにおいて印象的に表現されている。それまでの魔法少女の変身と比べて明らかに長く丹念に構成されている。四方田の表現を引用すると「裸体となった彼女は激しく回転し、恍惚状態で舞踏を繰り返しながら、戦士へと変身を遂げる」[15]ということになる。

ところで、評者たちが問題とする「変身」はアニメでの変身であってマンガのそれではない。マンガでの変身は数コマで終了し数頁に及ぶようなことはない。アニメでは、水戸黄門のおきまりのシーンのように、毎回儀礼的に同じ変身シーンが四〇秒以上繰り返されるのである。

儀礼的といったが、変身してセーラー戦士の姿でいる間は、非日常的な世界である。どのような必殺技も可能である。変身は敵と闘う非日常性を構築するための手段、装置ともいうことができるだろう。

か変身が解かれている。その様子は裸体に赤いリボンが巻かれて横たわった姿や、体を巻くリボンが透けて裸体が見えるようになっている。また、美少女戦士セーラームーンのキャラクターを使用したポルノチックな同人誌は数多く存在する。

【15】 四方田犬彦「アニメの越境と『セーラームーン』」『ユリイカ』28(9), 87. 一九九六年。

変身と日常性の回復

変身して戦う（そして勝利する）ことに番組の主たるモチーフは設定されているが、その結果はどのようなものなのだろうか。戦いが終わり日常は回復するが、「変身」が解けるシーンはない。あるのはもとの日常世界だけである。敵によってダメージを受けた建物や街、傷ついた人々は何もなかったかのように（戦いの記憶すらないようだ)、もとの日常生活の延長線上にある。主人公の月野うさぎは元の中学生に戻るが、変身し特殊な能力による非日常的な世界での戦闘を経ても、とくだん精神的に成長している様子は見られない。うさぎに対する両親や友人による認知や評価は変わらない。相変わらず勉強は苦手で、生活態度もいぜんとして母親に叱られるままである。生意気な弟には「ばかうさぎ」とののしられる。「変身」を経ることで仲間との絆と理解はより強固になる。しかしながら家族や学校といった場での社会的認知は生まれない。

さきほどの高田と四方田の議論に立ち返れば、「セーラームーン」における変身は、成熟への願望でも拒否でもなく、ただひたすら日常に戻ることを希求しているように思えてくる。いかに日常を取り戻すことに腐心しているかを第一シリーズを見ることで理解したいと思う。

「セーラームーン」の第一シリーズは、セーラー戦士の壮絶な死と再生で終わる。放送当時、メインキャラクターの相継ぐ死に動揺した視聴者から新聞社に投書があったとされる。[16]最終話の一週前の第四五話で、セーラージュピターがダーク・キングダムの女王クイン・ベリル直属の妖魔部隊であるDDガールズに捕まる。セーラージュピターは必殺技を放って二人を倒すが死亡する。次に囮となって残ったセーラーマーキュリーが敵の幻影攻撃を封じるも死亡。セーラームーン

【16】読売新聞一九九三年三月三日号の「放送塔」に「子供の食事がノドを通らなくなった」と投書があったとされるが(青柳美帆子「全ては『劇場版美少女戦士セーラームーンR』から始まった」『ユリイカ』No. 708、二〇一七年、一四七頁)、実際には確認できなかった。

をかばったセーラーヴィーナスがＤＤガールズを一人倒すも死亡。最後にセーラーマーズがセーラームーンに攻撃しようとしたＤＤガールズを岩の中から必殺技で倒し、最後の一人の手を掴みファイヤー・ソウルで焼き尽くして死亡する。

最終話では、タキシード仮面（正体は、うさぎの恋人・地場衛。前世はプリンス・エンディミオン）がクイン・ベリルの攻撃からセーラームーンをかばい死亡。セーラームーン（プリンセス・セレニティ）は、死んだセーラー戦士の魂の力を借りてスーパー・ベリルを倒すが、銀水晶の力を解放したため死亡する。ところが、死亡する寸前に普通の生活に戻りたいというセーラームーンの願いが奇跡を起こし、銀水晶の力によって死亡したセーラー戦士全員は転生する。転生したのは、全く別の世界や未来ではなく「もとの世界」である。

うさぎはふだんと同じように寝坊して「遅刻だ、遅刻だ」といいながら慌てて家を飛び出す。試験の成績発表を見るがよくない。成績の最上位生はセーラー戦士だった水野亜美である。テスト用紙を丸めて投げると、地場衛にあたる。画面には他の元セーラー戦士も登場するが、転生後はセーラー戦士だったことや、戦いの記憶は全て忘却されている。しかし、アルテミス（セーラーヴィーナスの相棒の白猫）は「また出会えばいいよ」という台詞を残し、うさぎと衛のやりとりを見た友人は「あんがい運命の出会いかも」と語る。

もともと「セーラームーン」は次のシリーズが想定されていなかった。とすれば、なおさら「日常」に戻ることの重要性は指摘しておいていいだろう。

プリキュアシリーズと魔法

先に示した「セーラームーン」に関する研究論文一覧に斎藤美奈子の『紅一点論』（ビレッジセンター出版局、一九九八年）を挙げておいた。研究というよりは、思い切りの良い発想を前面に出した評論であるが、巧に特徴を抽出していて広く読まれた。斎藤は、アニメの国を男の子の国と女の子の国にステレオタイプ化して説明して見せた。斎藤は「『セーラームーン』以後は、ヒロインも戦うのが定石」【17】としている。プリキュアシリーズも戦う女の子の物語である。斎藤の指摘が正鵠を射ているかどうかを問題視するつもりはない。「セーラームーン」が美少女と戦いを結びつけた最初の作品と見なされていること、「セーラームーン」が魔法と結びつけて論じられていないことを確認したいのである。

「美少女戦士セーラームーン」をヒットさせた東映アニメーションは、女児向け作品として二〇〇四年から「ふたりはプリキュア」（以下「プリキュア」）を放映する。朝日放送テレビの制作であり原作はない。放送はテレビ朝日系列二四局で放送時間は日曜朝八時三〇分から九時までの三〇分番組である。以来現在まで、

【17】斎藤美奈子『紅一点論』（ビレッジセンター出版局、一九九八年）、一五頁。

シリーズごとに主人公が変わり物語もリセットする形式で放送を続けている長寿番組である。現在（二〇二二年四月）は一九シリーズに当たる「デリシャスパーティ♡プリキュア」が放映中である。「おジャ魔女どれみ」が四年間、「美少女戦士セーラームーン」でも五年間だったことを考えると、たいそうな長寿番組である。

先に見た「セーラームーン」に関しては、評論をはじめ、少なくない数の論文が存在している。しかしながらプリキュアシリーズに関しては、一八年に及ぶ大ヒットであるにも関わらず、研究論文はわずかである【18】。

東映アニメーション最長の一九シリーズ、総勢七〇人以上に及ぶプリキュアの内容を要約することは困難である。シリーズとはいっても同工異曲ではなく、メインキャラクターの性格や数、変身ポーズの変化など多様で一律には論じられない。近年は既婚者で子どものいるプリキュアや、男性のプリキュアも登場している。ここでは、シリーズ化されるきっかけとなった第一シリーズを中心に、シリーズの存続が危ぶまれた第四シリーズの「Yes！プリキュア5」、そして「魔法つかい」の文字が入った第一三シリーズ「魔法つかいプリキュア！」を視野に入れて論じることにする。

第一シリーズの「ふたりはプリキュア」の内容は以下のようになる。

【18】論文としては次の二点を挙げることができる。増田のぞみ「女の子向けテレビアニメ」を問う――『プリキュア』シリーズの挑戦」（『年報『少女』文化研究（3）』、二〇〇九年）、木村至聖「女児向けアニメにみる新自由主義時代の社会的規範：『プリキュア』シリーズを手がかりに」（甲南女子大学研究紀要・人間科学編（54）、二〇一七年）。増田は二シリーズを取り上げて、プリキュアが女の子向けテレビアニメに何を投げかけたかを考察している。木村の論文は、プリキュアが新自由主義社会に適合的な社会規範を内面化させ「社会化」する装置としての役割を果たしているとして、「プリキュア」というアニメの時代的な社会的機能を読み取ろうとする論考である。他にも『アニバタ　特集プリキュア』（Vol.12、二〇一五年）にはプリキュアのファンによる数多くの論評が掲載されているが、研究とは一線を画すものである。

スポーツ万能、勉強嫌いで無鉄砲だけど人一倍正義感が強くクラスでも人気者の美墨なぎさ、成績優秀で常にクラスのトップだが、実は天然ボケの雪城ほのか、ふたりは同じベローネ学院女子中等部の2年生。なぎさとほのかはそれぞれ不思議な生き物メップルとミップルに出会う。邪悪なドツクゾーンがメップルたちの故郷・光の園を襲撃し、地球に逃れてきたのだった。そして、メップルとミップルによってなぎさとほのかは変身する能力を与えられ、戦うことに…趣味も性格も違うふたりは力を合わせてドツクゾーンから送り込まれてくる邪悪な敵に立ち向かう!![19]

初期作品のプロデューサーであった鷲尾天は積極的にメディアに登場し、プリキュアシリーズ制作時のコンセプトについて雄弁に語っている。

女の子向けのアニメをやってくれ、と会社に言われて「無理無理。女の子の気持ちもわからないのに」って思いました。……企画書に書いたコンセプトは「女の子だって暴れたい!」です。[20]

プロデューサーの鷲尾や制作に関わった人物からは、「魔法」という言葉は聞

【19】プリキュア15周年公式サイト http://www.precure-anniv.com/history

【20】「男女の差なんて、ない プリキュア生みの親、秘めた信念」(朝日新聞、二〇一八年二月二八日)。

こえてこない。著者自身がひじょうなプリキュアファンである加藤レイズナが、鷲尾をはじめ制作会社の全面的な協力の下に二〇〇時間を超えるインタビューで構成した『プリキュアシンドローム〈プリキュア5〉の魂を生んだ25人』（幻冬舎、二〇一二年）という著作がある。歴代のプロデューサー、シリーズディレクター、キャラクターデザイナー、美術、声優、作曲家、プリキュアの玩具を担当したバンダイの製作者など、制作に関わった主要な二五人にとにかくインタビューを行い六〇〇頁近くにまとめた著作である。

アニメやマンガを考察する際に、ぜひとも試みたいのが、たんなる作品の分析だけでなく、原作者や制作サイドへのインタビューである。なぜ「魔法少女」をテーマにした作品を制作するのか、制作者にとって「魔法」や「変身」はどのような意味を持っているのか、作品の意図は何か……しかしながら実際には、これらの人物に会うことは困難である。『プリキュアシンドローム〈プリキュア5〉の魂を生んだ25人』は、たとえ加藤というフィルターを通したとしても、こうした考察にかなりの程度応えるものであると考える。以下、「魔法」を念頭に置きながら、制作に関わった人々の対応を考察することにする。

魔法少女シリーズとしての「プリキュア」のコンセプト

鷲尾が会社から制作依頼を受けたのは日曜朝八時半に放送する女の子向けアニメである。プリキュアの制作に関しては、放送枠のＡＢＣ朝日放送が内容について提案をし、広告代理店のＡＤＫがスポンサーと制作会社を探す。その後、各社のプロデューサーが集まって番組の方向を打ち合わせる。会社からの提案はあくまで「日曜朝八時半に放送する女の子向けアニメ」であり、この時間枠は東映アニメーションによる「魔女っ子シリーズ」であった。鷲尾は、ほかの少女向け作品をどのくらい観ているのかという質問に、「それが全然観ていないんですよ」[21]と答えている。「基本は学園ラブコメディだと思います」[22]とも述べている。第三シリーズ（「ふたりはプリキュア Splash Star」）の視聴率が伸び悩み、上司からは担当プロデューサーを離れる可能性を指摘され、背水の陣で制作された[23]「Ｙｅｓ！プリキュア５」の場合、その発想は『湘南爆走族』という暴走族マンガであったという。[24]

鷲尾は、世界観は西洋ファンタジー的[25]と述べていて、魔法は排除したと指摘している。[26]この点は、後ほど問題にしたい。

【21】『プリキュアシンドローム〈プリキュア５〉の魂を生んだ25人』（幻冬舎、二〇一二年）、一〇六頁。

【22】同前、七二頁。

【23】同前、七六頁。

【24】同前、四〇頁。

【25】同前、二四三頁。

【26】同前、一〇六頁。

プリキュアシリーズでの配慮

以下にみるように、鷲尾は制作に関して一貫したポリシーを持っており、言葉や表現、衣装にもきわめて細かい配慮を払っている。しかし、それにも関わらず魔法に関しては言及がないのである。

例えば、「悪者」「敵」という単語は外した[27]、「戦う」という言葉は使わない[28]といった具体である。なぜならば「差別的なニュアンスがいやだったんですよ。「勝つ」という単語は「負け」をさげすむ気持ちがにじみ出てしまうし、「敵」は自分が「正義」であることを正当化して主張する意味合いが出てしまう。プリキュアは自分たちの日常を阻害する者たちに立ち向かっているだけで、勝ち負けでやっていることではない[29]」(傍線は筆者)。

お腹にはパンチをあてないようにしている[30]、海水浴のシーンでは胸の谷間を描かない、外見に関する美醜の表現、食べ物を粗末に扱っているように見える表現は避ける[31]、子どもが健康でたくさん食べるのはすべての親御さんの願いだからプリキュアではダイエットはしない[32]、といった具合で、子どもとともに親への細やかな配慮が随所に見られる。「子どもが大人にしゃべるときも、絶対に敬語[33]」といった決まりすらある。

【27】同前、三三四頁。
【28】同前、二七〇頁。
【29】同前、三八二頁。
【30】同前、三三四頁。
【31】同前、五三二頁。
【32】同前、九七頁。
【33】同前、九六頁。

プリキュアの「変身」

シリーズディレクターの小村敏明は、一番気を付けていたことは何かと尋ねられて、「変身バンクかな」[34]と答えている。変身バンクとは、毎回繰り返し放送される変身部分の映像のことである。玩具に関しても一番売れるのは変身アイテムで、販売は春休み、ゴールデンウィーク、夏休みと山があって、大きいのがクリスマスであるという[35]。

プリキュアの変身シーンは従来の魔法少女ものとは異なっている。一人で変身することができず、手をつないで初めて変身するのである。見方を変えれば、「ふたりいないと変身できない、という枷」[36]ともなる[37]。鷲尾が「友情ということばは大きかった。……ふたりの友情の物語からはじまり、人気になった」[38]と述懐しているように、性格も関心もまったく異なる二人の友情、絆を表現するために取られた方式である。

「Yes！ プリキュア5」ではプリキュアの人数が一気に五人になる。変身も一人に一話を使い、さらに五人目の水無月かれんは変身に失敗する。最終的に六話目で変身が可能になるように、「変身」に力点が置かれていることはよく理解できる。

変身について鷲尾が興味深いことを述べている。

【34】同前、二二六頁。

【35】同前、一六一頁。

【36】同前、一九一頁。

【37】第二四話「新たなる五人の力！」では、敵の策略で仲間たちが絶望の仮面をつけられて窮地に陥る。そのときにはじめて五人が手をつなぐ。（同前、七一頁）

【38】同前、七〇頁。

テレビシリーズを長くやっていると、変身しないお話が合ってもいいんじゃないかとも言われますけど、それは子どもにとって意味がないんです。時代劇と同じなのかもしれないですね。理不尽な権力者がいて、虐げられている庶民たちがいる。それを庶民の代わりに成敗してみんな胸がすく思いをする。それは「水戸黄門」や「銭形平次」「遠山の金さん」でもあるんです。[39]

【39】同前、一一七頁。

ようするに「変身」は放送内容としては不可欠だが、場面転換の役割を果たしているだけでとくに意味がない、といっているようにも思える。「セーラームーン」の変身について、制作者側はその意味づけについてはほとんど考えていないように思える。変身は非日常を生み出し、非日常的な世界で戦いが行われるといってみても、場面転換とどれだけの相違があるだろうか。

制作者にとっての「魔法」

これまでみてきたように、シリーズをリードしたプロデューサーの鷲尾天は子ども向けの番組であることに十二分に留意して制作している。しかし「魔法」についてはほとんど語らないのである。鷲尾は『プリキュアシンドローム〈プリキュア5〉の魂を生んだ25人』の中に頻繁に登場する。声優や美術へのインタビューにも同席し、自分も会話に加わっている。六〇〇頁近い「プリキュアシリーズ」だけの著作の中で、鷲尾が「魔法」に言及しているのはきわめてわずかである。その際の鷲尾は「魔法」を忌避するような発言を繰り返す。「「プリキュアは魔法じゃありません!」って。変身すること自体がファンタジーなので、魔法は組み込みたくなかったんです[40]」と述べるのである。

魔法ものでいうと「ロード・オブ・ザ・リング」も「ハリーポッター」もファンタジーの世界観の中でリアリティをちゃんと描いている。構築するまでに大変緻密な作業があったと思います。私がテレビシリーズをやるときに、そこまで構築することは難しいだろうと思ったんです。だったら自分の中にあるリアリティ、すぐ身近にあるちょっとした不思議な世界を描いてみようと[41]。

鷲尾の表現自体が微妙であるが、「ロード・オブ・ザ・リング」や「ハリーポッター」は「魔法もの」で、ちょっとした不思議な世界はファンタジーということだろうか。前二作品のようなリアリティを持ったファンタジーまでは無理なの

【40】同前、一六五頁。

【41】同前、一〇六頁。

で、「身近な不思議」を扱うという意味に解釈していいのだろうか。

しかしながら、悪の勢力ドックゾーン、ジャアクキング、滅びの力で世界を支配しようとするアクダイカーン、悪の集団ナイトメアなど、シリーズ毎に敵キャラが設定され、街や人が巻き込まれ世界が危機に瀕するのは「身近にあるちょっとした不思議」ではないだろう。

魔法は解けるのか

セーラームーンに関する考察で、日常性の回復こそが重要なのではないかと指摘した。プリキュアシリーズにおいても同様のことが指摘できる。たとえば、鷲尾は「敵」や「戦い」という言葉を使わないと述べているが、次のようにも語っている。「プリキュアは自分たちの日常を阻害する者たちに立ち向かっているだけで、勝ち負けでやっていることではない[42]」。

日常の回復は必ず行われる。つまり、「のりうつられた者もちゃんと戻っている。ビルとかが壊れていても、戦いが終われば必ずもとに戻します。「悪い要素が取り払われればもとのものだよ」ということですね[43]」。

セーラームーンでは、転生したということでもとの中学生に戻っているが、一九シリーズに及ぶプリキュアシリーズでは「キャラクターが歳をとらない方式に

【42】同前、三八二頁。

【43】同前、一二九頁。

した」[44]という。脚本を担当した村山功がインタビューの中で次のように述べている。

夢に向かって進もうとしている彼女たちが歳を取らない。とんでもない矛盾ですよね。永遠を否定し続けていた彼女たちが永遠の若さを手に入れている。[45]

低年齢に向けて制作された魔法少女ものは、仲間の重要性と日常性の回復、そして日常世界の肯定こそが問題であって、魔法の力の源泉や世界観を描くことにはきわめて無頓着である。制作者が「魔法」に無関心であるのは、なにもプリキュアに限ったことではない。

ところで、制作者が「魔法」や「変身」に通り一遍の解釈しかしないとしても、これらのアニメが複数、長期間にわたって継続的に放送されてきたことを考えると、アニメで表象されてきた「魔法」の影響は小さくないと思われるのである。子どもの親は、こうした番組を子どもに有害なものとは考えない。すでに述べたように、クリスマスに子どもへ関連商品をプレゼントすることに躊躇はない。

「プリキュアシリーズ」の通算一三作目として二〇一六年に「魔法つかいプリキュア！」が放送された。魔法界の魔法使いリコと、ナシマホウ界の朝日奈みら

【44】同前、一四六頁。
【45】同前、五〇三頁。

いが、ふたつの世界を行き来しながら闇の魔法使いと戦う物語である。話には魔法使いの乗るほうきや、つばの広い黒い帽子など、魔女を思わせる意匠がいくつか出てくるが、魔法や魔女自体を丹念に描こうとした作品ではない。朝日放送の植月幹夫プロデューサーは「魔法つかいプリキュア!」のねらいを次のように述べている。

便利な魔法が使えても、それは決して万能ではなく、やっぱり大切なのは人と人との「心」のふれあい。この作品では、環境の全く違う世界で育った二人が偶然出会い、お互いのさまざまな違いを認め合いながら、友情と絆を育んで成長し、たくさんの奇跡を起こします【46】。

ところで、プリキュアには多様な関連グッズが多くの会社から発売されている。通常の製品の他にも、紙を切り抜いてヘアアクセやスカート模様、リボンを作ることが出来る冊子(『魔法つかいプリキュア! へんしんこうさくブック』(図1)など多様である。ターゲットは明らかに小学校低学年が中心で、小さい頃からごく当たり前に受容されている。

神社や寺と関わって行われてきた様々な行事が縮小し、家庭の宗教性が希薄化

【46】日刊スポーツ、二〇一六年一月一日。

図1『魔法つかいプリキュア! へんしんこうさくブック』(講談社編、講談社)。

している現代社会において、メディアが「身近な不思議」や「魔法」を継続的に表象する媒体となっていることは十分に意識すべきと考える。これらの媒体は本来宗教的情操の涵養や、正確な宗教知識を伝えることを目的にしているわけではない。本章の冒頭で一九九〇年代以降、数多くの「魔法少女」アニメが現れたと指摘したが、こうした作品が想定している視聴者は必ずしも「女児」を中心とした年代層ではない。深夜アニメ枠で放送される「魔法少女」アニメは、最初から「大きなお友達」を想定した作品である。一九六〇年代に始まった「魔法少女」のジャンルは、視聴者の年齢の上昇に伴って、また我々を取り巻く情報環境のメディアミックス化の中で、どこにでもある存在へと変わっていったのである。私たちはメディアで自生する宗教の中にどっぷりと使って日常生活を送っているのである。

4 「魔法少女まどか☆マギカ」の衝撃

「魔法少女まどか☆マギカ」を支持したのは誰か

「魔法少女まどか☆マギカ（以下、まどか☆マギカ）」が社会現象といわれるほど大ヒットしたことはすでに八一頁で指摘した。『日本TVアニメーション大全』（世界文化社、二〇一四年、四五二頁）によれば「爆発的なヒット」となる。「まどか☆マギカ」は二〇一一年一月から四月にかけて系列三局で放送された深夜アニメ（TBSテレビでは金曜日の深夜一時五五分から二時二五分）である。虚淵玄によるオリジナル脚本で、全一二話放送された。二〇一一年一二月には第一五回文化庁メディア芸術祭アニメーション部門で大賞を受賞するなど、数多くの賞を受賞し、視聴率、BDの販売、海外での反響など、これでもかというくらいプライズや反響をあげることができる、そうしたアニメである。

「まどか☆マギカ」に関しては、『魔法少女まどか☆マギカ 公式ガイドブック』

（芳文社、二〇一一年）、オフィシャル評論の山川賢一『成熟という檻「まどか☆マギカ」論』（キネマ旬報社、二〇一一年）、『ユリイカ 総特集 まどか☆マギカ――魔法少女に花束を』（二〇一一年）を初め、論文も少なくない。

ところで、大ヒットや大きな反響と述べたが、作品が誰を対象にして作られたかがよくわかるコメントが残されている。主役の声優を務めた悠木碧は「小学生からも、『まどか』見ました」というお手紙をけっこういただきました。――小学生がこの作品見ても大丈夫だったんでしょうか？――私も「大丈夫かなあ？」って疑問だったんですけれども……」[1]と述べている。監督の新房昭之は「ハードな作風のアニメになりましたが、表現の面で考えられたことは？」という質問に対して、「確かに残酷な描写はありましたが、特に気を遣うようなことはしていませんそ。だって、放送時間帯を考えても、子供が観るようなアニメではないでしょう」[2]と答えている。

ＮＨＫは二〇一七年に特集「ニッポンアニメ１００」を企画した。歴代のアニメ作品を対象に一般投票でベスト一〇〇を選ぶ企画である。結果は次のようになっている。歴代といっても最近の作品が多い。一位、二位、六位に入った「ＴＩＧＥＲ ＆ ＢＵＮＮＹ」は二〇一一年に放送されたアニメで、女性による組織票が入ったのではないかともいわれた。

【1】『魔法少女 まどか☆マギカ公式ガイドブック you are not alone』（Magica Quartet著、まんがタイムきらら編、芳文社、二〇一一年）、五五頁。

【2】同前、一〇四頁。

一位　TIGER & BUNNY
二位　劇場版TIGER & BUNNY The Rising
三位　魔法少女まどか☆マギカ
四位　ラブライブ！（TVアニメ第一期）
五位　ラブライブ！（TVアニメ第二期）
六位　劇場版TIGER & BUNNY The Beginning
七位　コードギアス 反逆のルルーシュ
八位　カードキャプターさくら
九位　ラブライブ！ The School Idol Movie
一〇位　おそ松さん

私が指摘したいのは誰が「まどか☆マギカ」を見ているかである。この企画では、性別の順位が掲載されている。ランキングは男女差が著しかった。男性を対象にした結果では第一位「まどか☆マギカ」、第二位「ラブライブ！（第一期）」、第三位「ラブライブ！（第二期）」、第四位「ラブライブ！ The School Idol Movie」、第五位「ご注文はうさぎですか？」となっている。女性を対象としたランキングでは、第一位「TIGER & BUNNY」、第二位「劇場版 TIGER & BUNNY The Rising」、第三位「劇場版 TIGER & BUNNY The Beginning」、第四位「おそ松さん」、第五位「ジョーカー・ゲーム」となっていて、嗜好がかなり異なっているのである。男性人気第一位の「まどか☆マギカ」は女性では一三位。女性人気第一位の「TIGER & BUNNY」は男性では四二位という結果である。「まどか☆マギカ」は明らかに男性によって支持されたアニメである。

それでは「大人」の「男性」に向けられた「魔法少女」とはどのようなもので、なぜ衝撃的だと表現されるのだろうか。

作品自体のヒットの理由については多くの評論家、関心者が語っている。筆者は作品自体の好悪やヒットの理由を明らかにしようとするものではなく、あくまで「魔法」の意味づけについて考察する。

キャラクター原画は蒼樹うめが担当した。原画はこれまでのかわいい魔法少女路線が踏襲され、先行公開された。魔法少女ものには妖精や精霊、小動物がつきもので、彼らの依頼によって少女たちは敵と戦う魔法少女に変身する。「まどか☆マギカ」ではキュゥべえが「ぼくと契約して魔法少女になってよ」と哀願する。おきまりの魔法少女路線である。他方で脚本家に虚淵玄を据えて、深夜枠での魔法少女が通常の作品ではないことを予想するファンは少なくなかったようだ。大人の男性の視聴に耐えるような、これまでとは異なった新しい魔法少女像を構築するために、いくつもの仕掛けが施された[3]。内容の告知期間を短くし、「普通の」魔法少女物として宣伝した。脚本を書いた虚淵玄が魔法少女を書くようなライターではない点が怪しまれないように、当人も制作サイドも情報の露呈を極端に嫌った。

公式ガイドブックやオフィシャル評論にもあらすじが掲載されているが、かなり長大なので、『日本TVアニメーション大全』から引用する。長すぎる要約と感じる読者もいるだろうし、意を尽くしていないと憤慨するファンもいるかもしれない。引用文は長文になるが、大人の「魔法少女」を理解するためには必要と考える。

> 中学2年の少女・鹿目まどかは夢を見た。巨大な怪物と戦う少女。まどかに白い謎の生物が語りかける――。「僕と契約して魔法少女になってよ」。そして夢で見た少女が現実の学校へ転入してきた。名は、暁美ほむら。まどかは親友・美樹さやかと共に夢に出てきた謎の生物に出会う。その生物・キュゥべえを保護したまどかたちは不気味な空間で怪物に囲まれた。危ういとこ

【3】脚本の虚淵玄はアニメ会社から「「魔法少女やって」、それから「人が死ぬ『(リリカル)なのは』作って」っていうオファーがあった」(『ユリイカ 総特集 まどか☆マギカ――魔法少女に花束を』二〇一一年、五四頁)と述べている。

ろでふたりを救ったのは中学校の先輩・巴マミ。彼女は「魔女」と戦う魔法少女だった。キュゥべえはまどかたちにも魔法少女になるよう誘う。契約すれば願いをひとつ叶えられるのだ。

そんな中、まどかとさやかは魔女の種「グリーフシード」を発見。マミを呼び、結界へ潜入する。まどかが魔法少女になることをマミに誓うと、マミはひとりで戦い続けて寂しかった本音を明かす。が、直後マミは魔女に敗れてしまう。緊急事態にキュゥべえはふたりに魔法少女になるよう急がすが、ほむらが乱入して魔女を殲滅した。

マミの死に衝撃を受けて心揺れるまどか。一方さやかは片思いの相手・恭介の、手の負傷で絶たれた音楽生命を復活させるため、魔法少女になる契約を結んでいた。そこへ隣町の魔法少女・佐倉杏子が現れる。あくまで自分のために魔法少女の力を使う杏子と、他人のために戦うさやかは対立する。まどかはふたりを止めようと衝動的にさやかの「ソウルジェム」を投げ捨てる。ところがソウルジェムが遠ざかると、さやかは倒れてしまった。ソウルジェムは魔法少女の魂が入った容器だったのだ。ほむらがソウルジェムを取り戻し、意識を取り戻したさやかは、己がロボットかゾンビのような気持ちになってしまう。さらに恭介に想いを寄せる友人の仁美との関係から自らの欲望に絶望したとき、彼女のソウルジェムは暗く濁り、魔女へと変貌してしまう。魔法少女が魔女になると、負の感情が莫大なエネルギーに変換される。キュゥべえはこれを回収するため少女たちを魔法少女にしていたのだ。

杏子はさやかと相反しながらも、その気持ちはわかっていた。そこで杏子は自らの全ての力をもってさやかを止める。同じ頃、最強の魔女「ワルプルギスの夜」が街に大災害をもたらそうとしていた。これを倒せるのは、魔法少女になったまどかだけだった。絶望に至る魔法少女の宿命を知ったまどかが選択したのは……【4】

人気に火が付いたのは第三話である。それまで「普通」の魔法少女もののように展開していた作品で、巴マミが必殺技「ティロ・フィナーレ」を放った後、魔女に頭部を噛み切られる。マミが魔女に殺される場面は多くの視聴者に衝撃を与えると共に、「まどか☆マギカ」が通常の魔法少女物ではないことを強く印象づけたのだった。

企画は監督の新房昭之によるものである。新房を含めた数人の対談の中でプロデューサーの岩上淳宏が「魔法少女ものというフォーマットには、まだ可能性があるはずだ」【5】と述べたという。新房も「自分としては、タイトルに「魔法少女」

【4】『日本TVアニメーション大全』(世界文化社、二〇一四年)、四五九頁。

【5】『魔法少女 まどか☆マギカ公式ガイドブック you are not alone』(Magica Quartet著、まんがタイムきらら編、芳文社、二〇一一年)、一〇〇頁。

という文字は絶対に必要だと思ってました」【6】と述べている。

少女はキュゥべえに願いを一つ叶えてもらって「魔法少女」になる。この作品での「魔法」では原因と結果が逆転している。つまり、魔法が使えた結果、望むことが叶えられるようになったのではなくて、希望をひとつだけ叶えることの代償として「魔法」が使えるようになるのである。魔法は「魔女」と戦うために用いられる。魔法少女が人知れず、家族や友人、この世界を敵対するものから救うために戦うのは「まどか☆マギカ」に始まる話ではない。すでに論じた「セーラームーン」や「プリキュア」「ナースエンジェルりりかSOS」「魔法少女リリカルなのは」でもそうだった。しかし、「魔法使いサリー」から始まる魔法少女では、魔法は好きなように使えたのである。「戦闘」という行為が少女に課されることで、少女の用いる魔法は自らの願望の成就に用いられるのではなく、他者の救済のための道具となったのである。

魔法少女の証としてキュゥべえから受け取るのが「ソウルジェム」である。卵のような球体を包む器で、手のひらに隠れる大きさである。魔法少女によって色が異なっている。魔法少女はソウルジェムを握って変身する。日常生活では携帯しやすいように指輪やペンダントになる。話数が進む中でソウルジェムが単なる変身のための道具ではなく、魔法少女の「魂」であることが明かにされる。身体

【6】同前、一〇一頁。

はただの外部機関で、ソウルジェムが身体から離れると身体は死体と化す。ソウルジェムは魔力の源であるから、魔法は魔法少女の魂を本源としている。そして魔女を倒すために魔法を行使すると、ソウルジェムは濁るのである。ソウルジェムが完全に濁ってしまったときに魔法少女は魔女になる。【7】濁りを除去するためには、魔女を倒したときに魔女が落とすグリーフシードに濁りを吸収させせなければならない。こうして魔法少女は、世界と共に自分が人間でいられるために、魔女を倒し続けなければいけなくなるのである。この絶望的なカラクリは、キュゥべえとの契約の際には伏せられており、後になって折々に聞かされることになる。

少女の魂を源とする魔法は消耗すると濁り、魔法少女は魔女になって禍を人々にもたらすようになる。本来、消耗と濁りは異なるものであるが、作品中では同義として設定されている。濁りを除去する唯一の手段であるグリーフシードが何なのかは作品中に説明はない。魔女は魔法少女にやられて記念品のようにグリーフシードを落としていく。文字通り「シード＝種」であって、育って再び魔女になる。グリーフシードを回収した魔法少女がソウルジェムの汚れを移した後どうなるかも明確に説明されていない。

ところで、「まどか☆マギカ」をキリスト教神学から分析した論考がある。プロテスタント系の新教出版社が刊行している月刊誌『福音と世界』に掲載された

【7】魔法を使わなければソウルジェムは濁らない。ソウルジェムは魂であるから魔法は魂を濁らせるものである。

記事である。筆者の高橋優子は酪農学園大学でキリスト教学や倫理学を担当している。要点だけにするが、高橋は魂にたまる穢れは「罪」であるという。「自らの祈りと人々のために始めた正義の活動自体が、次第に彼女らを蝕んでいく。彼女らの魂に「穢れ」がたまっていく。自身が呪いを産みはじめる。人々の平安のために魔女と戦う日々は、彼女らを消耗させ、彼女らを遅かれ早かれ絶望に突き落とす。この場合魂にたまる穢れは、「罪」とほぼ同義にとらえてよい【8】」。

高橋の魔法の消耗＝穢れは話の筋に沿った解釈であるが、穢れ＝罪は高橋の解釈である。「罪」はキリスト教では重い概念である。一般的に「神の意志への不服従【9】」と考えると、魔女と対峙するために使用する魔法とその結果の消耗が「罪」という理解は、一般的な視聴者の関心や理解を超えていると考える。

魔法少女という絶望

「セーラームーン」や「プリキュア」をはじめ、「リリカルなのは」など、戦闘する魔法少女は家族や友人、社会からは認知され評価されることのない存在である。彼女らを讃え、愛でる者がいるとすればそれは視聴者ということになる。

「まどか☆マギカ」で魔法少女は、魔法少女本人から決定的に卑下されている。出てくる言葉は後悔と絶望である。「まどか☆マギカ」はヒロインとしての魔法

【8】高橋優子『ポップカルチャーを哲学する——福音の文脈化に向けて』（新教出版社、二〇一七年）、二二頁。「まどか☆マギカ」以外に取り上げている作品は、「聖☆おにいさん」「新世紀エヴァンゲリオン」など二四作品。

【9】『世界宗教事典』（教文館、一九九一年）、一六四頁。

少女を反転させた物語である。

ほむら「一度魔法少女になってしまったら、もう救われる望みなんてない。あの契約はたった一つの希望とひきかえに、すべてをあきらめるってことだから」

マミ「あこがれるほどのものじゃないわよ。わたし、無理してかっこつけてるだけで、こわくてもつらくても、誰にも相談できないし、ひとりぼっちで泣いてばかり。いいものじゃないわよ、魔法少女なんて」

こうした物語が小中学生を視聴者として想定したものではなく、主として、真夜中に魔法少女のアニメを見ようとする男性に向けて製作されたものであることは指摘した通りである。先に「穢れ」についてキリスト教神学による解釈を見たが、社会の中で仕事をしながら（闘いながら）消耗し疲弊していく自分の姿と、終わりなき魔女との闘いを強いられる魔法少女の姿には通底するものがあるのではないか、といったら言い過ぎだろうか。蓄積された「穢れ」（ストレス）はどこかで解消されなければならないがそれもままならない。終わりの見えない魔法少女の闘いは自分の人生が投影された姿でもある。

結局「まどか☆マギカ」でも、魔法は希望に満ちた都合の良い装置などではなく、受け入れるべきではない禁忌である。

「まどか☆マギカ」の興行的な成功があって、深夜枠に一連の魔法少女ものが登場するようになった。個々の作品は趣向が凝らされているが、きらきらしたハッピーエンドを迎えられる作品ではない。「まどか☆マギカ」のように、ある種のルールによって縛られ苦しむもの、戦いには代償が伴うものなどである。

二〇一六年に放送された「魔法少女育成計画」もそのひとつである。二〇一二年にライトノベルが刊行され、アニメ化された。アニメは、一人の魔法少女が死屍累々とした情景の中に立っているところから始まる。主人公の姫河小雪は中学二年生で「まどか☆マギカ」のまどかとマミに似た小さな人形を鞄に下げている。小さい頃から魔法少女が好きで、テレビでプリキュア（?）を見ている姿が描かれる。ソーシャルゲーム「魔法少女育成計画」をしている時に魔法少女に選ばれたと告げられ変身が可能になる。小雪は日々小さな親切・人助けに励んで充実した時間を過ごす。

あるときゲームの主催者から魔法少女が多くなったので半減すると宣告される。善行をしてポイントを集めるが、その週のポイントが最低の魔法少女が削除される。しかも後になって「削除」が実際に「死ぬ」ことであることを知る。魔法少女同士でポイントの奪いあい殺しあいが始まるが、残る魔法少女の数は八人、四人と変更されていく。結局たったひとりの魔法少女を育成するためのゲームであったことがわかる……という内容である。

「結城友奈は勇者であるシリーズ」(二〇一七年)(図1)では、中学二年の結城友奈たち勇者は能力を極限まで解放した技「満開」を使うと、味覚を失う、失明する、足が動かなくなるなど体の機能の一部が失われる。このことは「神樹に捧げる」と表現されるが、勇者たちはシステムを支える「大赦」からは一時的なものと説明を受けるだけである。「満開」を多用して機能を失った乃木園子は、体中を包帯で巻かれベッドに横たわった姿で登場する。

「魔法少女サイト」(二〇一八年)もまた血が流れ魔法少女が厳しく死ぬアニメである。学校では過酷なイジメにあい家庭では兄から暴力を受ける少女、親が殺人を犯したためにイジメにあう少女など不幸な少女たちが不可思議なホームページを見たことでステッキを獲得し魔法少女になる。ストーリーは魔法少女同士や魔法少女の管理人との殺し合いに発展していく。「これは魔法の力を手に入れた不幸な少女たちの友情と青春、そして運命を変える　戦いの記録」(公式ホームページ)である。

図1『結城友奈は勇者である -結城友奈の章-』(アニメ第1期)BDBox(ポニーキャニオン)。

神もしくは救世主としての「まどか」

先に引用した『ポップカルチャーを哲学する――福音の文脈化に向けて』の中で、作者の高橋は「「神」になる魔法少女」という小見出しを設けている。まどかは「神」になったのだという。

鹿目まどかは、魔女になってのろいと絶望をまき散らす魔法少女の運命を変えるべく、「神」（救世主であり宇宙法則を変えられる）になり、抽象的な概念となって、すべての魔法少女が最後には消滅できる（「円環の理に回収される」）ように願って魔法少女になる。……まどかが引き受けたのは、全知全能ではないにせよ、ほとんど絶対神の役割だ。[10]

高橋のいう「神」が気になって調べてみると、「まどか☆マギカ」とキリスト教とは関係があるという記事がネット上で複数見つかった。キリスト教ニュースサイトの「クリスチャントゥデイ」は「通称『まどマギ』を見通したクリスチャンたちは、ほぼ一様に「うわあ、キリストになっちゃったよー」という類の感嘆を上げることになる。明らかに「救世主誕生」による「世界の転換」を描いているのだった。……物語の最終局面、絶望の淵に立たされた登場人物の一人は、自

【10】 高橋優子『ポップカルチャーを哲学する――福音の文脈化に向けて』（新教出版社、二〇一七年）、二一四〜二一五頁。

己犠牲を選び取って「世界の転換」と「救済」の祈りに進む。その強く美しい決意が、愛であり、キリスト的であることは疑わない。深い絶望に陥ることが、目覚めと救いにつながることを、クリスチャンたちはよく知っている」[11]とまで記している。高橋も「契約」の概念がキリスト教的であることを指摘している。

『100人がしゃべり倒す！魔法少女まどか☆マギカ』[12]という本がある。業界の関係者だけでなくかなり広範囲な人物が「まどか☆マギカ」について語っているが、宗教的な指摘をしたのは二人だけだった。一人は「まどか☆マギカ」は「ジブリの巨大生命のパンチ＋萌え＋仏教」といい（九〇頁）、今一人は「解脱して菩薩になったかのよう。イエス・キリストのような救済的側面もあり」（五七頁）と述べている。どちらも長文ではなく詳しい内容はわからない。クリスチャンには「神」と映るまどかの行為は必ずしも一般的ではないようだ。

「まどか☆マギカ」で魔法少女になった少女たちの「願い」を見ておこう。最初に登場する魔法少女・巴マミの願いは「命を繋ぐこと」だった。巴マミは交通事故に遭って瀕死の重傷から逃れるために魔法少女になることを選択した。二人目の美樹さやかは、好きな男子生徒の怪我を治すことだった。天才的と言われたバイオリニストだったが事故に遭い弾くことができなくなった。佐倉杏子の願いは聖職者である父親の話を大勢の人が聞くこと、だった。そして暁美ほむらは

【11】クリスチャントゥデイ「〝マンガとアニメとキリスト教〟クリスチャンが選ぶサブカルチャー（2）『魔法少女まどか☆マギカ』」https://www.christiantoday.co.jp/articles/13064/20140330/godlike-subculture-2.htm

【12】アニメワンダーランド編、宝島社、二〇一一年。

「まどかとの出会いをやり直す」ためである。まどかが魔法少女になることを決意してその願いを述べるのは最終回である。つまり、まどかが魔法少女になるのは最終回なのである。

全ての魔女を生まれる前に消し去りたい。全ての宇宙過去と未来の全ての魔女をこの手で。……今日まで魔女と戦ってきたみんなを、希望を信じた魔法少女を、わたしは泣かせたくない。最後まで笑顔でいてほしい。それを邪魔するルールなんて、壊してみせる。変えてみせる。

まどかの願いによりワルプルギスの夜は消滅する。宇宙は新たな法則によって再構成され、魔法少女が魔女となることはなくなった。しかしまどかは円環の理として実体を喪い、わずかな者の記憶に残るだけとなった。しかしながら、すべてがまどかの願いによって解決したかに見えた世界で、ほむらは魔獣と終りなき戦いをくり広げている。どこまでも救いのない作品である。

私の研究の関心は、「まどか☆マギカ」をキリスト教的にどこまで解釈できるのか、あるいは仏教的な意味をどこまですくい上げることができるか、ではない。脚本家や制作サイドが宗教的な意味や真理を理解してほしくて「まどか☆マギカ」を制作したわけでも、大半の視聴者も宗教性を求めているわけでもないことを確認しているのである。作品で表象される宗教性は一般的で、たとえ「神」「救済」「契約」が述べられたとしても、視聴者を信仰的世界へ誘うようなものではない。

「まどか☆マギカ」を初めとしたハッピーエンドとはほど遠い作品に言及してきたが、不条理な現実やディストピアを描いた人気作品はほかにいくつも存在する。一九九五年の「新世紀エヴァンゲリオン」がそうであるし、二〇〇七年の「ぼくらの」【13】も同じである。正式な作品ジャンルかどうかわからないが「鬱アニメ」と呼ばれるジャンルがある。この中には「まどか☆マギカ」などの魔法少女も含まれているが、ロボットやホラー作品もある。理由の分からない不条理さの中で、若者、とくに少女が苦しみ、常軌を逸していく物語が描かれる。子供ではなく「大人」が対象であるから、血が飛び交い首が切り落とされ、卑猥な言葉が交わされる表現はふつうである。

日本におけるアニメが、子供の領域だけではなくアニメを見て育った大人の世界にも浸透していくときに、魔法少女の暗転は起こるべくして起こったと考えることができる。

【13】二〇〇四から二〇〇九年まで『月刊IKKI』に掲載されていた鬼頭莫広のマンガで全二巻。二〇〇七年にTOKYO MXなど五社から全二四話が放送された。

第2章 巫女と神社

1　ポップカルチャーのなかの神道

宗教者たち

アニメやマンガもしくはゲームには、実に多くの宗教者（と呼んでおく）や宗教施設が登場する、といったら思い当たる節はあるだろうか。巫女、宮司（神職）、修道女（シスター）、陰陽師、魔術師、エクソシスト、魔女、魔法少女、魔法使い、超能力者、錬金術師、僧侶、神、悪魔、天使、幽霊、妖怪、式神などなど、呼称も装束も伝統的なものからオリジナルまで多様な宗教者が登場する。また、こうした宗教者が居住する場所、時には戦いの場として神社、寺院、教会風の建築物が描かれる。実際の施設そっくりなものから、擬似的なもの、あるいはイマジネーション豊かにデフォルメされた建物まで多様である。

これら宗教者の中で、頻度を考えたときに、もっとも多く登場するのは巫女だと思われる。メインキャラとしてはもちろん、脇役として、あるいは登場人物が一時的に（アルバイトとして）巫女として登場する作品は少なくない。その結果、鳥居や神社がアニメやマンガに描かれることは珍しいことではないのである。

ポップカルチャーにおける神社・巫女

巫女は数多くの作品に登場する。しかしながら、神社を舞台としなければ、あるいは巫女が主人公でなければ成立しないアニメやマンガといったら、何作品思いあたるだろうか。私の問いかけをもっと端的に示せば、巫女や神社そして神道を理解させるために作品が制作され、読者（視聴者）もそうしたことを期待して広く読まれた作品があるのだろうか。神社の内実をきちんと踏まえた上で作品としたものに、『神社のススメ――ボクと巫女と神職と』[1]『高天原に神留坐す』[2]『かみさま日和』[3]『神主さんの日常』[4]がある。『神主さんの日常』は作者の瀬上あきらが埼玉県神社庁と三峯神社の協力、監修のもとに制作したものである。

『ぎんぎつね』（図1）は落合さより原作のマンガで、アニメにもなった。TVの公式ホームページによると、「人間と神使の心の交流と絆を描く、ハートフル神社ファンタジー」である。「ここはとある町の小さな稲荷神社。主人公まことは十五代目にあたる跡取りの女の子。現在の宮司はお父さんですが、神様の使いである〝神使〟の狐・銀太郎の姿が見えるのは、正式な跡取りのまことだけなの

【1】『月刊アフタヌーン』（講談社）二〇〇四年六月号から二〇〇六年八月号まで連載された田中ユキのマンガ。作者には神社での勤務経験があり、かなりリアルな神社ライフを描写している。

【2】『Kiss』（講談社）に二〇〇三年から二〇〇四年にかけて連載された篠有紀子のマンガ。神社への取材をもとに神社の日常を描くコメディ。

【3】『週刊漫画TIMES』（芳文社）に二〇一〇年から二〇一二年まで不定期連載された森尾正博のマンガ。知識ゼロだった女性が巫女として奮闘し成長していく姿を描く。

図1『ぎんぎつね』第1巻（落合さより、集英社）

です。ちょっとだけ未来が見えたり、なくしたものを探せたりする不思議な能力を持つ銀太郎ですが、やる気は無いし口は悪いです。でも、まこととは気があうのか、まあ仲良くやっているようです。そんな稲荷神社を舞台に、いろんな人たちがふれあう物語」【5】である。アニメは二〇一三年一〇月から一二月までテレビ東京で全一二話放送された。

三者面談で進路を聞かれたまことが突如「神主になります！」と宣言する。父親（宮司。実は、発言者は父親のなかに入った神使の狐）が「おまえ何言ってんだ女が神主になれる訳ないだろ　身の程知らずだなー」と言うのに対して、まことは今では女の子でもなれると主張して「女の子だし最初は巫女でおムコさんもらって神社をやってけたらって思ったんだけど……それよりは神職について自分で神社を継ぎたいです……だから神道科のある学校に行きます！　できればお父さんと同じ國學院で……」と述べる。國學院大學での正式名称は神道文化学科だが、作者の落合は複数回大学を訪れ丹念に取材している。しかし、作品のテーマは「人間と神使の心の交流と絆」である。

終章で述べるが、多くの宗教団体が教団理解や布教のためにアニメやマンガを制作している。一般的な意味でそうした作品が大勢の人の支持を得たという事実はない。

【4】ウェブコミック誌『EDEN』に二〇一三年三月から九月にかけて連載された、神社や神職をテーマにした瀬上あきらのエッセイマンガ。

【5】アニメ「ぎんぎつね」公式ホームページ http://gingitsune.net/intro.html　マンガの連載は『ウルトラジャンプ』二〇〇八年から。単行本は既刊一六巻。

まずは神社や巫女が登場する主要な作品一覧から示すことにしたい。作品はアニメに限定してある。マンガまで含めるとリストが膨大になるためもあるが、人気マンガはアニメ化されることが多いためである。「主要」と書いたが、明確な基準があるわけではないので、ファンによっては不満を感じる人もいるかもしれない。作品名がわかることで具体的なイメージを喚起するためである（表1）。

神社という設定

「かみちゅ！」[6]「いなり、こんこん、恋いろは。」[7]「朝霧の巫女」[8]「天地無用」[9]「ぎんぎつね」「氷菓」[10]といった作品では社殿が丁寧に描かれている。こうした場合にはモデルとされる神社が設定されている場合が多く、神社にはその後、聖地巡礼としてファンが訪れることがわかっている。「かみちゅ！」は広島県尾道市の艮《うしとら》神社と御袖天満宮、「朝霧の巫女」は広島県三次市の太歳神社、「天地無用」は岡山県浅口市の太老神社といった具合である。インターネットで「聖地巡礼」を検索すると、都道府県別や作品別など数多くのホームページを見ることができる。アニメの場面ごとに現地との詳細な対応映像が掲載されているホームページもある。

「ちはやふる」[11]（図2）は競技カルタに青春をかけた高校生の物語である。全国

【6】二〇〇五年六月から九月にかけてテレビ朝日系列で放送されたオリジナル・テレビアニメ。制作はブレインズ・ベース。タイトルの「かみちゅ」は「神様で中学生」の意味とされる。鳴子ハナハルの作画でコミカライズもされた（『月刊コミック電撃大王』二〇〇五年～二〇〇六年）。

【7】『ヤングエース』（角川書店）に二〇一〇年から二〇一五年まで連載されたよしだもろへの漫画とその後のアニメ。アニメは二〇一五年から放送された。

【8】マンガ・宇河弘樹『朝霧の巫女』（単行本全九巻、少年画報社、二〇〇一年～二〇一三年）とその後のアニメ。

【9】平成四年に制作されたOVA、その後のアニメ、小説、マンガ。

【10】米澤穂信のライトノベル『氷菓』（角川スニーカー文庫、二〇〇一年／角川文庫、二〇〇六年）およびその続編の古典部シリーズ『愚者のエンドロール』（角川スニーカー文庫、二〇〇二年／角川文庫、二〇〇七年）、『クドリ

放送開始年	作品名
1981 年	「うる星やつら」
1992 年	「美少女戦士セーラームーン」
1992 年	「幽☆遊☆白書」
1993 年	「GS（ゴーストスイーパー）美神」
1994 年	「BLUE SEED」
1995 年	「ふしぎ遊戯」
1997 年	「スレイヤーズ TRY」
1998 年	「カードキャプターさくら クロウカード編」「サイレントメビウス」
1998 年	「serial experiments lain」
1999 年	「神風怪盗ジャンヌ」
2000 年	「犬夜叉」
2002 年	「Kanon」
2002 年	「東京アンダーグラウンド」
2002 年	「円盤皇女ワるきゅーレ」「朝霧の巫女」
2003 年	「らいむいろ戦奇譚」
2004 年	「エルフェンリート」
2004 年	「陰陽大戦記」
2004 年	「うた∽かた」「月詠」「神無月の巫女」
2005 年	「AIR」「魔法先生ネギま！」
2005 年	「IZUMO- 猛き剣の閃記 -」
2005 年	「かみちゅ！」
2006 年	「いぬかみっ！」「シムーン」「ひぐらしの鳴く頃に」
2006 年	「神様家族」
2006 年	「ゴーストハント」「天保異聞　妖奇士」
2007 年	「東京魔人學園剣風帖」
2007 年	「ながされて藍蘭島」「らき☆すた」
2007 年	「CODE-E」
2007 年	「CLANNAD」「レンタルマギカ」
2008 年	「あまつき」「かのこん」「我が家のお稲荷様！」
2008 年	「セキレイ」「夏目友人帳」
2008 年	「かんなぎ」「屍姫」「とある魔術の禁書目録」
2009 年	「けいおん！」
2010 年	「おまもりひまり」「刀語（かたながたり）」

表1　神社や巫女の登場するアニメ一覧

ャフスカの順番』（角川書店、二〇〇五年／角川文庫、二〇〇八年）、『遠まわりする雛』（角川書店、二〇〇七年／角川文庫、二〇一〇年）、『いまさら翼といわれても』（角川書店、二〇一六年／角川文庫、二〇一九年）をもとにしたアニメとマンガ。アニメは二〇一二年に放送。

【11】マンガ・末次由紀『ちはやふる』（『BE・LOVE』講談社、二〇〇八年から連載中）。アニメは日本テレビで三期（二〇一一〜二〇一九）七四話が放送され、OVA一話が制作された。二〇一六年には広瀬すず主演で実写映画が二作品制作された。

図2『ちはやふる』第1巻（末次由紀、講談社）

放送開始年	作品名
2010年	「ヨスガノソラ」「神のみぞ知るセカイ」
2011年	「魔法少女まどか☆マギカ」
2011年	「STEINS;GATE」「日常」「緋弾のアリア」
2011年	「BLOOD-C」「神様ドォルズ」
2011年	「たまゆら～ hitotose ～」「ちはやふる」
2012年	「ハイスクールD × D」「妖狐×僕SS」
2012年	「アクセル・ワールド」「氷菓」「黄昏乙女×アムネジア」
2012年	「夏色キセキ」「緋色の欠片」
2012年	「神様はじめました」
2013年	「ささみさん@がんばらない」
2013年	「RDG　レッドデータガール」
2013年	「神さまのいない日曜日」「有頂天家族」
2013年	「ぎんぎつね」「ストライク・ザ・ブラッド」「東京レイヴンズ」
2013年	「ログ・ホライズン」
2014年	「Z/X IGNITION」「いなり、こんこん、恋いろは。」「咲-Saki- 全国編」
2014年	「神々の悪戯」
2014年	「結城友奈は勇者である」「繰繰れ！コックリさん」
2015年	「ISUCA」
2015年	「えとたま」「ダンジョンに出会いを求めるのは間違っているだろうか」「響け！ユーフォニアム」
2015年	「GATE（ゲート）- 自衛隊 彼の地にて、斯く戦えり -」「オーバーロード」
2015年	「終物語」「ノラガミ ARAGOTO」
2016年	「暦物語」
2016年	「くまみこ」「ふらいんぐうぃっち」「迷家 − マヨイガ − 」
2016年	「ラブライブ！サンシャイン!!」
2016年	「装神少女まとい」「刀剣乱舞 - 花丸 -」
2017年	「うらら迷路帖」「けものフレンズ」
2017年	「ソード・オラトリア」「つぐもも」「武装少女マキャヴェリズム」
2017年	「異世界はスマートフォンとともに。」
2017年	「このはな綺譚」「結城友奈は勇者である - 鷲尾須美の章 -/- 勇者の章 -」
2018年	「キリングバイツ」「ハクメイとミコチ」「刀使ノ巫女」
2018年	「あまんちゅ！～あどばんす～」「かくりよの宿飯」「ひそねとまそたん」
2018年	「踏切時間」
2018年	「ISLAND」
2018年	「CONCEPTION」
2019年	「天気の子」
2019年	「グリムノーツ」
2020年	「半妖の夜叉姫」
2020年	「虚構推理」
2021年	「魔法科高校の優等生」

表1　神社や巫女の登場するアニメ一覧(つづき)

高等学校かるた選手権大会や競技かるた名人位・クイーン位決定戦は滋賀県大津市に鎮座する近江神宮内の近江勧学館で開催される。物語の緊張感が高まっていく中、階段下から朱塗りの楼門が見上げられ、本殿に参拝する主人公たちの姿が描かれる。

「いなり、こんこん、恋いろは。」の舞台は京都市の伏見稲荷大社である。作品では伊奈里神社とされているが、オープニングで描かれている上空からの俯瞰図や、作品中ふんだんに登場する千本鳥居を始めとした境内は、写真と見紛うばかりに酷似している。主人公の女子中学生の名前は「伏見いなり」である。エンドロールには地域協力として伏見稲荷大社の名前が見える。

「氷菓」は学校生活に隠された謎に挑むミステリーである。テレビ放送の最終話「遠まわりする雛」でヒロインの千反田えるは、水梨神社の生きびなになる。祭りのモデルは岐阜県高山市の飛騨一宮水無神社の生きびな祭で、作品を収めたDVDにはスタッフが現地を訪れて、神社や参集殿を取材している様子が収められている。

しかしながら社殿がきちんと描かれている作品はそう多くはない。「くまみこ」[12]では、神殿脇の棚に炊飯器がのっているとか、神社かお寺かわからない作品もある。人気作品で巫女が登場するもののなかに、社殿がまったく描かれていないも

【12】『月刊コミックフラッパー』(KADOKAWA)に二〇一三年から連載されている吉元ますめのマンガ、および二〇一六年四月から六月まで放送されたアニメ。

のも複数見られる。

「美少女戦士セーラームーン」にはヒロインの月野うさぎの他に四人のセーラー戦士が登場する。その内の一人に火野レイがいる。火野レイは祖父が宮司を務める火川神社に住み、巫女姿で登場することがある。強い霊感を持ちフォボスとディモスという名前の二羽のカラスを飼っている。アニメでは、火川神社がセーラー戦士たちの集合場所になっている。

セーラームーンの舞台は作品中では東京十番となっているが、モデルは港区麻布十番であり、火川神社が氷川神社であることはファンの間では周知の事実である。しかしマンガの中で火川神社が登場するのはわずかに四回である。すべてほぼ同じアングルからの鳥居の絵柄となっている。鳥居の手前には「火川神社」と彫られた石柱が見える。

こうした状況は「らき☆すた」[13]や「ガールズ&パンツァー」[14]（図3）「あの日見た花の名前を僕達はまだ知らない。」[15]「曇天に笑う」[16]「有頂天家族」[17]でも同様である。「らき☆すた」の主人公四人の中に柊かがみ・つかさの双子がいる。ふたりの実家は鷹宮神社で、アニメの正月の場面では巫女として奉仕する姿が描かれている。それでは原作のマンガの中で「神社」が描かれているかというと、社殿ではなく鳥居が描かれているだけである。

【13】 美水かがみ『らき☆すた』（『コンプティーク』『コンプエース』などKADOKAWAの複数の雑誌に二〇〇四年より掲載）とアニメ（二〇〇七年）。

【14】 二〇一二年と二〇一三年に放映されたTVアニメと、二〇一五年公開の劇場版アニメ、二〇一七年から順次公開されている全六話の最終章、およびマンガ。

【15】 二〇一一年に制作されたアニメ『あの日見た花の名前を僕達はまだ知らない。』と岡田麿里の小説（メディアファクトリー）、その後のマンガ。

図3『大洗ガルパン トラベル・ガイド〜ガルパン聖地巡礼の手引き〜』（廣済堂出版）

「ガールズ&パンツァー」に巫女は登場しない。しかしながらモデルとなった茨城県（東茨城郡）大洗町の大洗磯前神社にはいっとき聖地巡礼と称してファンが押し寄せたらしい。現在でも数多くの痛絵馬[18]が奉納されている。しかしながら実際にアニメに登場するのは鳥居だけである。市街戦の際に参道の前方に鳥居が建っている光景が映る場面しかない（第四話）。劇場版でも、戦車が神社の階段を下っていくだけである（一瞬、背景に社殿は映る）。

「あの日見た花の名前を僕達はまだ知らない。」（図4）の舞台は秩父で、実際の光景が複数登場する。人気アニメとなって秩父神社にも聖地巡礼の参拝者が数多く訪れる。しかし秩父神社が登場するのは神社の玉垣のみである。アニメ化された後にマンガ化されているが、こちらには玉垣すら描かれていない。神社の聖地巡礼化は、たんに描かれたかどうかとは別の次元の問題が潜んでいるように思える。

鳥居であるが、「鳥居」に関する研究の蓄積は必ずしも多くない。一九四三年に鳥居に関するまとまった二冊の研究書、津村勇『鳥居考』[19]と根岸栄隆『鳥居の研究』[20]が刊行されている。とくに、言及されている具体的な鳥居の数など津村の『鳥居考』が詳しい。その後も鳥居に関する研究書が数冊刊行されているが[21]一般書がほとんどである。近年では藤本頼生『鳥居大図鑑』[22]が刊行されている。谷田

【16】唐々煙『曇天に笑う』（『月刊コミックアヴァルス』マッグガーデン、二〇一一年～二〇一三年）とその後のアニメ（二〇一四年）、実写映画。

【17】森見登美彦『有頂天家族』（幻冬舎、二〇〇七年）とその後のマンガ（二〇一三～二〇一七年）、アニメ（二〇一三～二〇一五年）。

図4「あの花」関連グッズが並ぶ秩父。

博幸は、鳥居は神社関係者には冷淡に扱われ、研究も一九四三年に刊行された二冊の著作に多くを負っていると指摘している。[23]

鳥居とは何かについて『鳥居考』と『鳥居の研究』は、古代の門をはじめ複数の説をあげている。しかしながら両書共に、現代社会（当時）における意味については、刊行された時代的な背景もあったと考えられるが、「鳥居は日本精神を表象する本来の姿」[24]という意味づけで一致している。

神道に関する辞典・事典においても、鳥居の構造・種類、歴史等に関する説明は詳述されているが、意味そのものはきわめて単純である。『神道大辞典』には「古来神域表象の為の主要なる施設」（一〇六〇頁）、『神道事典』では「神社の神域の入口を示す「門」。……今日果たしている機能からするなら、俗界と聖域を分ける表象」（一八五～一八七頁）である。宗教学においても、鳥居は聖なる空間と俗なる空間の境界という文脈で解説されるのが一般的である。[25]

情報空間の中の鳥居

鳥居は現代の日本人にとってきわめて身近な境界を表象する装置である。かつて伝統社会においては、境界を表象するものとして塞の神、道祖神、地蔵、馬頭観音などが用いられていたが、都市や情報空間において、今日こうしたものは一

【18】アニメやマンガのキャラクターが描かれた絵馬のこと。

【19】内外出版印刷株式会社印刷部、一九四三年。

【20】厚生閣、一九四三年。

【21】川口謙二・池田孝・池田政弘『鳥居――百説百話』（東京美術、一九八七年）、稲田智宏『鳥居』（光文社、二〇〇二年）、清水昭三『鳥居はなぜ倒れない――神社・原爆・天皇制』（彩流社、二〇〇四年）、谷田博幸『鳥居』（河出書房新社、二〇一四年）。

【22】グラフィック社、二〇一九年。

【23】谷田博幸『鳥居』（河出書房新社、二〇一四年）、六～一〇頁。

【24】津村勇『鳥居考』（内外出版印刷株式会社印刷部、一九四三年）、四頁。

【25】柳川啓一・阿部美哉『宗教理論と宗教史』（放送大学出版会、一九八五年）、「第二節　宗教の規程――聖と俗」参照。

般的ではない。現実においても鳥居人気とでも言えるような現象が複数生じている。

世界最大の口コミ旅行サイト「トリップアドバイザー」は毎年「外国人に人気がある日本の観光スポットランキング」を公表している。京都の伏見稲荷大社は二〇一三年から六年連続で一位に選ばれている（二〇二〇年は広島の平和祈念資料館に次いで二位）。注目されているのは本殿の背後部に位置する稲荷山に設置された千本鳥居（図5）のようである。

伏見稲荷大社は以前から全国的に知名度の高い神社であるが、まったく知名度のなかった、神社がインスタ映えするという理由で著名になり観光客を集めている事例がある。

元乃隅神社（図6）は山口県長門市（油谷津黄四九八）に位置する神社である。この神社は神社本庁傘下の宗教法人ではない。太皷谷稲成神社（島根県）から分祀されて個人が祀っていたものである。二〇一四年七月に出版された『死ぬまでに行きたい！　世界の絶景　日本編』（三才ブックス）に掲載されてから多くの観光客が集まり始めた。二〇一六年六月にはトリップアドバイザーで一一位にランクインし、以後海外の観光客も増加したといわれる。交通のきわめて不便な場所に立地しているにも関わらず、多くの観光客を集めたのは、ネットに投稿された

図5　京都・伏見稲荷大社の千本鳥居

画像が発端であったらしい。青い海を背景に緑の木々の中を赤い鳥居が続く光景が人々の関心を引いたようだ。

鳥居が境界であり神社の境内が特別な空間であることを実感させる作品がある。「電脳コイル」[26]では、鳥居の内側は、空間管理室（情報管理をもっぱらとする）の管轄外空間として描かれる。「電脳コイル」の舞台は今より少し未来の二〇二X年で、小学生も「電脳メガネ」と呼ばれる眼鏡型のウェアラブルコンピュータを装着している。電脳メガネを装着すると電脳ペットやコンピュータのバグ（プログラムの誤りや欠陥）を可視化することができる。主人公たちの住む大黒市の空間管理室は違法な電脳体を駆除するためにサーチマトンというソフトを配備している。視覚化されたサーチマトンは赤くて丸みを帯びた巨大なロボットのようである。主人公たちはバグを持った電脳ペットをサーチマトンから守るために鳥居の内側に逃げ込む。サーチマトンの所属する空間管理室は郵政省の管轄であり、文化局の管轄である神社には入れない。鳥居の内側に滑り込めば、そこは電脳空間を管理しようとする管理室の権限外である。[27]神社の境内は電脳によって管理された世俗的空間とは異なった空間として意識されており、その境界が鳥居である。

鳥居が結界を形成するという表現はポップカルチャーにしばしば登場する。「神無月の巫女」[28]では、邪神ヤマタノオロチの手下であるオロチ衆は変形した赤

図6　元乃隅神社の遠景

【26】二〇〇七年五月から一二月までNHK教育テレビで放映されたテレビアニメ。

【27】物語が進行すると、より強力なサーチマトンが出現し、鳥居の内側にも入ることができるようになる。

【28】介錯による二〇〇四年のマ

い鳥居に囲まれた領域に集う。赤い鳥居は怪しげに変形していて、鳥居の内側が特別な空間であることを示している。鳥居に囲まれて巫女が立っているなど（第一〇話）、この作品には頻繁に鳥居が登場する。

「東京レイヴンズ」【29】は、「霊災」といわれる霊的災害が多発する現代において、陰陽師を目指す若者が活躍する物語である。主人公の土御門春虎は、自分の命と引き換えに春虎を救った土御門夏目をよみがえらせるために陰陽庁の屋上で泰山府君祭を執り行なう。泰山府君祭を行うための場所は天壇といわれ、四方を鳥居で囲われて特別な場所であることが明示されている。

そもそも「天壇」とは中国の皇帝が天をまつる儀礼を行うための壇であって、鳥居とは無関係である。ここで描かれているのは主人公が名乗る土御門に関わっているようだ。土御門家は応仁の乱の戦火を逃れて京都を離れ、福井県大飯郡おおい町に移り住む。土御門家が泰山神君尊神を祀った天社宮・泰山府君社の跡が残されている。作中で描かれている天壇と酷似している。

作者は作品を書くに当たって、「土御門」に関して調べたにちがいない。インターネットでは、「東京レイヴンズ」で用いられている「呪術」について解説するものがある。通常の視聴者は鳥居に囲まれた天壇を見て、どう思うのだろうか。それとも深く考えることなくストーリーを追うのか。二年間にわたって大学生に

ンガと同時並行で制作されたアニメ。

【29】あざの耕平の小説『東京レイヴンズ』（KADOKAWA、二〇一〇年）をもとにした二〇一三年制作のアニメ。

「これまで見た宗教的と思われる作品を挙げて、なぜ宗教的と言えるか理由を述べよ」というレポートを書いてもらったことがある。五〇〇通ほどのレポートでは、取り上げられた作品の宗教性を深く読み込んだものはなかった。

鳥居であるが、ポップカルチャーにおいては、たんに「神社の神域の入口」や「聖なる空間と俗なる空間の境界」といった意味を越えて、独自の発展をしたと考えられるものがある。こうした感覚は、鳥居の研究書では説明されないが、我々の日常的な感覚の中には存在してきたものかもしれない。そうした感覚を維持（もしくは補助）しているのが世俗的な組織である「メディア」である点は十分に留意しておきたい。

「神無月の巫女」では、巫女が地下の秘められた場所へと降りていくが、通路には黒い木のかしいだ鳥居がくびすを接して立っている。「電脳コイル」では朽ちた木の鳥居のトンネルの向こうに記憶に繋がる世界があることになっている。主人公の小此木優子は霧のかかる中、黒い鳥居の間を上っていく。

「地獄少女」【30】は原作のないオリジナルのTVアニメである。「午前零時にだけインターネットでアクセスできるウェブサイト「地獄通信」に晴らせぬ怨みを書き込むと、地獄少女が現れて憎い相手を地獄に流してくれる」という噂が流れている。実際に「地獄通信」に恨みを書き込むことができると、依頼者の前に長い黒

【30】二〇〇五年から放送されたアニメ（スタジオディーン制作）。その後小説化、マンガ化もされた。

髪に赤い瞳をした地獄少女・閻魔あいが現れる。恨みの相手は最終的に「イッペン、死んでみる？」と言われて地獄へと船で流されるが、地獄の入口は黒い巨大な鳥居である。マンガでは、必ずしも鳥居が地獄の入り口であることは強調されていない。地獄の入り口であることがわかるように表象しているのはアニメである。

京都伏見大社を舞台に繰り広げる変身ラブコメディ「いなり、こんこん、恋いろは。」の最終回で、ヒロインの伏見いなりは倉稲魂の眷属である狐にまたがり、狐火が灯る千本鳥居を通って高天原へと昇っていく。高天原へ行き着くためには千本鳥居を通ってしかいけない、という表現である。「かくりよの宿飯」【31】ではあやかしの住む世界である隠世と現世との境は鳥居である。ヒロインの津場木葵が鬼神に連れ去られるときも、またこの世に戻るときも必ず鳥居の前である。鳥居は異界への入口に立つ建造物、境界として機能している。

鳥居の向こうは多様に表現されている。第七回手塚賞を受賞した漫画家・諸星大二郎のマンガにも黄泉の境・入口としての鳥居がしばしば描かれている。代表作の「妖怪ハンターシリーズ」の主人公は異端の考古学者・稗田礼二郎である。稗田は自身が再興に関わった祭りが催行されるのを見に村を訪れるが、鳥居や祭りは観光客を意識したものに変えられ史実を大きく曲げるものだった。祭りの開

【31】小説・友麻碧『かくりよの宿飯』（富士見L文庫、二〇一五年）を元にしたマンガ、アニメ（二〇一八年）。

始とともに鳥居の外から何者かが村内に入り、人を殺傷し建物を破壊していく。村の古老は、鬼踊りを踊りながら異形の物を鳥居の先に見える異界へと先導するのだった。

作中で主人公の稗田礼二郎は、鳥居の先の異界を「異界……常世とは幸をもたらす神の国であると共に禍の来たる源でもある」と説明し、禍つ神が来ることもあると述べている。物語では、巨大な鳥居が崩壊することで異界の入口は閉じたのだった。

鳥居は神社の神域の入口を示す門であり、聖なる空間と俗なる空間の境界に立つ建造物である。鳥居は現在でもふたつの異なった世界を行き来する門、通路の意味を持っていると考えていいだろう。そして、二つの異なった世界は、アニメやマンガの中でイマジネーションとともに多様な展開を遂げて我々の目の前に現れている。鳥居の向こうのさまざまな「異界」もまた現実世界では失われた領域である。

高層の神殿

ポップカルチャーで描かれる神殿は、モデルがある場合にはほぼその通りに描かれる。アニメ聖地巡礼に関するマップがインターネットで公開されており、そうしたものを見ると、著名な神社から地元の神社まで、相当数の神社が舞台になっていることがわかる。こうしたモデルとなる神社がある場合と異なって、わざわざ架空の神社（社殿）が描かれる場合が見られる。作中で伏見稲荷大社の千本鳥居をはじめ、境内のさまざまな場所を克明に描いた「いなり、こんこん、恋いろは。」で、伊奈里神社の主神・宇迦之御魂神（通称は「うかさま」）が起居しているのは、池の中に建つ社である。伏見稲荷大社にそうした場所は見当たらない。「うかさま」は社殿の中でこたつに入ってコンピューターゲームをしている。

フィクションとしての神社に関して、時に、高層の社殿が描かれることは指摘しておきたい。「神無月の巫女」では月に社殿が建っているが、出雲大社の古代神殿をなぞったような姿をしている。「刀使ノ巫女」【32】には宗像三神が登場する。「タキリヒメ」は市谷の防衛省で厳戒体制の下に軟禁されている。広大な軟禁空間の中に古代神殿に似た社殿が置かれている。見るからに特別観のある建物である。どれも出雲大社の古代神殿を模したと思われるが、現存しない社殿のイメージがメディアの中では脈々と受け継がれていることになる。

【32】二〇一八年一月から六月にかけて放映されたアニメ、二〇一七年から二〇一九年にかけて『月刊少年エース』（KADOKAWA）に連載されたマンガ、二〇一八年に配信されたゲームなどのメディアミックス・プロジェクト。

巫女

無数といっていいほどの作品の中から都合のいいものを選ぶ必要がないほど、

巫女や神社の出現は頻繁である。「氷菓」の主人公・折木奉介の自宅は神社の前である。境内の内側から鳥居と狛犬が描かれたフレームで折木の家が描かれている。「けいおん！」【33】の主人公・平沢唯の自宅の隣は神社の入口である。時代も場所も不明で、赤い霧が立ち込める廃墟が広がる世界の物語「ケムリクサ」【34】のりつは巫女装束風の服を着ている。りつは「ミドリちゃん」と呼ぶ樹を自在に操る。三例を挙げたが、どれもふつうに視聴しているときには気づくことすらないかもしれない。しかしながら同じような形式で寺院や教会、シスターや僧侶が描かれることはない。

巫女であるが、「主に神社で神職を補佐して祭事や社務を行う女性」【35】という表現がもっとも一般的ではないだろうか。七五三やお祭り、初詣に参拝した際に、巫女装束といって白衣に緋袴を着用している姿は現代の日本人にもなじみのあるものだ。

他方で、巫女とは狭義には「巫女の本来の性格は上記の通り、霊媒として特殊な素質を有する女性」であり「カミや霊魂の憑依のヨリシロとなり、その託言をつなげることが巫女の基幹的機能である。……もっとも広い意味では神につかえる聖なる女性を示す」【36】である。

アニメ・マンガにも巫女と霊媒のタイプが見られる。先に挙げた現実に近い神

【33】かきふらいによる四コママンガ「けいおん！」（二〇〇七〜二〇一二年）をもとに京都アニメーションが制作したテレビアニメ。第一期「けいおん！」が二〇〇九年の六月から九月、第二期「けいおん!!」が二〇一〇年六月から九月に放映され、大ヒットになった。女子校の軽音部の結成から、まったりした日常、主要メンバーの卒業までを描く。

【34】二〇一九年一月〜三月に放送されたテレビアニメ。制作はヤオヨロズ。監督のたつきが代表を務める同人irodoriが制作しニコニコ動画で発表されたオリジナルアニメを元にし、りつ、りん、りなたち姉妹と記憶喪失の男性わかばの旅を描いたもの。

【35】『神道事典』弘文堂、一九九四年、一三三頁。

【36】『神道要語集 祭祀篇』一般財団法人神道文化会、二〇一三年、一〇二三頁。

社を描いた場合には、当然ながら巫女は前者である。主役として登場する場合にも、たとえば「らき☆すた」は女子高生の日常を描いた作品であり、主役の柊姉妹が巫女として描かれる場合はセーラー服の代わりに巫女装束を着ている、という風に描かれる（図7）。廃校を予告された自分たちの高校を存続させるためにアイドル活動を行う「ラブライブ！」【37】では、メンバーの一人（東條希）が神田明神で巫女のアルバイトをしていることになっている。高校を舞台にしたミステリー作品「氷菓」に主人公の同級生として登場する伊原摩耶花は、神社で巫女のアルバイトをしている。こうした事例を列挙しようとすれば、まだまだ挙げることができる。

能力者としての巫女

特別な能力を持つ存在としての巫女こそ、アニメやマンガに特徴的に現れるキャラクターである。「かみちゅ！」は突然神様になった中学生の物語であるが、主要登場人物に同級生で家が神社の三枝祀《まつり》がいる。三枝祀は神社が貧乏であるため、つねに金儲けのことを考えている。姉の祀はほとんど巫女姿で登場しないが、妹の三枝みこは頻繁に巫女姿で登場する。名前に「みこ」が付く妹は、神通力により祭神の八島様を視ることができ、会話をする。三枝祀のセーラー服姿と

図7　巫女姿の柊姉妹。『らき☆すた』第2巻（美水かがみ、KADOKAWA）、一八頁より。

【37】メディアミックス・プロジェクト「ラブライブ！」の一環として二〇一三年の一月から三月（第一期）、二〇一四年四月から六月（第二期）に放映されたテレビアニメ。スクールアイドルのグループμ'sの成長と活躍を描く。

みこの巫女装束は、明らかに対比され能力によって峻別されている。三枝みこは黒髪である。すべてとはいえないが、特殊な能力者として描かれる巫女は、黒髪が基調のように思える。

浮島神社の宮司を父に持つ更衣小夜は、通学前に巫女姿で境内を掃き清め神前に向かう（「BLOOD-C」）[38]。更衣小夜は神社に伝わる御神刀で人を喰らう「古きもの」と闘う。「セキレイ」[39]のヒロイン・結は、ミニスカート風の巫女装束で戦闘を繰り広げる（図8）。祝詞を使った技・熊流星を用いる。巫女は特殊能力者であるが故にその能力を用いてしばしば戦闘を繰り広げる。こうした戦う巫女は「戦巫女」と表現される。

「朝霧の巫女」では、広島県三次市の稲生神社の長女は高校の教師である。三女が高校一年生であることもあって、学校の秩序を守るために妖怪調伏のための機関「巫女委員会」を結成する。メンバーは五人の女子高生で巫女装束を着て化け物との闘いに身を投じる。

ローカリティとしての巫女・神社

神社や巫女の表象形態を追いながら、ポップカルチャーとして描かれる場合の特徴を見てきたが、いまひとつもっとも当たり前の存在としての意味について述

【38】漫画家グループCLAMPとアニメ制作会社Production・I・Gが原作・脚本を手がけ、Production・I・Gが制作し、二〇一一年七月から一〇月にかけて放映されたオリジナル・テレビアニメ。

【39】二〇〇四年から二〇一五年にかけて『ガンガンYG』『ヤングガンガン』に連載された極楽院櫻子のマンガ。アニメ化もされ、二〇〇八年七月から九月に第一期が、二〇一〇年七月から九月に第二期「セキレイ ～Pure Engagement～」が放映された。

べておきたい。それは神社や巫女のローカリティについてである。

アニメ・マンガに登場する神社は、必ずしもよく知られた神社ばかりではない。筆者が調査した神社の知名度に関する調査によれば、ほとんど全ての日本人が知っている神社は伊勢神宮、出雲大社、明治神宮である。太宰府天満宮や伏見稲荷大社でも認知率は八割程度である。[40]しかしながら、伊勢神宮、出雲大社、明治神宮を主たる舞台にしたアニメ作品は見られない。神社では持ち込まれた企画や取材には、内容を検討の上で回答するのが一般的である。企画が認められた場合には、エンドロールに神社の名前が掲載される。当然ながら企画は拒否される場合もある。作家や制作者は好きなように神社を描けるわけではない。

制作者の側には明らかに意図するところがあるだろう。作者や制作者の郷里が舞台となるときには、その土地を象徴するものとして描かれることがある。しばしば引用してきた「らき☆すた」の作者である美水かがみは、舞台となった鷲宮町の隣の幸手市出身である。「咲 -Saki- 阿知賀編」[41]は麻雀が社会に広く浸透した世界で、女子高生がクラブ活動のように麻雀で競い合う作品である。東京での大会の場面に地元で応援する様子が挿入されるが、場面が地元に切り替わるたびに、まず郷里の風景として神社が映し出され、それからテレビ前での応援風景となる。大ヒットした映画「君の名は。」の前半では、糸守湖やヒロインの三葉が巫女

図8『セキレイ』第1巻（極楽院櫻子、スクウェア・エニックス）©Sakurako Gokurakuin/SQUARE ENIX

【40】公益財団法人庭野平和財団「日本人の宗教団体への関与・認知・評価」、二〇一九年。

【41】小林立の麻雀マンガ「咲 -Saki-」の外伝（二〇一一年九月～二〇一三年四月）。アニメは二〇〇九年四月から九月に放映された「咲 -Saki-」の続編として二〇一二年四月から七月にかけて放映された。

を務める神社（飛騨山王宮日枝神社がモデルといわれている）での神楽、岩倉の中での口噛酒の奉納など、地方の伝統が色濃く描かれている。一転して後半では、新宿や四谷など都会が舞台になっている。二人が再会する坂は新宿区にある須賀神社の参道であるが、神社そのものは描かれない。神社や神楽は地方や伝統を表象するものとして描かれている。「正解するカド」[42]でも、異方（異なった次元）から来たヤハクィザシュニナに地球（日本）の文化を体験させ相互理解に役立てるために、浴衣を着せて神社の祭りに連れて行く。

「くまみこ」ではローカリティ＝田舎者、という構図になっている。主人公の中学生・雨宿まちは、東北の山奥に位置する熊出神社に巫女として仕えている。熊出神社はクマをご神体とする神社である。神社での同居人は言葉を話すクマ・ナツである。ナツはご神体でもあるので、祭りの時には神坐に座る。雨宿まちは長きにわたる山育ちで極度の人見知りである。Suicaも知らなければ丸井のマーク（OIOI）も見たことがない。衣服は巫女の装束と学生服、体操着しか持っていない。都会の高校へ通うための訓練として、隣町のユニクロにヒートテックを二日がかりで買いに行く、といった具合である。アニメの最後は、勝手に応募されたアイドルコンテストで都会（仙台）に行くが、なじめずに逃げ帰る、で終わっている。

【42】東映アニメーションが制作し、二〇一七年四月から六月にかけて放映されたオリジナルのフルCGテレビアニメ。奥橋睦作画のマンガも二〇一七年三月から二〇一八年一月まで連載された。

【43】ゲームブランドKeyが二〇〇〇年に発表した恋愛ゲームをもとに、京都アニメーションが制作し、二〇〇五年一月から三月まで毎週、八月と九月には特別編の前後編が放映されたアニメ。

【44】谷川流のライトノベル「涼宮ハルヒ」シリーズを原作とするアニメ。京都アニメーションが制作し、二〇〇六年四月から七月にかけて第一期を放送。第二期は、第一期のエピソードに新作を加える形で二〇〇九年四月から一〇月に放送され、ともに大ヒットとなった。また第二期では時間がループするという原作の設定に基づき、演出や作画・録音はやりなおしつつも、ほとんど同じストーリーを八回もくりかえす「エンドレスエイト」を放映して物議を醸した。

【45】二〇〇六年から二〇一五年にかけて『月刊少年エース』『4コマnanoエース』『コンプテ

京都を主たる活動拠点とする京都アニメーションの作品には、かなりの割合で神社が登場する。「ＡＩＲ」[43]「涼宮ハルヒの憂鬱」[44]「らき☆すた」「けいおん」「日常」[45]「氷菓」「響け！ユーフォニアム」[46]などなど偶然以上の頻度である。

ピーエーワークス（P.A.WORKS）は、富山県南砺市に本社を置く制作会社である。「Angel Beats!」[47]「Another」[48]「ＲＤＧ レッドデータガール」[49]「有頂天家族」「神様になった日」[50]など本書でも取り上げた作品が少なくない。「花咲くいろは」[51]は、金沢の温泉旅館・喜翠荘での若い女性たちの奮闘ぶりを描いた作品である。話中でぼんぼり祭りという祭りが登場する。舞台となる温泉や旅館はモデルとなったものが分かっているが、祭りは創作である。ぼんぼり祭りが行われる社殿は小さな祠であるが、地元の湯涌温泉観光協会が訪れるファン、ピーエーワークスの協力を得て祠を作り祭りを実現した。この事例もローカリティが強調されている事例である。二〇一一年に第一回が開催され、二〇二一年は第一〇回となるはずであったが、新型コロナウィルスの影響で延期が表明されている（二〇二一年一〇月開催予定）。神社はローカリティの象徴である。地域社会と強い繋がりを有する施設としてローカリズムを表現する際に用いられ、作品にリアリティを付与している。

「盾の勇者の成り上がり」[52]では、異世界に数多くの国があり、交易を行い、場

ィーク』に発表されたあらゐけいいちのマンガ。アニメも二〇一一年四月から九月にかけて放映された。

【46】武田綾乃による小説「響け！ユーフォニアム」シリーズ（現在五冊）と、それを元にした京都アニメーションのアニメ。テレビアニメ第一期は二〇一五年四月から七月、第二期は二〇一六年一〇月から一二月にかけて放映。続編である劇場版「響け！ユーフォニアム～誓いのフィナーレ～」は二〇一九年四月に公開された。またスピンオフ作品である劇場版アニメ「リズと青い鳥」は二〇一八年四月に公開され、毎日映画コンクールの大藤信郎賞などを受賞。

【47】ゲームブランドのＫｅｙ、アニメ・ゲーム雑誌『電撃 G's magazine』、アニメ製作・配給会社アニプレックス、アニメ制作会社 P.A.Works の共同プロジェクトとしてＫｅｙの麻枝准が原案・原作を担当し制作されたオリジナルのテレビアニメ（二〇一〇年四月～六月放映）。

【48】綾辻行人の小説（角川書店、二〇〇九年／角川文庫、二〇一一

合によっては領土を争っている。大使館のような他国の出張所の建物の入口に巨大な赤い鳥居が設けられている。建物内は赤い唐草模様が施され、ヨーロッパ中世を模した（といわれている）風景の中では、明らかに「異国」である。

アニメやマンガに登場する巫女や神社の特徴を抽出しようとして個別の作品に言及してきたが、明らかに「萌え」として（もしくはその延長線上）、特殊な能力者、ローカリティの強調としての意味は指摘できると考える。そしてこれらの要素は巧みに複合化されて、視聴者を引きつけているのだろう。幼女の巫女だけでなく戦巫女にも「萌え」るのであろうし、ローカリティ（伝統・血の継承）を持つからこそ特殊な力の保有者になれる、といった具合である。

年）と、それを原作とするアニメ（二〇一二年一月～三月放映）。

【49】荻原規子の小説（全六巻、角川書店、二〇〇八年～二〇一二年）と、それを原作とするアニメ（二〇一三年四月～六月放映）。

【50】「Angel Beats!」と同様にKey、アニプレックス、P.A.Worksの共同プロジェクトで、Keyの麻枝准原案・原作のオリジナル・テレビアニメ。二〇二〇年一〇月から一二月にかけて放映された。

【51】二〇一一年四月から九月にかけて放映されたP.A.Worksのオリジナル・テレビアニメ。

【52】二〇一三年から小説投稿サイト「小説家になろう」に投稿され、MFブックス（KADOKAWA）で書籍化されているアネコユサギのライトノベルと、それを原作としたテレビアニメ（第一期二〇一九年一月～六月。第二期は二〇二二年四月から放送）。

2　「らき☆すた」と聖地巡礼

聖地化する神社・巫女

アニメと聖地巡礼を語る際に必ずといっていいほど言及される作品のひとつに「らき☆すた」（図1）がある。[1] 公式ホームページに掲載された概要は次のようなものである。「おたくな女の子「泉こなた」のボケに突っ込む普通の女の子「柊かがみ」を中心とした、ゆるゆるーな、何でもない女子高生の日常を面白おかしく描く四コマ漫画を元にした斬新な作品。「あ、それよくあるよねーー」と言った共感できる出来事を素直に描いた生活芝居[2]」だ。

「らき☆すた」の聖地とされるのは埼玉県久喜市に位置する鷲宮神社である。先に述べたように、作品中では、主人公四人の中の二人、柊かがみ・つかさの実家である鷹宮神社として描かれる。リアルな鷲宮神社への聖地巡礼を扱った論文や著作では、聖地巡礼はきわめて当たり前として説明される。しかしながら、原

図1『らき☆すた』第1巻（美水かがみ著、KADOKAWA）。

【1】たとえば、岡本健『マンガ・アニメで人気の「聖地」をめぐる神社巡礼』（エクスナレッジ、二〇一四年）、由谷裕哉・佐藤喜久一郎『サブカルチャー聖地巡礼』（岩田書院、二〇一四年）、酒井亨『アニメが地方を救う!?「聖地巡礼」の経済効果を考える』（ワニブックス、二〇一六年）など。

【2】http://www.lucky-ch.com/

作のマンガ、そしてアニメ、結果としての神社への聖地巡礼の状況を確認すると、そう自明ではない経緯がわかってくる。

まず原作となったマンガにどの程度神社に関する表現があるのか確認してみよう。「らき☆すた」は月刊のゲーム雑誌『コンプティーク』（KADOKAWA）に二〇〇四年一月から掲載された、一回が三頁の四コママンガである（現在まで単行本は一〇巻）。掲載当初から柊姉妹の実家が神社で巫女として奉仕していることが強調されたわけではない。掲載から一年たった二〇〇五年一月号に、「かがみ達だってお正月に巫女のコスプレするじゃん　自分の家の神社で」というセリフが掲載され（図2）、二月号に正月、巫女姿で奉仕する二人が描かれている。しかし、四コママンガということもあってか、鳥居や神社は見えない。姉妹の巫女姿は一〇巻中数度しか描かれない。姉妹の父親もときどき登場するが、神職の姿をしているわけではない。家も普通の家であって神社や神職を想起させるようなものは見当たらない。

作品と神社を強く結び付けたのは「テレビ」である。アニメ化される際に、原作になかった神社や神道に関わる要素が意図的に多く付与されたのである。後述するように、その結果としてモデルとなった神社が特定され、いわゆる聖地巡礼が生じることになった。

図2『らき☆すた』第2巻（美水かがみ著、KADOKAWA）、六頁より。

巻数	頁数	内　容
1	66	こなたがかがみに電話で「夏祭りは初詣みたいにまた巫女とかやるの？」
1	69	こなたがかがみに道路上でメアドの話で「普通の「メイドさん」とか「巫女さん」は人気があってすでに……」
2	9	こなたが「つかさ達は今年も神社（うち）の手伝いするの？」
2	15〜16	こなたとこなたの父親が柊姉妹の神社に初詣。巫女姿の柊姉妹（図3）
2	18〜19	こなたとこなたの父親が柊姉妹の神社に初詣。巫女姿の柊姉妹
6	27	こなた、柊姉妹、みゆき4人の立ち話、かがみ「私達も今年は自分の家で初詣したくらいよ」
6	118	長女のいのりが巫女姿で授与品の頒布
7	39	こなたが留学生を神社に連れて行くのでかがみに電話「かがみン家が神社だって話したらぜひ行きたいって……特にないかな　最低巫女の準備さえあれば」
7	122	新聞を読んでいるのをかがみに聞かれたこなたが「かがみ達の家の神社のことが載ってるって聞いたからさー」
8	2	友だちと初詣帰りの様子（どこの神社か特定できない）
8	22	高校の担任が応援している野球チームの絵馬を神社に奉納
8	95	＊こなた「設定的には鷲宮神社にあたるトコロはかがみの実家なワケで」
8	123	友だちが神社を訪ねて「ここが鷲宮神社かぁ〜!!」
8	134	頁の空きスペースにかがみとつかさの巫女姿
8	135	＊土師祭の話題、らき☆すた神輿が背景に描かれている。巻末「土師」と背中に記された祭半纏をまとう柊姉妹
9	136	＊初詣の境内の様子、頁の空きスペースにおみくじを持つ巫女姿のかがみ、＊初詣で巫女姿の柊姉妹

表1　「らき☆すた」に描かれる神社関係場面一覧

（＊を付けた項目は「埼玉新聞」に掲載された4コママンガで、すでに鷲宮神社が舞台として知られてからのことで、神社の実名が入っている。）

図3　初詣に来たこなたに挨拶する巫女姿の柊姉妹。同前、一五頁より。

「らき☆すた」は大人気といってよい作品であり、成功した聖地巡礼の典型でもあるので、マンガとアニメでどのように表現が変わったのかを考察することには十分に意味があると考える。もともと四コママンガであり、テレビ放送に求められるだけのストーリーが用意されていたわけではない。それゆえに、マンガとテレビ放送の場面が直接対応しているわけではない。その点ではアニメを担当する制作者の意図が反映されやすかったのではないだろうか。単行本に収録された、最大限神社に関わる部分を抜き出すと表のようになる（前頁の表1）。

マンガでは会話の中で柊かがみ・つかさ姉妹の実家が神社と言及されることが多い。神社の名前は出てこず、社殿が描かれることもない。初詣を扱った回が何回かあるが、初詣らしい雑踏や灯籠の一部が描かれるだけである。注目されるのは「巫女」である。第二巻の会話は極端にオタクな主人公こなたの文脈での「巫女」であり、第七巻で登場する「友だち」のアメリカ人留学生パトリシアもまた極端なオタクである。アニメでの鷹宮神社が実際の鷲宮神社であることが周知され、聖地巡礼が起こってからは、主役の二人はイラストなどでも巫女姿で描かれるようになる。

テレビでの神社や巫女の扱いはどうだろうか。先にも記したように、マンガが掲載された『コンプティーク』は「KADOKAWAのブランドである角川書店から発行されている、パソコン・ゲーム・美少女などを取り扱うメディアミックス雑誌[3]」であり、オタク度の高い本といっていいだろう。テレビでは、テレビ埼玉、チバテレビ、熊本放送などの独立UHF局を中心とした一六局での放送だった。放送枠は日曜深夜（たとえばテレビ埼玉は深夜の一時三〇分から二時まで）で、特定の視聴者を想定したものと考えていいだろう。放送期間は二〇〇七年四月から九月で全二四話からなっている。

鷲宮神社への聖地巡礼のきっかけとなったのは番組のオープニング映像であった。アニメのオープニングのワンカット目は主役の一人泉こなたが田んぼのあぜ道で踊っている映像で、ツーカット目が鷲宮神社の鳥居を背景にした場面である。大ヒットしたオープニングテーマ「もってけ！セーラーふく」をBGMにして主役の一人柊かがみが独特な歩き方で登場する。映像は鳥居をはじめ右手に見える大酉茶屋などきわめてリアルに描かれている。

各話ごとに神社や巫女とかかわる場面の一覧を示すことは可能であるが、かなり数が多く重複を避けて説明を行う。放送の初期だけだと思われるが、話の途中でほんのワンカット、神社の本殿をはじめとした建物（一話）、鳥居の内側から境内の外（三話）が挿入されている。どちらも本編のデフォルメされた絵柄と比較してきわめてリアルである。

【3】 Wikipedia による。https://ja.wikipedia.org/wiki/%E3%82%B3%E3%83%B3%E3%83%97%E3%83%86%E3%82%A3%E3%83%BC%E3%82%AF

アニメでは柊家の自宅がしばしば登場する。自宅は通常の二階屋であるが、よく見ると家の右側に木々が生い茂っており神社の杜であろうことが推測される。高い棒が立っており、神籬のようなものが縄にぶら下がっている。「神社」を意識した映像と思われる。しかしながら、この映像をどれだけの視聴者が神社の隣に立つ神職の家、と認識して見ているのか、疑問である。

第二話では、午前中地鎮祭に出かけた両親が戻り、家族で昼食をとる。父親は地鎮祭のままの狩衣を着た装束で、母親は巫女姿である。実際にはありえない映像である。

柊姉妹が巫女姿で現れるのは第一二話「お祭りへいこう」である（第一一話「いろんな聖夜の過ごし方」でこなたが「かがみたちだってお正月に巫女のコスプレするじゃん、自分の神社で」という場面で一瞬かがみの巫女姿が映る）。タイトルは「お祭り」であるが、実際には初詣をテーマにした回である。

第一二話では、鳥居、大晦日に参道を歩く参拝者、参拝の列の向こうに灰色の塊として描かれた本殿の映像が映る。授与所でかがみ・つかさの二人が参拝者に応対している。「有明から帰ってすぐ家の手伝い」とぼやく二人のところへこなたが現れる。こなた「巫女服、新鮮」、こなたの父親（おたくでロリコン）「女学生って、いいな〜」、つかさ「今年もおみくじとかやっていかない？」と一連のおみくじ話し。こなた「この中の何人がお父さんと同じで巫女目当てなのかな」と話す。

この他に神社や巫女を連想させるものに神棚がある。柊家の居間で団らんする光景や柊姉妹がこなたとコンピューターゲームをする様子がかなり頻繁に登場する。映像は、テレビから見てゲームをする柊姉妹たちの様子である。かがみたちの顔が正面を向いている姿ということになる。

その背景にきわめて不自然な大きさの神棚が映るのである。[4] 神棚は床の間のように部屋の一部に組み込まれたものではなく、部屋の中に置かれている。アニメなので、大きさを正確に計ることは困難であるが、およそ幅は一間以上、奥行き半間ほどの台座の上に設置され、四方に柱が立って幕屋がかかっている。神棚自体も立派な三社宮型で、榊立てに榊、瓶子、かがり火にロウソクまで立っている。こうした巨大な神棚が居間に置かれた神職家は、知る限りでは、存在しない（もちろん一般家庭でもないだろう）。テレビ放映用に制作する際に、十分意図的に挿入されたものである。その意図はどのようなものだろうか。ストーリー自体がオタク的な文脈で組まれており、神社や神道そのものを想起させるというよりは、登場場面には必ず柊姉妹が描かれていることからも、巫女との関わりを想起させようとしたものにちがいない。

【4】三話、五話、六話、一〇話、一四話、一五話、一七話、一九話に登場する。

鷲宮神社への聖地巡礼

聖地巡礼の事例としての「らき☆すた」については、北海道大学観光学高等研究センターのグループが詳細な研究を積み重ねており、多くの研究成果が残されている。山村高淑による商工会経営指導員へのインタビューによると、「ファンが鷲宮神社へひっそりと訪れ始める」のは二〇〇七年四月にテレビ放送されてからのことである。「らき☆すた」はテレビ放映で人気作品となっていく。「アニメでは、オープニングの一部に鷲宮神社の鳥居と門前にある大西茶屋（鷲宮商工会経営の茶屋・当時）が主要登場人物とともに描かれていたが、その場面は数秒であるにも関わらず、ロケ地がどこであるかを探り当てたパイオニア的ファンが徐々に鷲宮神社を訪れるようになった。アニメ放送開始直後、ファンがひっそりと神社を訪れ写真を撮って帰って行く、というパターンが多かったという」【5】。山村が作成した年表に従ってその後の経緯を見ると、同年七月になって『月刊ニュータイプ』八月号の付録「「らき☆すた」的遠足のしおり」で鷲宮神社が作品の舞台となっていることが紹介されてから大勢のファンが鷲宮神社へ訪れるようになる。そして新聞社から取材を受けた鷲宮商工会が来訪者へのヒアリングを開始する。一〇月には商工会の事務局スタッフが角川書店にイベント開催の企画書を持込み、角川は提案を受け入れている。

【5】山村高淑「観光革命と21世紀：アニメ聖地巡礼型まちづくりに見るツーリズムの現代的意義と可能性」北海道大学観光学高等研究センター・文化資源マネジメント研究チーム編『CATS叢書第1号 メディアコンテンツとツーリズム 鷲宮町の経験から考える文化創造型交流の可能性』（北海道大学観光学高等研究センター、二〇〇九年）、一四頁。

イベントは一二月二日に「「らき☆すた」のブランチ&公式参拝 in 鷲宮」として開催された。主催は鷲宮町商工会と鷲宮町商工会青年部である。参加者は三五〇〇人であった。当日の様子はインターネット上でレポートされ、動画でも見ることができる。テレビ埼玉は同日の様子をニュースで報道した。主役の二人をはじめとした四人の声優が登場し、原作者も駆けつけた。翌年の正月には前年比一七万人増の三〇万人が神社を訪れ、その後も参拝者数は増加していきピーク時には四七万人に昇った（埼玉新聞調べ）。

二〇〇八年六月、土師祭輿会の会長から商工会に、祭りへのファンの参加を呼びかける提案があり、九月七日の土師祭に「らき☆すた神輿」が登場した。[6] 土師祭で「らき☆すた神輿」が盛り上がる様子は、北海道大学観光学高等研究センター・グループの一員であった岡本健が写真と共に説明している。岡本は「地域文化とアニメ文化が融合し、人々はそれをきっかけに神社に集う。情報社会の現在、鷲宮神社は、新しいかたちで人と人、人と場所とを結びつける場所となっているのだ」[7] と文章を締めくくっている。

リアルとフィクションの間で

北海道大学観光学高等研究センター・グループの佐藤善之が、なぜ神社が聖地

【6】同前、一二五～一二六頁。

【7】岡本健監修『マンガ・アニメで人気の「聖地」をめぐる神社巡礼』（エクスナレッジ、二〇一四年）、一一五～一一七頁。

巡礼の対象となるのかについて考察を行っている【8】。佐藤の指摘を考察することで、「地域文化とアニメ文化が融合し、人と人、人と場所とを結びける場所」となったのかどうか考えたいと思う。

佐藤は、「らき☆すた」の分析を通して、1 非日常性、2 公共性、3 固有の行事の存在の三点を挙げる。以下、佐藤の論点を要約する。

佐藤によれば、神社は一般的に宗教的（非日常的）な空間として認識される。お守りやお札を受けることで非日常を体験する。「これは非日常性を求める行為、観光としての聖地巡礼とうまく合致する。また、神社に与えられた聖性は、神社をファンにとっての宗教的聖地へと変えていく。つまり、ファンならではの非日常的空間として認識されるのだ【9】」という。

次に公共性であるが、神社は開かれた場所であり巡礼者と地域との軋轢が生じにくい。公共性があるからこそ「オタク絵馬に代表されるコミュニケーションを行うことが可能となる」。それゆえに神社境内におけるファン同士、地域をも交えたコミュニケーションスポットを比較的容易に作り出すことができると指摘する。神社には初詣など特有の行事があり、これら行事が聖地におけるイベントとして受容され「与えられた聖性がさらに高まることとなり、空間の非日常性を高める結果となる【10】」という。

【8】佐藤善之「いかにして神社は聖地となったか 公共性と非日常性が生み出す聖地の発展」、北海道大学観光学高等研究センター・文化資源マネジメント研究チーム編『CATS叢書第一号 メディアコンテンツとツーリズム 鷲宮町の経験から考える文化創造型交流の可能性』（北海道大学観光学高等研究センター、二〇〇九年）七三〜八四頁。

【9】同前、八三頁。

【10】同前。

要するに、佐藤が論文の冒頭で述べているように、「神社は公共性を持つ空間であり、誰にでも開かれた場所として存在する。そして、神を祀る非日常的空間でもある。神社の持つこうした特質が聖地としての発展を助け、結果として多くの参拝客を集めたのではなかろうか[11]」という言説に集約される。

佐藤の説明における、神社の宗教性、非日常性、聖性、公共性の概念が曖昧で、結局は「神社だから」という指摘に留まるように思える。それ以前に、北海道大学観光学高等研究センター・グループの研究成果に興味深い観察が複数見られるのである。リアルな神社とアニメに描かれた巫女や神社との間には明確なずれが存在し、そのことはファンと神社にとって十分認識されているように思えるのである。

本論の冒頭で述べたように、人気となり聖地巡礼の代表的事例といわれる鷲宮神社や大洗磯前神社はほぼ鳥居しか描かれない。制作者側からすれば、神社の由来やご祭神、年中行事などを正確に伝える必要性は感じていないだろう。重要なのは神社ではなく主役の女性キャラクターが巫女（もしくは巫女の装束を着ること）であることにちがいない。それは視聴者も同じである。

「らき☆すた」の聖地としての成功が述べられる際に土師祭におけるらき☆すた神輿の存在が指摘される。二〇〇八年に登場したらき☆すた神輿は以後毎年登

【11】同前、七三頁。

場し、千貫神輿とともに鷲宮神社前でもみ合いが行われているという。二〇一〇年には上海国際博覧会でも担がれたと、その賑わいぶりが紹介されている。[12] しかしながら土師祭は鷲宮神社の祭りではない。鷲宮神社の二〇二〇年の恒例祭は、歳旦祭（一月一日）、年越祭（二月一四日）、例祭（三月二八日）、春季祭（四月一〇日）、夏越祭（七月三一日）、秋季祭（一〇月一〇日）、大酉祭（一二月初酉の日）である。土師祭は地域住民が主催する祭りである。それゆえにらき☆すた神輿は鷲宮神社の境内には入らず、神社前でもみ合うしかないのである。当然ながららき☆すた神輿に鷲宮神社の御分霊が遷されているわけではない。

同じくメンバーの今井信治は鷲宮神社に奉納されたいわゆる「痛絵馬」二九二二枚の分析を行っている。興味深いのはオタク関係の痛絵馬が置かれている場所である。痛絵馬は拝殿から一番遠く、参道からも見えない場所に多く見られるのである。今井は「ここで考えられるのは、「オタク関係」の絵馬を奉納する者が、神社そのものあるいはその関係者に対して何らかの引け目を感じている可能性である」[13]と指摘している。「オタク関係」の絵馬に書かれているのは「かがみんは俺の嫁」といった「〇〇は××の嫁」や「〇〇結婚してくれ」といったキャラクターへのものである。絵馬を掛ける者はこの違いを承知していて本殿からは遠い見えない領域に置くのではないか。絵馬の中には「すみません神様　不純などう

【12】岡本、一七頁。

【13】今井信治『オタク文化と宗教の臨界――情報・消費・場所をめぐる宗教社会学的研究』（晃洋書房、二〇一八年）、一八一頁。

きできましたが、ちゃんとおまいりしました」という記述が見られたという。今井は土師一流催馬楽神楽保存会会長からも、同じ内容の会話を聞いたことを記している。【14】

先に記した「「らき☆すた」のブランチ&公式参拝 in 鷲宮」は鷲宮神社の駐車場で行われたが、神社側は鷲宮商工会からの要請に応じて貸与したものであって、神社が積極的に「らき☆すた」を利用して参拝者を集めようとしたわけではない。当日のレポートによれば、イベントの最初に、まず主催者側が参拝したわけではなく、イベントが盛り上がりそのままの勢いで神社へ集団で参拝に向かうことになった。参拝は昇殿してご祈禱をお願いする正式参拝ではなく、通常のお参りの形式である。

今井によると、「神社側は『らき☆すた』聖地巡礼」に対して不干渉の立場」を採っている。参拝者が来るのも、絵馬の奉納も拒むことはないが、神社がイベントを主催したり境内をそうした目的のために利用することはしない。地元の商工会や商店街の要望であれば、神社は協力することになる。地域の振興は神社にとっても願わしいことである。しかしながら、神社の尊厳が損なわれたり、一般の参拝者が不安視するようなこと（たとえば男の子がセーラー服を着て初詣にやってくるとか、車体にアニメを描いて大音量で音楽を流す車での来訪）は首肯できない。二

【14】若い人に、話してたらね、何か「アニメマンガのような不純な動機で、ここが好きになってごめんなさい」って言った人がいまして、「いやいや、いいですよ」って言ったんですよ。（同前、一八二頁）

○一七年九月には境内に「境内でのコスプレの写真撮影はご遠慮願いします」という張り紙が貼られた。神社にとって最大限の譲歩が「不干渉」ということになるのではないか。

鷲宮神社を訪れる「らき☆すた」のファンと鷲宮神社の崇敬者が見ている鷲宮神社は異なっている。神社を訪れるファンはそのことを意識しているし、神社側も感じ取っている。こうした不安定な状況を成立させているのは地元の人々である。「らき☆すた」でいえば、鷲宮商工会や土師祭輿会ということになる。

今井は「宗教を動機とする旅を『宗教ツーリズム』と呼び」と宗教社会学者の山中弘を引用しながら、鷲宮神社への聖地巡礼を説明するが、この場合の鷲宮神社は括弧にでも括られるような二次元の「鷲宮神社」である。聖地巡礼は宗教を動機としていない。「アニメ「巡礼」の主な目的地である鷲宮神社の景観[15]」と記すときに、今井や他の研究者もリアルと二次元の相違に気づきながら、地域とファンの盛り上がりに引きずられていったように思う。

まだ「聖地巡礼」という言葉が流通する以前に、作品によって大勢のファンが訪れ、痛絵馬が寄せられた神社がある。「美少女戦士セーラームーン」のセーラー戦士・火野レイの実家となった東京十番（麻布十番）にある火川神社（氷川神社）である。麻布は東京の一等地で、一九九〇年当時すでに多くの地元住民は郊

【15】同前、一六二頁。

外へと流出していた。元旦には神社の世話役たちが、少なくなった氏子のためにかがり火を焚き甘酒を用意していた。しかしながら一九九三年頃の正月三が日には、マンガやアニメで知ったファンが押し寄せるようになった。中には主人公と同じセーラー服を着た男性が何人も参拝に訪れたという。地元の老人たちは事態に対応できず固まったという話しを神社関係者から聞いたことがある。氷川神社は天慶元年（九三八年）に創建された素盞鳴尊・日本武尊をご祭神とする由緒あるお宮である。

すでに述べてきたように、鳥居の境界性、巫女の「萌え」としての側面はポップカルチャーにおいてごく普通に見られる現象である。神社や巫女が意味を有することが可能なのは、視聴者である若者と制作者との間で意味が共有されているからである。かつて「共有」は現実の神社との関わりの中で生じたにちがいない。地域や場合によっては、現実の重みの前にメディアの神社や巫女は影絵のような存在だったろう。しかし、現実の神社との関わりが明らかに希薄化した現在、ポップカルチャーにおける神社や巫女は自律性を強めている。需要者と制作側の意味の共有と書いたが、共有されるものは現実世界よりもメディアという情報空間で生まれ育まれてきた神社である。

聖地巡礼のその後

アニメによる聖地巡礼の成功事例として取り上げられる「らき☆すた」の舞台である鷲宮神社でさえ、訪問するファンは減少している。アニメに限らず、大ヒットした「冬のソナタ」[16]「北の国から」[17]などでも時の経過とともに訪れるファンは少なくなった。門前の大酉茶屋は店を閉めていた（二〇一七年二月一一日営業を終了。二〇一八年一一月より「らき☆すた」とは無関係な店舗として再々開店した）。放送終了後一〇年経ってのことだった。大酉茶屋では「こなたぬき」「かがみの鏡餅うどん・そば」「柊姉妹の双子海老天そば」「黒井先生の関西風にしんそば」など登場人物に因んだメニューを提供していた。二階は展示コーナーになっており、グッズが揃っていた。声優のサイン色紙も飾られていて、ファンには十分魅力のある場所であったと思われる。

二〇一八年一月、商工会の中心人物の一人、土師祭輿會会長が亡くなった。「らき☆すた」を地元で受け入れた中心人物であった（平成三〇年度の土師祭は中止、翌年も新型コロナウィルスにより中止となった）。そして同年八月一一日、聖地巡礼の象徴的な場所であった鷲宮神社の鳥居が倒壊した[18]。

「らき☆すた」による盛り上がりはイベントによるものである。イベントは、斬新さ、新規であることを身上とし、現状の変化を求めるところに祭りとの本質

【16】二〇〇二年に韓国で放送され、日本でも二〇〇三年から二〇〇四年にかけて断続的に放送され、「冬ソナ現象」といわれる大ブームを巻き起こしたテレビドラマ。

【17】一九八一年から二〇〇二年にかけて断続的に放送された倉本聰脚本のテレビドラマ。舞台となった北海道富良野は一躍有名となり、多くのファンが訪れるようになった。最終話が放送された二〇〇二年には二五〇万人近いファンが富良野を訪れた。しかしながらその後訪れるファンは減少し、二〇一六年には北の国から資料館も閉館した。「冬のソナタ」「北の国から」の動向については増淵敏之『物語を旅する人々――コンテンツ・ツーリズムとは何か』（彩流社、二〇一〇年）を参照。

【18】二〇二一年一二月五日、大鳥居は再建された。令和の御大典を記念した施設整備の一環である。

的差がある。それゆえに、現状の陳腐さを嫌い、流行を先取りし、新しさ、未来を志向している。イベントを支える人々は、顔見知りがいたとしても基本的に匿名の群衆であり、生活環境を同じくする関係にはない。群衆は一時、興奮状態に近い盛り上がりを示すが、一過性である。

これに対して祭りは、毎年同じ時期に同じやり方で行うことに重要性がある。それは祭りが本質的に神話的過去の再現を目指すものであり、宗教的なカオス性を許容するのに対して、イベントにはそうした性格はない。共同体は宗教的なカオスを経験しながら再生する。

「らき☆すた」は前者、鷲宮神社の活動は後者である。今後も、鷲宮神社へ巡礼するファンは現れるだろう。しかし賑わいを保つためには継続的なイベントが必要である。しかも、そのイベントがファンを引きつけるようなものでなければならない。現在も数多くのマンガやアニメ作品が制作され、「鬼滅の刃」のような大ヒットとなる作品が現れている。ファンは生涯ひとつの作品に執着し続けるのではなく関心も変わっていく。「地域」に根ざす神社と二次元の「情報」に立脚する「神社」には大きな相違が存在するのである。

3　ポップカルチャーのなかの宗教

「敵」としてのキリスト教（的？）

本章では、ポップカルチャーにおける神社と巫女について考察してきたが、他の宗教者と施設に関しても、人気作品を中心に見ておきたいと思う。

マンガやアニメには敵が登場する。ヒロイン（ヒーロー）は敵と戦うことでそのヒーロー性をより鮮明に表象することになる。ところで「敵」であるが、敵は個人であるよりも集団・組織である場合が多いように思える。悪のリーダーがいて、多くの手下を抱えている。もちろん「組織」という場合に、社会学的な意味での「組織」[1]ではなく、リーダーの下に少数のサブリーダーがいて、サブリーダーが個性のない大勢の手下を操っているといった多少のヒエラルキーが形成されている原初的なものである。この「組織」は、ヒロイン（ヒーロー）たちの友情や信頼によって結ばれた小集団と対比されて、機械的で無慈悲な集団である。

【1】「特定の共同目標を達成するために、人々の諸活動を調整し制御するシステム」（『新社会学辞典』森岡清美・塩原勉・本間康平編集代表、有斐閣）。

マンガやアニメには多くの敵が登場するが、その中のひとつに「狂信的集団」がある。主人公たちとは明らかに異なった独特の世界観を持っていて、その世界観に沿った集団行動をとる。信仰（目的）のためには手段を選ばない。

ホラーサスペンス「Another」では「いないもの」がクラスに紛れ込んでいるために殺人事件が起こる。怪しい宗教の「夜見教」の存在が示唆される。「結城優奈は勇者である」[2]では、人類の天敵・バーテックスに対抗するために「勇者」が選抜される。勇者システムを構築したのは「大赦《たいしゃ》」という宗教集団である。勇者に選ばれた少女たちは、バーテックスを倒すために強力な力である「満開」を用いるが、結果として自分の視力や聴力といった機能をひとつずつ喪失していくことになる。他にも、嫉妬の魔女サテラを信奉する狂信者集団「魔女教」（「RE:ゼロから始まる異世界生活」[3]）、孤児院の子供たちを使って人体実験をしていた「白夜教」（「終わりのセラフ」[4]）なんていうものもある。

敵＝組織としてキリスト教が登場することがある。キリスト教と関係する人、アイテム（十字架）、場所（教会）は比較的気軽に登場する。

「とある魔術の禁書目録」という人気小説の主人公インデックス（正式な名前はインデックス・リブロールム・プロヒビトールム）はイギリス人である。名前自体がカトリックの禁書目録を意味し、作品のタイトルの所以でもある。イギリス清教

【2】Studio五組が制作したテレビアニメ。第一期が二〇一四年一〇月から一二月、第二期が二〇一七年一〇月から二〇一八年一月にかけて放映された。

【3】小説投稿サイト「小説家になろう」で二〇一二年から連載中の長月達平のライトノベル（書籍はKADOKAWAのMF文庫Jから刊行）と、それを原作とするテレビアニメ（第一期二〇一六年四月から九月、第二期は二〇二〇年七月から九月および二〇二一年一月から三月放映）。

【4】二〇一二年から『ジャンプスクエア』に連載中の鏡貴也原作、山本ヤマト画、降矢大輔構成のマンガとそれを原作とするアニメ（二〇一五年四月から六月および同年一〇月から一二月に放映）。

第零聖堂区「必要悪の教会（ネセサリウス）」に所属するシスターである。それゆえにインデックスが着用している服は修道服ということになる（図1）。

　そもそも私たちは修道女を目にする機会があるのだろうか。カトリック系の教育機関は保育園・幼稚園から大学まで修道会を母体にしていることがある。聖心女子大学は聖心会（Societas Sacratissimi Cordis Jesu）という教育修道会を設立母体としている。広尾の大学敷地内には修道女の起居するエリアが設けられていて、校内でお目にかかることは珍しくない。

　こうした場合でなくとも、街中や電車の中でたまに目にする機会もあるし、映画で見ることもあるだろう。ウーピー・ゴールドバーグ主演のコメディ「天使にラブ・ソングを……（原題はSister Act）」は日本でもヒットし、合唱コンクールではよく主題歌が歌われている。しかし、修道女は私たちの日常生活においてごく当たり前の存在ではなく、ましてや修道服を正確に思い起こすことはきわめて困難である。

　アニメやマンガでは、教会のような建物や組織を背景にして、通常とは異なった服装を作画すれば十分だということではないだろうか。本物の修道服や神父の服装をそのまま描くことには問題がある。視聴者も正確な知識を持っているわけでも望んでいるわけでもないわけで、そうした曖昧な状況の中で「シスター」や

図1　修道服（?）を着たインデックスが表紙の『とある魔術の禁書目録』第1巻（鎌池和馬著、はいむらきよたか挿画、電撃文庫）

「教会」は成立していることになる。

それゆえに、ポップカルチャーに登場するシスターの服装はかなりデフォルメされている。「魔法少女リリカルなのはStrikerS」【5】に登場するセインの服装は、まだ正規のものの延長線上に見えるかもしれない。しかし、「シャイニング・ハーツ――幸せのパン」【6】に登場するエアリィ・アーデットは、完全な逸脱であるにちがいない。「とある魔法の禁書目録」のローマ正教のシスター・アニェーゼ＝サンクティスの服装は他のシスターと異なりミニスカートである。それでも、読者にとっては、服装が正規かどうかは問題にはならない。カトリックの信仰や制度を学ぶのが目的ではなく、あくまでポップカルチャーに登場する魅力的なキャラクターであれば十分である。

巫女やシスターと比して、ポップカルチャーに「尼僧」が出てくることはあまりない。美少女尼僧たちとの共同生活が繰り広げられるラブコメ「あまえないでよっ!!」【7】のヒロイン・南部千歳の姿はどうみても尼僧には見えない。作務衣とも異なっている。それでも草履を履いたり、高校一年生としては地味な装束は、場としての寺と相まって、「尼僧」ということになるのだろうか。

さて、インデックスが登場する「とある魔術の禁書目録」であるが、キリスト教を中心とした多くの宗教者、宗教団体が登場する。当初インデックスは所属す

【5】「魔法少女リリカルなのは」シリーズの第三作アニメ。二〇〇七年四月から九月にかけて放映された。前二作から一〇年後の設定で、舞台も地球から魔法世界に移り、社会人となった主人公たちは、軍や警察類似の組織「時空管理局」の魔導師として、後進を育成し、犯罪捜査や犯罪組織の壊滅を担う立場になっている。

【6】セガから発売されたPSP用のゲーム「シャイニング・ハーツ」を原作としたテレビアニメ（二〇一二年四月から六月放映）。

【7】二〇〇三年から二〇一五年まで『月刊コミックガム』およびウェブコミック誌『コミックガム』に断続的に連載された宗我部としのり（ボヘミアンK原案）のマンガとそれを原作とするテレビアニメ（第一期二〇〇五年七月から九月、第二期二〇〇六年一月から三月）。

る組織であるイギリス清教第零聖堂区「必要悪の教会（ネセサリウス）」から追われて、主人公の上条当麻が追っ手と闘うところからストーリーが始まる。

　作中でイギリス清教は十字教の一派で旧教に属し、十字教三大勢力のひとつに数えられている。三大勢力とは最大宗派のローマ正教、ロシア成教、そしてイギリス清教である。これらの名称は実際の宗派と似た音の響きを組み合わせて作られたもので実在しない。しかしながら、ローマ正教は教皇を頂点とする二〇億人の大勢力で、ヴァチカン大聖堂、ヨハネ黙示録、セフィロト、ローマ教皇、神の右席（ローマ正教の影の上層部のことで創作）というように、キリスト教に関わる名称が次々と登場するときに、視聴者はどの程度架空の団体と現実の教団とを区別して視ているのだろうか。

　文学や映画など、キリスト教は幅広く文化として多くの日本人の関心を惹起してきたが、信者は一九一万人【8】と、人口比にしてわずか一・五％に過ぎない。一般的にいって、制作者も読者・視聴者も作品を通じてきちんとしたキリスト教理解を望んでいるわけではないだろう。それでも、明らかにキリスト教を想起させるような表現をとっていることになる。

　作品の中で、イギリス清教はイギリスの国教でありロンドンに拠点を置いていると記されている。組織のトップはイギリス国王であり、話中では女王エリザー

【8】文化庁編『宗教年鑑 令和二年版』（令和元年）による。

ド、最大主教はアークビショップと呼ばれている。傘下には日本の天草式十字凄教と、「せい」の字を違えた組織が存在する。

『とある魔術の禁書目録』は鎌池和馬が二〇〇四年に発表したライトノベルである（アニメは二〇〇八年）。鎌池によれば、歴史上に実在した魔術師や儀式への疑問を持って検索エンジンでそれらを調べ興味を深めたのがきっかけだという【9】。「複雑な問題を抱えた魔術師なり能力者なりを、主人公が真正面から叩いていく話」である【10】。

細かく説明しようとすれば、ストーリー全体に関わる長大なものとなるが、私が気になるのは次のような会話である。アニメ第一話での、インデックスと上条当麻との会話である。

上条「誰にねらわれてるわけ」
インデックス「魔術結社だよ」
上条「はあ、魔術」
インデックス「日本語がおかしかった？　マジックだよ、マジックキャバル」
上条「それって、新興宗教か何かか」
インデックス「そこはかとなく馬鹿にしてるね」

【9】鎌池和馬『とある魔術の禁書目録』第1巻（電撃文庫、二〇〇四年）、二九六頁。

【10】『とある魔術の禁書目録ノ全テ』（電撃文庫編集部、鎌池和馬原作・監修・寄稿、メディアワークス、二〇〇七年）。

上条は第一印象としてインデックスのことを「シスターか」と述べている。上記の文章から感じられるのは、キリスト教と「新興宗教」の近さ、そして揶揄である。

「HELLSING（ヘルシング）」[11]は、吸血鬼でありながら吸血鬼を狩るアーカードを中心とした物語である。アーカードは大英帝国の王立国教騎士団、通称「ヘルシング機関」に所属している。イギリスで起こる吸血鬼事件にヴァチカン直属である「イスカリオテ機関」が介入し、ヘルシング機関と衝突する。アーカードは吸血鬼であり、対峙するイスカリオテ機関のアンデルセン神父（図2）と死闘を繰り広げる。イスカリオテ機関はヴァチカン法王庁特務局第一三課である。

作品には、とくにカトリックに関して多くの呼称がそのまま使われている。イスカリオテ（イエスを裏切り密告したユダの渾名）[12]、神父、シスター、ヴァチカンはごく普通に使用されている。アンデルセン神父の上司はエンリコ・マクスウェル司教（のち大司教）で、ふたりはローマ教会の絶対性を疑わない狂信者として描かれている。

いま少し事例を示しておこう。第3章で詳述するが、近年、異世界を扱った作品が急増している。「盾の勇者の成り上がり」もそうした作品のひとつである

【11】一九九八年から二〇〇九年まで『ヤングキングアワーズ』に連載された平野耕太のマンガ、および、それを原作としたテレビアニメ（二〇〇一年一〇月から二〇〇二年一月に放映）、OVA（全一〇巻。二〇〇六年から二〇一二年にかけて発売）。テレビアニメは原作を大幅に改編しており、原作に忠実なOVAが制作された経緯がある。

【12】イスカリオテの意味には諸説あるが、出身地を表し、「ケリヨート（という街）の人」（イーシュ・ケリヨート）とする説が有力。そのほかに熱心党の一派シカリ派（シカリは暗殺者の意）との関係を示唆する説などもある。

図2『HELLSING』第8巻（平野耕太、少年画報社）の表紙に描かれたアンデルセン神父（左はマクスウェル司教）。

（図3）。異世界に四人の若い日本人が召喚されて四聖勇者となり、世界に混沌をもたらす災いである「波」を振り払うというストーリーである。召喚された若者には剣、槍、弓、盾が与えられて勇者となるが、異世界には盾を除いた勇者を崇める三勇教という宗教組織が存在する。組織のトップが教皇である。教皇は安物の聖水を高額で売るなど怪しげな人物である。神の思し召し、神の名の下の浄化として勇者全員を殺し、王族をも亡き者にして権力を握ろうとする。教皇は数百人の教徒たちの魔力を消費しながら伝説の武器の複製品を自ら使用する。名称こそ三勇教だが、教皇の服装はそれらしく描かれている。他方で教徒は個性のない黒っぽい服装である。

『週刊少年マガジン』に連載され、二〇二〇年夏に第二期アニメが放送された「炎炎ノ消防隊【13】」も宗教色の強い作品である。人体発火現象が起こる世界で炎に立ち向かう特殊消防隊の物語である。

東京皇国には太陽を神と崇める聖陽教という国教があり、教皇庁には皇王がいる。大災害以前には多くの宗教があったが、絶滅して残っていない。シンボルは十字架に酷似しており、聖職者として司祭・神父・シスターがいる。祈りの言葉が出てくるが「炎ハ魂ノ息吹　黒煙ハ魂ノ解放　灰ハ灰トシテ　其ノ魂ヨ　炎炎ノ炎ニ帰セ」で、「ラートム」と唱える。焔ビト（人体発火現象により燃えている人

図3『盾の勇者の成り上がり』第1巻（アネコユサギ著、弥南せいら挿画、KADOKAWA）

【13】二〇一五年九月から二〇二二年二月まで『週刊少年マガジン』に連載された大久保篤のマンガと、それを原作とするテレビアニメ（第一期二〇一九年七月から一二月、第二期二〇二〇年七月から一二月）。

間）は最後に鎮魂されるが、鎮魂はシスターなど教会の仕事となっている。建物も大聖堂、教会、修道院が描かれ、特殊消防隊の建物もキリスト教の教会風である。他にも焔ビトの秘密を握る組織「伝導者一派」が登場する。

新興宗教【14】・カルト

社会的に問題があるとされるカルトはどうだろうか。宗教社会学者のマーガレット・シンガーはカルトの特徴を三点にまとめている【15】。

1　自分には人生で果たすべき何か特別な使命があり、特別な知識を持っている、と主張するひとりの指導者によって創設される。

2　指導者は自らを崇拝の対象とし、独裁的権力を振るう。

3　巧みに組み合わされた説得法（マインドコントロールとか、もっと一般的に洗脳とも呼ばれる方法）を利用し、信者を服従させる。

日本であれば、オウム真理教や法の華三法行、あるいは裁判の絶えないある教団を想起するかもしれない。すでに敵対する怪しげな組織については列挙したが、こうしたカルトが作品に登場するようなマンガ、アニメはほとんど見当たらない。

【14】引用する作品の表現でもある「新興宗教」という表現を使っておく。

【15】M. Singer, *Cults in Our Midst*, Jossey-Bass, 1995.

ほとんど見当たらないが、ないわけではない。マンガでは井浦秀夫『少年の国』、たかもちげん『祝福王』などが該当するだろうか。両書とも、一九九〇年代前半に刊行されている。一九八〇年代にはオウム真理教をはじめとした小規模な宗教団体と社会との軋轢が生じた。オウム真理教が宗教法人になったのは一九八九年で、地下鉄サリン事件は一九九五年のことである。

よく知られたマンガでカルトを扱っているものに「20世紀少年」がある。「20世紀少年」は『ビックコミックスピリッツ』に一九九九年から掲載された浦沢直樹作のマンガである。国内外で多くの賞を獲得した。一九七〇年代のオカルトブームの時代に、仲間と作った「よげんの書」が、大人になってから実現していくのをみた主人公は、事件の背後に「ともだち」という人物と教団が存在することに気づく。二〇〇〇年の「血のおおみそか」やロボットの出現など多くの預言が現実のものとなり、「ともだち」の正体は誰なのかといった謎解きが加わって、多くの人々の関心を集めた。連載はオウム真理教事件の余韻が残る一九九九年だったが、「ともだち」が宙に浮いたり世界が破滅するといった預言が繰り返されたにもかかわらず、表だった強い批判はなかったように思う。他方で、二〇〇三年に世間の関心を惹起した「白装束」集団事件では、服装がオウム真理教と似ているとされて社会問題化したが、リアルな教団と二次元の物語の差なのか、考慮に値する点であると考える。「20世紀少年」は大ヒット作であったにもかかわらず、三部作の実写映画が作られただけで、アニメとなることはなかった。

人気や後世への影響という点では「20世紀少年」よりもより大きかった『AKIRA』[16]にも重要な役割を担った宗教団体が登場する。「AKIRA」は近未来の日本における超能力者の開発と暴走を描いた作品である。作品の中に「ミヤコ」という外観は年配の女性教祖が登場する。特別な力を有する少年少女にはナンバーが振られているが、「ミヤコ」は19番である。教団を率いて預言や超能力を発揮するが、時の権力に対する抵抗者である。

「AKIRA」は一九八二年から『週刊ヤングマガジン』に掲載され、一九八八年に劇場用のアニメとして公開された。アニメでは「ミヤコ」は道端で信者に囲まれて「大覚アキラ」が世の中を救うと祈祷している怪しげな新興宗教団体の教祖として登場する。原作を読んでいないと「ミヤコ」の役割は不明になる。

「迷家―マヨイガ―」[17]では、霊感の強い少女が教祖に仕立てられて、母親が高額な祈祷料を取っている。「神様はじめました」[18]では、初めて地方から渋谷に出てきた蛇神（人間の姿をしている）が、勧誘にあって喫茶店で説得され開運商品を買わされたという場面が出てくる。「刻刻」[19]では、真純実愛会という教団が登場する。江戸時代の終わりから講社の形で存在したが、戦後になって総主と呼ばれ

【16】一九八二年から一九九〇年に『週刊ヤングマガジン』に連載された大友克洋のマンガと、一九八八年に公開された劇場版アニメ。国内国外で高い評価を受け、一九八四年度の講談社漫画賞、二〇〇二年のアメリカ・アイズナー賞の最優秀アーカイブプロジェクト賞と最優秀国際作品賞を受賞するなどした。現在でも人気が高く、ハリウッドでの実写映画化や新しいアニメ企画が進行中といわれる。

【17】二〇一六年四月から六月にかけて放映されたディオメディア制作のオリジナルテレビアニメ。

【18】二〇〇八年から二〇一六年まで『花とゆめ』に連載された鈴木ジュリエッタのマンガと、それを原作とするテレビアニメ（第一期二〇一二年一〇月から一二月、第二期二〇一五年一月から三月）。

【19】二〇〇八年から二〇一四年に『増刊モーニング2』および『モーニング』に掲載された堀尾翔太のマンガと、それを原作とするテレビアニメ（二〇一八年一月から三月）。

る教祖を中心とした団体になった。時間を止めることの出来る属性（止界術）を獲得するためには非合法な行為も平然と行う。本石の所有者である佑河家と抗争を繰り返すストーリーである。真純実愛会はわずかな狂信的信者しかいない宗教団体である。

「迷家」「神様はじめました」では、宗教団体に関する話はほんのいちエピソードである。どれだけの視聴者の記憶に残っているのだろうか。「刻刻」も一部に強い関心を持つファンがいるようであるが、一般的にいってよく知られたアニメとはいいがたいだろう。

『鬼滅の刃』にも教祖が登場するといったら思い当たるだろうか。コミックの発行部数は最終刊が発行された二〇二一年二月で一億五〇〇〇万部を超えたといわれる。十二鬼月上弦の弐・童磨は万世極楽教の教祖である。信者の嘆願に「可哀想に極楽なんて存在しないんだよ。人間が妄想して創作したお伽話なんだよ」と、救済として女性信者を喰う。実際に喰うかどうかは別にして、カルトの欺瞞をそのまま利用した表現である。

私の知る限りで、カルトがストーリーに深く関わるヒット作は「化物語」である。正確にいうと、「化物語」を最初とする西尾維新による「〈物語〉シリーズ」である。二〇〇六年に『化物語』（講談社）が刊行されて以来、『傷物語』、『偽物語』など現在に至るまで多くの「〈物語〉シリーズ」が刊行されている大人気作品である。アニメも二〇〇九年から放送が始まり、これまた大ヒット作となった。

ヒロインの戦場ヶ原ひたぎの母親は、ひたぎが小学校五年生の時に煩った大病を契機に怪しげな新興宗教に入信する。大手術の結果、九死に一生を得たひたぎであるが、母親は教えのお蔭であるとしていっそう信仰にのめり込んでいった。ひたぎが中学三年の時、母親が家に教団の幹部を連れてきた。幹部は「浄化だ」といってひたぎを犯そうとするが母親は側で視ているだけで何もしない。その後、家庭は崩壊していったが、教団はさらに寄付を強要しついに離婚となった。莫大な負債を抱えた父親とひたぎは家を奪われ和室六帖のワンルームで起居している。ひたぎは「おもし蟹」という神に出会ったとき、母親との関係や思いを断ち切った。おもし蟹は重みを奪う神である。ひたぎは体重を失いわずかに五キロの身となった。「おもし蟹」とは、「おもいし神」、つまり「思いし神」、または「思い」「しがみ」「しがらみ」ということでもある。

私の拙い要約ではファンが怒るかもしれない。「おもし蟹」は作者の西尾の創作である。ひたぎが母親への思いを断った結果として、おもし蟹に体重を奪われる。ひたぎは主人公の阿良々木暦と怪異の専門家として登場する忍野メメの助力により、おもし蟹から重さ（体重）を取り戻すことに成功する（第二話　ひたぎクラ

ブ 其ノ貳〉）。「〈物語〉シリーズ」の「恋物語」（二〇一一年）では、ひたぎの母親は所属していた悪徳宗教団体が潰されて、系列の別の団体に移ったと説明されている。

宗教団体のイメージ

私は日本人の宗教性の変容を理解するために、一九九九年から「宗教団体の認知・関心・評価に関する調査」を実施してきた。宗教団体の系統ごとにイメージを尋ねると、かなりの相違が見られる（表1）。「神道（神社）」「仏教（寺院）」で回答率が高いのは「伝統行事・冠婚葬祭」「心・精神的」「伝統文化」である。「キリスト教（教会）」でもっとも多いのは「心・精神的」で、「神秘的」が一五〜六％と、二〇年間変化なく存在しているようだ。「特別にない・分からない」が四割を超えている。「新宗教」では数値が高い選択肢は消極的な評価に関するものが大半である。「強引な勧誘」「金もうけ主義」「教祖の強い個性」の三つの選択肢が二五％を超えている。

ひとつの項目に四本の線が引かれているが、一九九九年から五年ごとに三回行い、一〇年空けて二〇一九年に実施した結果を示している。変化に関しては、この二〇年間で、「神道（神社）」の「心・精神的」をはじめイメージが著しく高く

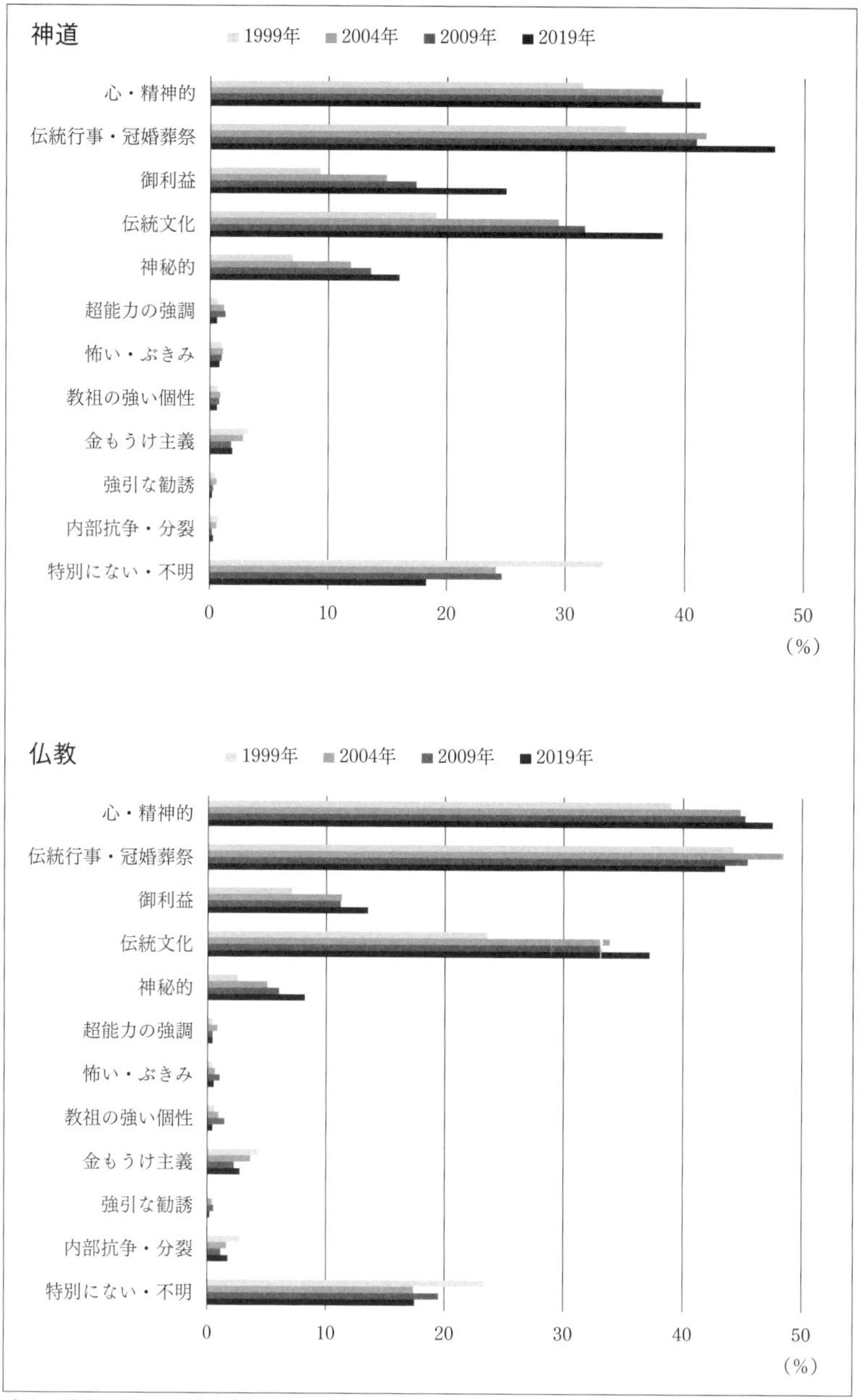

表1　宗教団体の系統ごとのイメージ

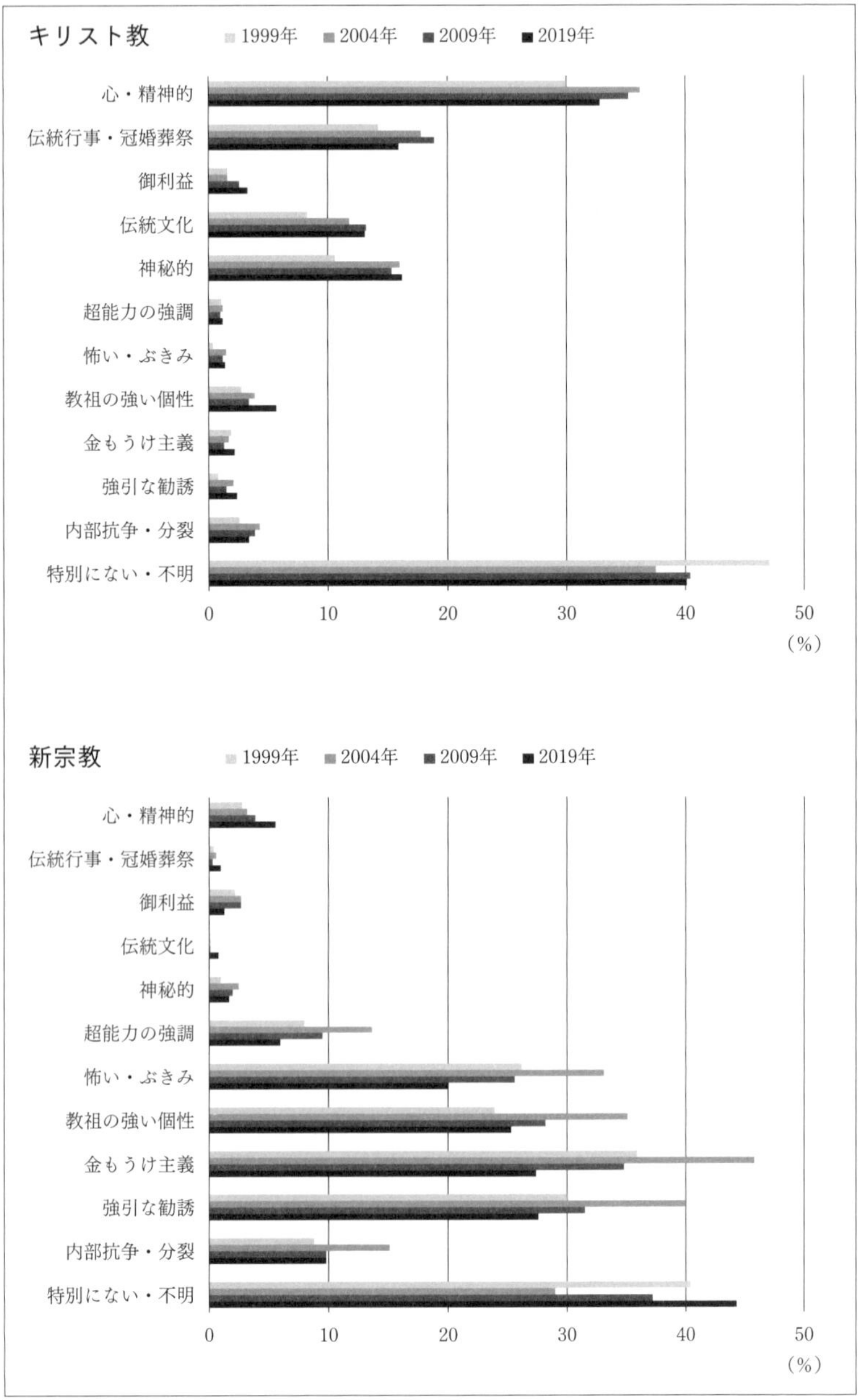

表1　宗教団体の系統ごとのイメージ(つづき)

なった。「仏教（寺院）」も「心・精神的」「御利益」「伝統文化」でポイントが増加した。

「神道（神社）」「仏教（寺院）」がこの二〇年間で積極的なイメージを増大させたのに対して、「キリスト教（教会）」に変化は見られなかった。「新しい宗教団体」は、「金もうけ主義」などマイナスイメージが強かったが、今回調査では全体的にマイナスイメージが薄れているが、全体としてみれば、悪いイメージは拭いがたい。

以上は日本人の宗教系統別のイメージに関する調査の結果であるが、実際の宗教行動を見ると、低下とか縮小という表現が適切な状況なのである。「初詣」は若者を中心に依然として実施率が高い。しかし、お盆・お彼岸の墓参りは実施率が低下しつつある。葬儀の際の人数の縮小や孤独死を考えると納得のいくことである。

年中行事や通過儀礼によって表象されていた具体的な宗教性は戦後の社会構造の変動によって薄れつつある。日本人の宗教性の中核の一つであった祖先崇拝も近年は、墓や葬儀の変容からわかるように、私たちの生活から消えつつある。宗教団体への帰属は一割ほど、神職や巫女、住職、神父や牧師と話をする機会も、一般的にはない。他方で、マンガやアニメにはそうした宗教者や宗教団体がこれでもかとあふれている。

第3章

異界と転生

1 異界、他界、異世界

アニメに「異界」とか「異世界」と称されるジャンルがある。「主人公が日常生活を送る現実とはまったく異なる世界」程度の意味で用いられている。アニメの得意とするファンタジーの一領域である。

近年、異世界を扱ったアニメやマンガの作品数が多いと感じていたが、新聞記事によると「多い」程度ではなさそうである。朝日新聞によれば、「漫画やノベルス出版 5年で50倍」とある。記事は出版科学研究所のデータを引用して、二〇一三年まではタイトルに「異世界」や「転生」を含む作品は年間一〇点ほどだったのが、二〇一四年に急増して一二八点を数えるまでになり、二〇一八年には過去最高の五六七点になったと記している【1】。

「異世界」をごく単純に、「この世とは異なった世界」とすると、他にも同様の内容を示す用語はずいぶんと見られる。パラレルワールド、仮想世界、タイムス

【1】「「異世界で大モテ」異例の大モテ」朝日新聞二〇一九年七月二日。

リップ、ループ、世界線など、いきなり自分を取り巻く環境が一変する作品の類いである。作品も二〇一四年から突如として多くなったというよりは、脈々とファンタジー作品に受け継がれてきたと考えられる。それにもかかわらず現在、「異世界」というタームで括られる作品が数多く認められるということになる。

引用した記事に象徴的な出来事として「転生したらスライムだった件」が記されている。二〇一九年二月の講談社の決算発表で、出版不況にもかかわらず増収増益となった理由として担当役員が「漫画『転生したらスライムだった件』が大きい」と述べたという。また紙面からは他にも「幼女戦記」などがブームの契機だったとわかる。

「転生したらスライムだった件」は二〇一三年から小説投稿サイトに連載された伏瀬による小説である（図1）。講談社からマンガとして刊行されたのは二〇一五年である。[2] 二〇一八年にはアニメ化されている。[3] 内容であるが、「サラリーマン三上悟は通り魔に刺され死亡し、気がつくと異世界に転生していた。ただし、その姿はスライムだった！　リムルという新しいスライム人生を得て、さまざまな種族がうごめくこの世界に放り出され、「種族問わず楽しく暮らせる国作り」を目指すことになる」[4]。転生した先の異世界は、ＲＰＧでおなじみの世界で、人間だけでなく妖精、獣人、ドワーフ、リザードマンのいる中世ヨーロッパ風の世

図1『転生したらスライムだった件』原作第1巻（伏瀬、みっつばー挿画、マイクロマガジン）

【2】小説は既刊一九巻（マイクロマガジン）。漫画版は『月刊少年シリウス』（講談社）に二〇一五年五月号から連載中で、単行本は既刊二〇巻。

【3】アニメ第一期は、ＴＯＫＹＯ ＭＸ他で、二〇一八年一〇月から二〇一九年三月に放送され、全二五話。第二期は分割二クールで、二〇二一年一月から三月、および七月から九月に、全二六話で放送された。

界である。精霊工学という魔法のある世界でもある。

「幼女戦記」は「転生したらスライムだった件」よりも二年早く小説投稿サイトに提出されたカルロ・ゼンによるオンライン小説である。二〇一三年にKADOKAWAからライトノベルとして出版された。[5] マンガは二〇一六年六月から連載を開始し、[6] アニメは二〇一七年一月から四月まで放送された。[7] 主人公は二〇一三年の東京で生活する優秀な社員で、働きの悪い社員にリストラを宣告するような立場にいる。彼は東京駅でリストラを宣告した社員に突き飛ばされ轢死する。転生先は第二次大戦前のようなヨーロッパ[8]に酷似した場所であるが、彼が所属する帝国は諸国連合と戦いを続けている。彼は過去世の記憶を持ったまま、九歳児ほどのターニャ・デグレチャフ准尉として最前線で戦っている。ターニャは天性の魔導の才能を有し、帝国軍航空魔導師士官第二〇三航空魔導大隊大隊長である。

一般的に「転生もの」ではなぜ転生したかについて詳しくは語られない。「幼女戦記」では他と異なって、転生の理由がかなり詳しく記されている。

東京駅でホームに落とされ轢死寸前の状態から「存在X」の裁きの場面に移行する。創造主と名乗る存在Xは「最近多いのだよ。そなたらのような狂った魂は。なぜ、人間性の進歩で、解脱せん？　涅槃に至りたくないのか？」となじる。死んだ後の魂はどうなるかと問われて、「輪廻に戻し、転生させるまでだ」と答え

【4】TVアニメ公式HP、http://www.ten-sura.com/

【5】小説投稿サイト「archadia」に二〇一一年から連載され、KADOKAWAのブランド「エンターブレイン」から刊行されている小説。既刊一二巻。

【6】『月刊コンプエース』（KADOKAWA）にて連載、単行本は既刊二四巻。

【7】TOKYOMX他。全一二話。このほかTV版の続編として映画版「幼女戦記」があり、二〇一九年二月に公開された。

【8】話中にヨーロッパの地図が出てくる。

るが、最近の人間に信仰心のかけらもなく、十戒を定めたにもかかわらず物事の理非を知らないと叱咤する。「その原因は、貴様の場合は、科学の世界で、男で、戦争を知らず、おいつめられていないからだな?」として、非科学的世界で女に生まれ、戦争を知り、追い詰められることで信仰心に目覚めることを求められる【9】。
転生は創造主を名乗る存在Xによるものである。マンガでは白い布を纏った長髪で長いひげの西洋人風の風体で描かれている【10】。十戒も記されているが、輪廻による転生を行っていて、宗教的な要素は都合のいいように組み合わされている。ターニャは魔術を行使する魔導師である。先に「まどか☆マギカ」で見たように、本来キリスト教では「魔術」は神に反する行為である。作者のカルロ・ゼンが宗教の教養に立脚して作品を描いているわけではないことは改めて確認する必要もないだろう。

【9】カルロ・ゼン『幼女戦記』第1巻（KADOKAWA、二〇一三年）、一五～二六頁。

【10】一方、アニメの存在Xは、時間が止まったような静止した風景のなかで声のみ登場し、姿が描かれることはない。

「異界」「異世界」という言葉

「異世界」は近年ポップカルチャーで使われている用語であるので、ウィキペディアを引用すると次のようになる。「異世界は、日本の漫画、ライトノベル、アニメ、コンピュータゲームなどのフィクション作品のサブジャンルのひとつ。主に、異なる世界（異界）に転生または転移するといった内容のものがある【11】」この説明によれば、「異世界とは異なる世界」という定義ともいえないようなものである。制作側からすれば、どのような「異世界」でも描くことが可能であるということなのだろうし、かなりのバリエーションが想定される。

先ほどポップカルチャーで用いられている用語と記したが、近年では学術用語としても用いられるようになっている。柳田國男が一九五一年に監修した『民俗学辞典』[12]には見られないが、近年刊行された辞典・事典には「異界」に関する項目や説明が見られるのである。「異界」を項目として設けている『日本民俗大辞典』[13]には以下のように記されている。

> 異界　人間が周囲の世界を分類する際、自分（たち）が属する（と認識する）世界の外側。異世界。……民俗社会において、霊魂が行く他界（来世）を含め、自分たちの社会の外側に広がる世界を意味する。他界が時・空間両方の認識であるのに対し、異界はより空間的なイメージで把握される。……現代社会では、特定の社会から見た異質な社会集団の生活・行動空間を異界と呼ぶ場合もある。[14]

異界の定義の元となったのは、主に小松和彦の業績である。辞典が引用したと

【11】 https://ja.wikipedia.org/wiki/%E7%95%B0%E4%B8%96%E7%95%8C_(%E3%82%B8%E3%83%A3%E3%83%B3%E3%83%AB)

【12】 東京堂出版、一九五一年。

【13】 吉川弘文館、一九九九年。

【14】 同前、六八頁。

される小松の業績には見当らないが、小松和彦編『日本人の異界観【15】』の「序」にはほぼ同一の文章が見られる。民俗学でのこの領域の先駆者は宮田登と小松である【16】。

日本文学研究者の池原陽斎が学術書を始め広範囲に「異界」の意味領域を調査していて参考になる。池原が行うのは語誌的な調査である。辞書辞典の類いでは『大辞林　第二版【17】』が早く、その説明に近いのは、先に筆者が引用した『日本民俗大辞典』の記述である、といった具合に語誌を調べていく。池原によれば、「異界」という用語が広範かつ頻繁に用いられるようになるのは一九七〇年代後半からで、範囲の拡大が著しく使用法が曖昧で、「異界がまさしく「現代の流行語」となっていく過程を認めることができる【18】」として、「異界」の展開と意味領域について考察を進める。多様な用例を検討した後で池原は次のような結論にたどりつく。「辞書的定義というのは、過去の用例によって機能的にえられるものだから、用例の機能がなしえない（ほどに、現段階で語義が拡散している）「異界」ということばは、定義不能という結論に落ちつかざるをえないようだ【19】」。

池原の語誌の渉猟はかなり広い。ライトノベルに関する一柳廣孝の考察にも言及している。一柳の指摘は本章の考察にも関わっている。

【15】せりか書房、二〇〇六年。

【16】宮田登に関しては『妖怪の民俗学——日本の見えない空間』（筑摩書房、一九八五年）を参照。

【17】三省堂、一九九五年。

【18】「「異界」の意味領域——〈術語〉のゆれをめぐって」（東洋大学人間科学総合研究所紀要、二〇一一年）、一七五頁。他にも「「異界」の諸相——語誌の展開をめぐって」（大野寿子編『超域する異界』勉誠出版、二〇一三年）。

【19】「「異界」の展開：意味領域の拡散をめぐって」（東洋大学人間科学総合研究所紀要、二〇一二年）、一八〇頁。

異界をめぐる物語はさまざまな広がりを示しながら、量産されている。なかでもライトノベルは、異界性がきわめて高いジャンルである。一九九〇年代半ば以降、SF、アクション、伝記などの要素を取り込みクロスジャンル化が進んだものの、異世界ファンタジーは、相変わらずライトノベルの重要なアイテムのひとつになっている。【20】

私にとって興味深いのは、一柳が「一九九〇年代半ば以降、……異世界ファンタジーは、相変わらずライトノベルの重要なアイテムのひとつ」と述べているように、「異世界」の語を用いてライトノベルの傾向が語られ、冒頭で記した「転生したらスライムだった件」や「幼女戦記」はもともとライトノベルだったという事実である。つまり、アニメ領域での「異世界もの」の隆盛は、すでに一九七〇年代から文学作品に広まり一九九〇年代、つまり平成になってから急速に拡大していった現象の一端である。アニメやマンガのジャンルでは「異界」と呼ばれず「異世界」が用いられているが、池原の指摘同様に、ここでも意味の拡散と曖昧さは十二分に見られるように思う。それにもかかわらず、「異世界」という曖昧な言葉で括られる現実が存在することの意味が考察されなければならない。

二〇二〇年九月末現在で、異世界アニメランキングと銘打った複数のサイトに

【20】一柳廣孝「柴村仁『我が家のお稲荷さま』——ご近所の異界」（一柳廣孝・久米依子編『ライトノベル研究序論』青弓社、二〇〇九年）。

掲載された作品を重複を避けてリストアップすると表1のようになる。それぞれのサイトは誰がどのような目的で運営しているか分からず、記載された作品が本当に「人気作品」かどうかも確認できないが、「人気」の目安として提示したいと思う。

「他界」を描くアニメ

「異世界」の宗教性について考察する前に、「異界」に隣接もしくは先立つ概念としての「他界」を描くアニメについて見ておくことにしたい。

これだけ多くのアニメがありながら、他界＝死後の世界を描いたアニメはきわめて少ない。『DEATH NOTE』は二〇〇三年から『週刊少年ジャンプ』に掲載された原作・大場つぐみ、作画・小畑健によるマンガである。[21] 爆発的な人気作となり実写映画化もされた。死なせたい人の名前と死ぬための手段を書くとその通りになる「デスノート」を拾った夜神月《やがみあきら》と事件を解決しようとする探偵Lとの壮絶な頭脳戦を描いている。

「DEATH NOTE」には狂言回しとしてリュークという死神が登場する。デスノートはリュークが死神大王から預かっていたノートで、使用方法を書き加えて人間界にわざと落としたものである。死神はリューク以外にも登場するが、

【21】アニメ化もされ、二〇〇六年一〇月から二〇〇七年六月まで三クール、全三七話が放送された。

放送開始年	作品名
2013	ログ・ホライズン
2013	進撃の巨人
2013	アラタカンガタリ～革神語～
2013	問題児たちが異世界から来るそうですよ？
2013	アウトブレイク・カンパニー
2013	はたらく魔王さま！
2013	まおゆう魔王勇者
2014	トリニティセブン
2014	ノーゲーム・ノーライフ
2014	暁のヨナ
2014	アカメが斬る
2014	七つの大罪
2014	魔法課高校生の劣等生
2015	アルスラーン戦記
2015	落第騎士の英雄譚
2015	血界戦線
2015	六花の勇者
2015	オーバーロード
2015	GATE 自衛隊 彼の地にて、斯く戦えり
2016	最弱無敗の神装機竜
2016	魔法少女育成計画
2016	灰と幻想のグリムガル
2016	この素晴らしい世界に祝福を！
2016	Re：ゼロから始める異世界生活
2016	エンドライド
2016	フリップフラッパーズ
2016	ドリフターズ
2017	異世界はスマートフォンとともに。
2017	ナイツ＆マジック
2017	Re:CREATORS

表1　異世界アニメ一覧

放送開始年	作品名
2017	ロクでなし魔術講師と禁忌教典
2017	終末なにしてますか？忙しいですか？救ってもらっていいですか？
2017	幼女戦記
2017	ゼロから始める魔法の書
2017	異世界食堂
2017	夢王国と眠れる100人の王子様
2017	グランブルファンタジー
2017	メイドインアビス
2018	デスマーチからはじまる異世界狂想曲
2018	転生したらスライムだった件
2018	異世界魔王と召喚少女の奴隷魔術
2018	CONCEPTION
2018	ゴブリンスレイヤー
2018	異世界居酒屋
2019	異世界の聖機師物語
2019	ダンジョンに出会いを求めるのは間違っているだろうか
2019	異世界かるてっと
2019	ありふれた職業で世界最強
2019	魔王様、リトライ！
2019	本好きの下剋上　司書になるためには手段を選んでいられません
2019	盾の勇者の成り上がり
2019	異世界チート魔術師
2019	賢者の孫
2019	うちの娘の為ならば、俺はもしかしたら魔王も倒せるかもしれない
2019	超人高校生たちは異世界でも余裕で生き抜くようです！
2019	この世の果てで恋を唄う少女YU-NO
2019	続・冬物語
2020	痛いのは嫌なので防御力に極振りしたいと思います。
2020	乙女ゲームの破滅フラグしかない悪役令嬢に転生してしまった
2021	無職転生─異世界行ったら本気だす─

表1　異世界アニメ一覧(つづき)

「死後の世界」が描かれることはない。

「鬼滅の刃」では、さまざまなパターンの死者との出会いや死後の様子が描かれている。鬼が業火で焼かれることを想像させるものや、三途の川を連想させる場面もある。しかしこうした描写は死後の世界を描こうとしたものではなく、生者と死者の関係の修復、死者による生者の叱咤・慰撫が目的である。

タイトルからすると地獄が描かれておかしくない作品が複数ある。「地獄先生ぬ〜べ〜」（図2）は「鬼の手」を持つ霊能小学校教師の鵺野鳴介、通称「ぬ〜べ〜」が妖怪や悪霊から生徒を守るために闘うマンガ、アニメである[22]。ぬ〜べ〜の左手は鬼の手になっているが、除霊で封じた地獄の鬼の力のせいである。「地獄」は強い霊力の表現として用いられている。地獄自体は描かれることはほぼない。第一章でも引用した「地獄少女」も同様である。地獄へ極悪な者を送るが、やはり地獄は描かれない。これらの作品が描こうとするのは、小学校で起こる怪異やこの世の理不尽を霊的手段を用いて裁くことであって、地獄そのものを描く必要はない。

それでは「Angel Beats!」はどうだろうか。作品の舞台は死後の世界である。話の冒頭で、主人公の高校生・音無結弦は目を覚まして見知らぬ高校の敷地に倒れていることに気づく。記憶は無く何も思い出せない。マシンガンを構える少女

【22】マンガは『少年ジャンプ』（集英社）に一九九三年から一九九九年まで掲載、全三一巻。アニメはテレビ朝日で一九九六年四月から一九九七年六月まで四クール放送、全四八話。

図2『地獄先生ぬ〜べ〜』文庫版第1巻（真倉翔原作、岡野剛画、集英社）。©真倉翔・岡野剛／集英社

から「目が覚めた。ようこそ死んでたまるか戦線へ」と声をかけられる。ここにいることは死んだということだ、ここは死んだ後の世界、何もしなければ消されると説明される。「誰に」と聞く音無に、仲村ゆりは「そりゃ、神様にでしょうね」と答える。ゆりは校庭に立つ天使（女子高生姿の立華かなで）に向けてライフルの照準を当てている。

高校は周囲に建物が見えない丘陵地帯に建っており、全寮制で閉鎖空間である。ここは青春時代をまともに過ごせなかった者のために用意された世界で、高校生活を送りながら納得（満足）した生徒は消滅（成仏）する。仲村ゆりたちが結成したグループは、神によるこのやり方に抵抗する生徒たちである。

「消滅（成仏）」は次のようにして起こる。校内のガールズロックバンド「Girls Dead Monster」のリーダー岩沢雅美は、生前家庭不和の環境で育つが、音楽によって救われ活動を始める。しかし両親の争いに巻き込まれて一八歳で死ぬ。死後の高校で体育館を占拠したライブが始まり、雅美は教師の阻止を振り切って新曲のバラードを演奏する。演奏を終えて雅美は、「これが私の人生なんだ。こうして歌い続けていくことが生まれてきたことの意味なんだ。私は救われたように、こうして誰かを救っていくんだ。やっと、やっと見つけた」と納得して消滅（成仏）する。消滅は姿が光になったり薄れていくのではなく、場面が変わって元に戻ると消えているという表現になっている。消滅後にどうなるのかはわからない。神の意図も説明されないまま物語は終わる。

「Girls Dead Monster」のライブは死んだ後の物語であるが、ストーリーが展開される場所は高校で、友だちがいて活気のある生活は若者には望ましい状況かもしれない。

人気作品である「BLEACH」、「境界のRINNE」、「ドラゴンボール」には死後の世界がある程度描かれている。

「BLEACH」（図3）は第五〇回（二〇〇四年度）小学館漫画賞（少年向け部門）を受賞するなど人気作品である。マンガが七四巻、テレビアニメも三六六話にのぼる長大な物語である。[23]「死神代行篇」「尸魂界篇」「破面篇」「死神代行消失篇」「千年血戦篇」の全五篇からなる。主人公は、幼い頃から霊感が強く、家族を守るために死神であるルキアから死神の力を譲渡され、以降「死神代行」として死神の仕事をすることになる高校生・黒崎一護である。ストーリーを要約することが難しいので、本論に関わる部分だけをとりあげる。

「尸魂界篇」では、黒崎一護に死神の力を渡したルキアが重禍違反者として死者の世界である尸魂界（ソウル・ソサイエティ）へ捕縛される。黒崎一護はルキアを助けるべく尸魂界へと向かう。尸魂界は、円形をした瀞霊廷と周囲を囲む流魂

【23】原作のマンガは『週刊少年ジャンプ』に二〇〇一年から二〇一六年まで一五年にわたって連載。アニメも二〇〇四年一〇月から二〇一二年三月までテレビ東京系列で放送された。

図3 『BLEACH』第1巻（久保帯人、集英社）。©久保帯人／集英社

街からなっている。瀞霊廷は死神や霊界貴族が住む場所で、無機質な白一色の建物が建ち並んでいる。さらに、瀞霊廷の上空には霊王宮と呼ばれる「霊王」が住む場所がある。霊王は尸魂界の全てを管轄する存在である。

死んだ人間の魂が辿り着くのが流魂街である。ルキアは流魂街を説明して「腹はへらぬし体は軽いし十中八九現世よりも良い処だ！」（二巻）と説明している。しかしながらマンガでもアニメでも、流魂街は好ましい場所としては描かれていない。

流魂街がどのようなものであるかについて詳しい説明はない。流魂街と呼ばれる場所は、ソウル・ソサイエティの中でもっとも貧しくもっとも自由でもっとも多くの魂が住む場所である。流魂街に入居する者は死んだときに整理券を配られて東西南北の各地に振り分けられる。ほとんどが知らない者同士で、家族に似た共同体を作って生活をしている。先に死んだ家族と再会できる者はまれだという。

家の作り、住人の服装は江戸時代か明治時代を連想させるような光景である。人力車や大八車が通っている。マンガよりもアニメの方が現代に近い感じで描かれている。各区域は八〇の地区に分かれており、地区のナンバーが多くなるほど生活レベルはひどくなるようだ。

マンガでは登場人物の一人が「尸魂界から放たれた魂は死神に見守られて現世

に生物として生まれ」（六巻）と言っているので、転生が想定されているようではあるが、ストーリー上も魂の循環が重要な場面として登場することはない。

高橋留美子「境界のＲＩＮＮＥ」[24]（図４）は、人間と死神の混血の主人公・六道りんねと霊が見えるヒロインを中心にしたギャグマンガ・アニメである。六道りんねは現世で彷徨う魂を救うため輪廻の輪に乗せて転生させようとする。登場人物には地獄に住む者も少なくない。第八話「ようこそ地獄へ！」で、六道りんねと眞宮桜は生霊・レイジを救うために悪魔の魔狭人を追って地獄へ行く。地獄は最近作られたビル型の巨大な庁舎である。最新のテクノロジーが装備されており、職員の鬼はネクタイに制服を着用している。死神の仕事をサポートする黒猫六文から、地獄には通勤地獄、受験地獄、不況から抜け出せない地獄、借金地獄があり、他にも地獄スーパーマーケット、地獄歯医者、地獄消防署があり、最近は厚生労働地獄がうるさいんですよ、と説明を受ける。ギャグを基調とした作品であり、地獄もそのように描かれている。

ドラゴンボールの死生観

死生観、というのは大げさだが、これまで取り上げてきた作品と比較すると、「ドラゴンボール」（図５）は人の死後の世界、この世とあの世の関わりを強く描

【24】二〇〇九年から二〇一八年まで『週刊少年サンデー』に連載された高橋留美子のマンガ。アニメは二〇一五年四月から九月、二〇一六年四月から九月、二〇一七年四月から九月までの三シリーズ（全七五話）がＮＨＫ・Ｅテレで放送された。

図４『境界のＲＩＮＮＥ』第18巻（高橋留美子、小学館）

写した作品である。

二〇一三年度と二〇一四年度の二年間、都内の複数の大学に通う大学生に、アニメ・マンガと宗教の関係について六〇〇通以上のレポートを書いてもらった。レポートのテーマは講義で使用していたテキスト【25】の宗教の定義に関する章を読んだ上で、「これまで読んだり見たマンガ、アニメの中でもっとも印象に残った作品を三点挙げて、それらが宗教性を有しているかどうか論じなさい」というものである。

作品は実に多岐にわたったが、レポート提出者の約一割（最多）がもっとも印象に残った作品として「ドラゴンボール」を挙げた。

「ドラゴンボール」を選択した学生すべてが宗教的であると指摘したが、大半が宗教的としたのは「あの世」「生き返り」であった。「ドラゴンボールは、宗教的であると言えます。その理由は、ドラゴンボールのストーリーの中で激しいバトルが繰り広げられていくなかで、主人公の孫悟空が戦いに惜しくも敗れて死んでしまったとき、孫悟空は天使の輪のようなものを頭につけてあの世に魂がいき、あの世と呼ばれる場所でトレーニングを行ったりしています。あの世の存在を描いているという点において宗教的であると思いました」（女子学生）、「主人公をはじめ主人公の仲間も死んだとしても再びドラゴンボールの力で生き返り、神のも

図5『DRAGON BALL』第1巻（鳥山明、集英社）。©鳥山明／集英社

【25】石井研士『プレステップ宗教学』（弘文堂、初版二〇一〇年、第二版二〇一六年、第三版二〇二〇年）。

とで修行したおかげでパワーアップして生き返ることができる」（男子学生）。大半のレポートはこうした程度の指摘にとどまっている。次に引用するのは、もっとも詳しい記述（レポートの一部）である。

もっとも特異なのは死生観である。まず作品内では死者はドラゴンボールの力によって生き返ることが可能だ。そして宇宙は限りなく拡がっていて、様々な星人が存在する。だがどの星においても死んだ者はみな同様に魂のみで〝あの世〟に向かう。そこで閻魔大王に裁かれて生前良い行いをしたものは天国へ、悪い行いをしたものは地獄へと送られるのだ。稀に肉体とともどもあの世へ行く場合があるが、そのときは頭上に天使の輪のような死者の証がつく。この時生き返れば輪が消えるだけであるが、これはつまり生者が魂と肉体をそのままに天国や地獄、あの世でもいられるということだ。事実、死んだはずの悟空の育ての親の悟飯が現世におりてきて悟空と戦うシーンがある。（女子学生）

ドラゴンボールとは

一般的に「ドラゴンボール」として認知されている作品は、長期間にわたってマンガ、アニメ、ゲームなど多様なメディア・コンテンツとして発表されてきた一群の物語である。鳥山明が『週刊少年ジャンプ』（集英社）に一九八四年から一九九五年まで一〇年間にわたって連載していたマンガ「DRAGON BALL」を端緒とし、連載中からテレビ放送が始まった。その後、映画を初めメディアミックスが生じた。コミックは集英社から全四二巻が刊行されている。

ストーリーは、あえて単純に述べれば、主人公の孫悟空が成長しながら、フリーザや魔人ブウなど次々と強大な敵と戦い、家族や仲間、地球や宇宙の平和を守るというものである。

マンガは『週刊少年ジャンプ』に連載されたが、アニメとの関係は複雑である。テレビで放送されたシリーズは以下のようになる。

タイトル・開始年月日〜終了年月日・放送回数

ドラゴンボール（DRAGON BALL）・一九八六年二月二六日〜一九八九年四月一九日・全一五三話。

ドラゴンボールZ（DRAGON BALL Z）・一九八九年四月二六日〜一九九六年一月三一日・全二九一話＋スペシャル二話。

ドラゴンボールGT（DRAGON BALL GT）・一九九六年二月七日〜一九九七

年一一月一九日・全六四話＋番外編一話。

ドラゴンボール改・第1期（DRAGON BALL KAI）・二〇〇九年四月五日～二〇一一年三月二七日・全九七話。

ドラゴンボール改・第2期（DRAGON BALL KAI）・二〇一四年四月六日～二〇一五年六月二八日・全六一話。

ドラゴンボール超（DRAGON BALL SUPER）・二〇一五年七月五日～二〇一八年三月二五日・全一三一話。

「ドラゴンボール」と「ドラゴンボールZ」は、アニメ・オリジナルを含みながら、原作であるマンガをアニメ化したものである。両シリーズでマンガの最終話まで終了している。「ドラゴンボールGT」はアニメオリジナルで、原作となるマンガはない。「ドラゴンボール」と「ドラゴンボールZ」の続編で、マンガの最終話から五年後を描くオリジナルストーリーである。

「ドラゴンボール改」は、「ドラゴンボール」と「ドラゴンボールZ」が『週刊少年ジャンプ』連載中に放送されたために、テレビオリジナルな内容を含んでいた。これらを排除し、新たに原作のマンガを忠実に再現したシリーズである。

「ドラゴンボール超」はアニメオリジナルで、「ドラゴンボールZ」「ドラゴンボール改」の最終話の後の一〇年が描かれている。

この他にも映画が、「ドラゴンボール　神龍の伝説」（一九八六年）に始まり、最新の「ドラゴンボール超　ブロリー」（二〇一八年）まで二〇本制作されている。コンピューターゲームも、家庭用、アーケード用に数十本制作されている。国内外で多くの賞を受賞し、多くの書籍が刊行され、視聴者を獲得して数多くの人気ランキングで一位を獲得している。関連グッズを含め、莫大な消費を生んだ作品である。「ドラゴンボール」は原作者の鳥山明を中心に、大勢の制作者・制作団体が関わって制作された作品群である。

「ドラゴンボール」に見る宗教性

「ドラゴンボール」は、つぎつぎと現れる強大な敵との闘いを中心とした作品であるが、神々が登場し、あの世が描かれている。また、主人公の孫悟空は三度死んで三度生き返ったり、地獄に落ちた者が肉体を持って甦るなど、「死と再生」のテーマと考えられるストーリーを含んでいる。以下、「神々の体系」と「死と再生」について、取り上げることにしたい。

人気のあるマンガやアニメでは公式ガイドブックや解説本が刊行されている。ドラゴンボールに関しては、マンガの連載が終了したことを記念して、『ドラゴンボール大全集』[26]が刊行されている。その後、大全集の内容を四冊に編集・追加して二〇一三年に『ドラゴンボール超全集』[27]が刊行された。『ドラゴンボール超全集』は、全体で一四〇〇頁を超える分量で、ストーリーの解説、キャラクターや技に関する辞典、筆者へのインタビューなどが掲載されている。

先に言及したように、ドラゴンボールでは「あの世」が描かれ、そこには死者が赴く天国と地獄がある。「あの世」は時間的に「この世」が終わって後に行く場所であるとともに、空間的に「この世」の上層部に位置している。『ドラゴンボール超全集4 超事典』（三四頁）には、「ドラゴンボールの世界」としてこの世とあの世の関係が図解されている。

ドラゴンボールの世界は三つのエリアからなっている。「この世」「あの世」「界王神界」である。「この世」は「現世」ともいって、東西南北の四つの銀河からなる広大な宇宙である。地球は北の銀河に位置する星であるが、登場人物は、地球をはじめ宇宙の星々で戦闘を繰り広げる。

「あの世」は死後の世界で死んだ者のいくところであるが、同時に神々の住む世界でもある（同、三六頁）。

「ドラゴンボール」に登場するすべての生命体、地球人でも宇宙人でも、はたまた悪魔でも、死ぬと魂となって「あの世」の閻魔界へ向かう。閻魔界は閻魔大

【26】全七巻・補足版三巻、集英社、一九九五年。
【27】全四巻、集英社、二〇一三年。

王の館で、生前の行いを基に、閻魔大王は天国に行くか地獄に行くかを判定する。生前に善行を積んだ者は、飛行場から天国行きの飛行機に乗るが、その際には元の姿ではなく、白い火の玉のような姿である。生前の行いが悪い者は強制的に地獄へと落とされる。地獄には血の池地獄があり、シャツを着た鬼が管理している。「あの世」には天国と地獄とは別に界王星という星がある。閻魔大王の館から蛇の道という長い道が通じており、終着点の上空に界王星が位置している。界王星には界王が住んでおり、東西南北の四人の界王がそれぞれの銀河を管理している。

以上の世界とは別に、天国の上方に大界王の住む大界王星がある。大界王は東西南北の四人の界王を統括している人物とされる。

以上の「この世」と「あの世」の両方を監視するために「界王神界」がある。界王神界は界王の神である界王神が住むところである。界王神は一人ではなく東西南北の四人が存在している。

用語が似ていて紛らわしいが、ドラゴンボールの世界には、多くの神々が想定され、ヒエラルキーをなしているようである（同、三七頁）。

死と再生

ドラゴンボールでは、すべての生命体は死んだ後、閻魔大王の下へ行き、死後の行く先が天国か地獄かが決定される。しかしながら死んだ生命体は、主人公である孫悟空でなくても、しばしば生き返るのである。タイトルにもなっている「ドラゴンボール」は、水晶球のような透明に近い球体で、アニメではオレンジ色をしている。ひとつから七つまでそれぞれ星が印されている。ドラゴンボールを七つ集めると神龍（シェンロン）が現れ、願い事をひとつ叶えてくれることになっている。

神龍は、地球の神がナメック星にいた当時の記憶から地球で作ったものである。神がドラゴンの模型に魂を吹き込んで生まれたことになっている。神龍はマンガ、アニメを通して一四回出現し、主人公をはじめ多くの者を甦らせることで、人類や宇宙の危機を救っている。

主人公の孫悟空は三度死に、三度甦っている。孫悟空は、初めて死んだときに、通常であれば死者が赴くべき天国へは行かず、身体を伴ったまま、特例として界王星へ行き界王から武道の特訓を受けている。頭上に光輪を描くことで死んでいる状態であることがわかるようになっている。孫悟空は界王星にいても地上と会話することができ、必要に応じて死者のまま地上に姿を現すことも可能である。

そしてドラゴンボールの力によって「生き返る」。この過程が繰り返されるのである。

同様のことは、頻度さえ違え、主人公を取り巻くキャラクターにも生じる。闘いにより壮絶に死んだ者がドラゴンボールによって生き返る。闘いに巻き込まれて死んだ大勢の市民も生き返り、惨事は帳消しになる。

他方で、神にも寿命があり、死んで交代することになっている。爆発に巻き込まれた界王は、悟空とともに「死に」、頭上に光輪を載せることになるが、実際の行動は死ぬ前とまったく変わらない。

「ドラゴンボール」に見られる神々やあの世に関して留意しておきたいのは、こうしたことがはじめから整合性を持って描かれたわけではない、という点である。ドラゴンボールを概説する際に述べたように、以上の説明は、マンガの連載が終了したことを記念して刊行された『ドラゴンボール大全集』を基に、その後の映画やアニメの情報を加えて再編集された『ドラゴンボール超全集』に掲載された解説に多くを依拠している。

アニメやマンガの台詞は短く、複雑な世界観の説明をするようにはなっていない。天国や地獄もきわめて描き方はシンプルで、必要以上に登場したり説明されることはない。このことは原作者の鳥山明の言葉からも明らかである。

神さまの神殿とか、わりと神秘的な感じにしたので、逆に現代っぽいあの世があってもいいのかなと。で、サラリーマンみたいにスーツきた閻魔様と鬼達にしたんですよ。この本に載っている、世界全体図を見てもらえばわかると思うんですけど、天国行きの飛行場なんていうのがあったりして。天国にいく人たちは、みんな飛行機に乗って行くっていう設定なんです。この全体図は、もともとアニメの方に頼まれて描いた設定なんですけど、この機会に全体図の中に含まれていなかった界王神界をたして、完ペキなものにしたんですよ。実は、この世界全体図も本当は、物語を描き終わってから、つじつまが合うように作ったんですけどね(笑)[28]。

「つじつまが合うように作った」という作者の言葉であるが、もともとこうした世界観を読者に理解させるために制作が始まったわけではないので、ほころびが見られる。強力な敵により多くの人類が殺されて、再びドラゴンボールにより一気に生き返るが、これは善行を積んだ人間にも悪行を行った人間にも等しく働く。神龍は地球の神の制作によるものであるが、神龍の力は神よりも上位の閻魔大王や界王神が管理する世界を超えて作用するのである。

【28】『ドラゴンボール超全集1 STORY&WORLD GUIDE』三五一頁。

主人公が強大な敵を倒せば、さらに強大な敵が現れ、そのために戦闘の行われる場所や設定は拡がっていく。マンガが人気とならず、早期に打ち切られていれば、当然ながら描かれることのなかった領域は少なくない。神々の序列の上部に「ビルス」という人型とは異なった邪神が描かれているが、ビルスは二〇一三年に劇場公開された『ドラゴンボールZ　神と神』で初めて登場する、「フリーザ、セル、魔人ブウ、すべてを超越する最強の存在」である。

次に神々の存在とその性格であるが、事前に想定されていたものではなさそうである。主人公が最初に対面する敵は「ピッコロ」であるが、ピッコロがナメック星人であることも当初の設定にはなかったと作者は述べている。神は大昔地球にきて修行をし、自らの悪の部分を追いだしてそれがピッコロとなった、という想定である。神が主人公の前に初めて現れるときに、「会ったら驚くぞ」と述べられ、敵と同じ姿形をした神と対面することになるのである。

登場する神々は、新たな展開を迎えたときに、換言すれば、物語をいっそう面白くするために現れる。そして、敵の強大さと主人公のいっそうの強さを描けば描くほど、神々の力は限定的になり、主人公や敵を制御し得ない弱い立場に置かれることになるのである。

また、作者の作風からも、神々はかなりこっけいな容姿や行動を取り、超越性が発揮されるのはきわめて短時間となっている。むしろ外形上のひ弱さや滑稽さと、真の強さのギャップを描くことで、物語にアクセントや意外さを加味しているように見える。

「神」は、ドラゴンボールにおいて重要な役割を果たしている。すでに示したように、物語が展開していくうちに地球の神よりもさらに上位の神が次々と現れる。しかしながら読者はそうしたヒエラルキーをきちんと理解した上で視聴しているのだろうか。主人公の悟空との関わりの強い「神」や界王神は登場回数の多さも手伝って十分に認識されていると考えるが、他の神々はどうだろうか。そもそも神の存在や生まれ変わりを主要なモチーフにしているわけではないので、よほどのマニアックなファン以外は、蓋然性にとどまっているだろう。

しかしながら、先に引用した学生の感想からも明らかなように、ストーリーが展開していく中で、思いがけず悟空が死に、神の下で修行して生き返ることがなければ、「ドラゴンボール」が今日まで多くのファンを魅了する作品にはならなかったことも事実である。

こうした点を考慮したときに、メディアは我々に宗教性を提示しているのではないか、という思いに行き当たるのである。つまり、宗教的組織や制度ではないにもかかわらず、メディアは宗教的な要素を表象し続けている。そのこと自体をメディアは特に意識しておらず、視聴者もＢＰＯ（放送倫理・番組向上機構）のような組織もその正当性や妥当性を問題視することはない。メディアはたんに宗教を「運ぶ」だけでなく、メディア自体が宗教性を帯びているのではないかとさえ思われるのである。

宗教の情報化は文化変容にかかわる問題である。それは、宗教の社会的形態の変化の問題でもある。情報化と宗教との関わりにおいて、近年急速に拡大し、その影響力からいって重要な現象は、メディアの中で自生する宗教性の発生である。これまでにもメディアの中を情報として宗教は流れていたが、現在の状況は質量ともに過去に例を見ない。戦後、日本人の宗教意識が低下し、日本人が実生活で宗教に触れる機会が減少するなかで、情報化は宗教の社会的形態を変化させ、情報としての宗教が社会制度としての教団や宗教者の手から離れて存在することを可能にする制度的基盤となった。

文化の中核として存在する宗教が、情報化によってしだいにその姿を変え、われわれ消費者としての個人に消費されるものとなっていくときに、日本人の宗教性はどうなってしまうのだろうか。それともテクノロジーは情報化社会や大衆消費社会に適応した形態を持った新しい宗教性を生み出すことになるのだろうか。

鬼灯の冷徹

もう少し他界を扱った作品を見てみよう。地獄そのものを舞台に描かれたマンガ・アニメがある。「鬼灯の冷徹」（図6）は「地獄が舞台でありながら、ホンワカ系ギャグ。そんなギャップと地獄や妖怪だけではなく、さまざまなサブカル的知識が詰め込まれたテンポのよい笑いが受け、『鬼灯の冷徹』は掲載開始当初から人気が爆発[29]」であったという。「鬼灯の冷徹」は二〇一一年から『モーニング』（講談社）で掲載が始まった。『モーニング』は青年誌で作品には多少の下ネタが含まれている。単行本は全三一巻が刊行されている。二〇一四年に刊行された『コミック&アニメ公式ガイド 鬼灯の冷徹 地獄の手引書』の帯には累計発行部数五〇〇万部突破と記されているが、二〇二〇年末には一四〇〇万部との記述が見られる[30]。六年で九〇〇万部売れていることになる。アニメは第一期が二〇一四年一月一〇日から四月四日まで全一三話+OAD四話、第二期は全二六話[31]である。「アニメ・マンガの中で宗教的と思われるものを三点挙げなさい」という学生へのアンケートでも、「鬼灯の冷徹」を挙げる者が少なくない。

主人公の鬼灯は閻魔大王の第一補佐官で事務や亡者の裁判を始め、獄卒の採用、諸地獄でのトラブル対応、EU地獄など他の地獄との外交まで担当する鬼である。実に多くの人物（動物）が登場するが、閻魔大王を始め大半は獄卒である。物語

図6『鬼灯の冷徹』第1巻（江口夏実、講談社）。

【29】『コミック&アニメ公式ガイド 鬼灯の冷徹 地獄の手引書』（講談社、二〇一四年）。

【30】Wikipedia「鬼灯の冷徹」https://ja.wikipedia.org/wiki/%E9%AC%BC%E7%81%AF%E3%81%AE%E5%86%B7%E5%BE%B9 を参照。

【31】第一クールが二〇一七年一〇月から一二月、第二クールが二〇一八年四月から七月まで。各一三話。

は主要な登場人物の地獄ネタなどコミカルなやりとりが中心である。

物語の場となる地獄についてはかなり詳細な説明や描写がなされている。マンガの第一巻の冒頭は「あの世には天国と地獄がある。地獄は八大地獄と八寒地獄の二つに分かれ、更に二七二の細かい部署に分かれている」で始まっている。

作者の江口夏実が地獄を映像化するのに依拠しているのは『正法念処経』である。[32]『正法念処経』は『国訳一切経 印度撰述部 経集部』[33]に含まれており見ることはできるが、日本ではほとんど言及されることのないお経である。作者が参照したのは漢文体のお経ではなく、「正法念処経」の解説本である山本健治『現代語・地獄めぐり――『正法念処経』の小地獄128案内』（三五館、二〇〇三年）である。[34]山本は地獄研究家で、独力で「正法念処経」を学んだという。

山本の著作で地獄の数が一二八となっているのは、八大地獄のそれぞれに小地獄が一六あるからで一二八となる。山本の後継本[35]では、もともとの地獄（たとえば等活地獄）と一六の小地獄で一七の地獄が八つあるとして一三六としている。筆者の江口が地獄の数を二七二としているのは、八大地獄の他に八寒地獄があるとして、地獄の数が一三六の倍になっているためである。

作者の江口がマンガを書くにあたって参照した「正法念処経」であるが、漢訳の『正法念処経』の学術的な研究はきわめてわずかである（一般書も山本の著作以

【32】「地獄について何を参考にしていますか」という読者の質問に対して、筆者は「基本は「正法念処経」です」と回答している（『鬼灯の冷徹』第6巻、講談社、二〇一二年、五二頁）。

【33】大東出版社。『正法念処経』は経集部の八～一一巻に入っている。

【34】『鬼灯の冷徹』で用いられている用語の解説の出典として『鬼灯の冷徹』第10巻（講談社、二〇一三年、一一九頁）に記されている。

【35】山本健治『地獄の経典――『正法念処経』の地獄136全解説』（サンガ、二〇一七年）。

外はないといってよい状況である)。『岩波 仏教辞典』[36]には項目としても取り上げられていない。仏教学者の水野弘元によると、「本経は地獄・諸天等の界趣に関する詳細な記述や、善悪とその報果を説いているために、他の経論等に依用されることが多かった。……詳しい説は他の経論に見出されない[37]」という。

日本において「地獄」が語られるときに言及されてきたのは源信の『往生要集』である。『正法念処経』は『往生要集』に影響を与えたと考えられるが、具体的な影響の程度はわからない。

源信(九四二～一〇一七)の記した『往生要集』は、没後まもなくから貴族らに広く読まれ、その後の浄土信仰における造形に影響を及ぼした[38]。『往生要集』は漢文で書かれているので、庶民が読むことはできず、「地獄」が広まって行くにはまだいくつかの要件が必要である。「『往生要集』が日本人の文化に多大な影響を与えたのは、源信の書いた『往生要集』が万人向けに書かれた漢文の書であったからではなく、……それぞれの時代において、それぞれの対象となる階層や宗派を求めて制作されたり、訓読されたりしたため[39]」である。

江戸時代になって『往生要集』は庶民の間に流布していく。漢字付仮名交じり文の『往生要集絵巻』が制作され視聴覚に訴えることで、「地獄」と「極楽」は二極化した世界観として民衆に受容されるようになる。本来仏教においては、地

【36】岩波書店、一九八九年。

【37】水野弘元『仏教文献研究 水野弘元著作選集1』(春秋社、一九九六年)、二七五～二七九頁。

【38】北澤菜月「総論 恵心僧都源信と浄土信仰の美術」、奈良国立博物館編『一〇〇〇年忌特別展 源信地獄極楽への扉』二〇一七年。

【39】西田直樹編著『『仮名書き絵入り往生要集』の成立と展開 研究篇資料篇』和泉書院、二〇〇一年、二一一頁)。

獄は六道のうちのひとつである。つまり、私たちが業の結果として輪廻する六つの世界、天道、人間道、修羅道、畜生道、餓鬼道、地獄道のひとつであるが、庶民の間では極楽と地獄、というわかりやすい対立関係で理解されていったようだ。『往生要集絵巻』には三二点の絵が掲載され、『仮名書き絵入り往生要集』の文章が解説として加えられた[40]。『和字絵入往生要集』は国立国会図書館デジタルコレクションで見ることができる（図7）。絵の克明さと迫力は、今の私たちにも十分に説得力を持つものである。

庶民の間に広まった地獄・極楽観が、地獄の模様を克明に描写した絵によるものだとすれば、「鬼灯の冷徹」も今やすっかり死後の世界や地獄について想起することのない現代日本人に対して、地獄や往生観を広めている、と考えていいのだろうか。まず「鬼灯の冷徹」がどのように地獄や天国（極楽ではなく地獄に対比されている場所は「天国」として描かれている）を描いているか見ておく必要があるだろう。

「鬼灯の冷徹」の地獄・極楽

先にも記したように、主人公の鬼灯は閻魔大王の第一補佐官を務める官吏（鬼）である。タイトルの「冷徹」は主人公の性格をそのまま表現したものであ

【40】西田直樹「『往生要集絵巻』の成立過程――仮名書き絵入り往生要集の誕生と発展」、今成元昭編『仏教文学の構想』新典社、一九九六年。

図7『和字絵入往生要集』巻之上より（国立国会図書館デジタルコレクション）。

る。仕事への厳格な態度は閻魔大王に対しても同様で、おおらかな閻魔大王が鬼灯のしごきにあうこともしばしばである。

地獄が設定舞台であるが、日本だけではなく、サタンが統べるUAE地獄、オシリス王のエジプト冥界、ハデス王のギリシャ冥界も描かれる。登場人物はこれらの世界をかなり自由に往来している。主人公の鬼灯は視察や客人の案内を名目に現世や他の地獄へもしばしば訪れる。海外旅行と同じような感じである。

図8『鬼灯の冷徹』の世界観。『鬼灯の冷徹』第1巻（江口夏実、講談社）、三四頁より。

天国・現世・地獄の位置関係はひどく曖昧である。もともとストーリーの進行に必要な限りで描かれているのが実情ではないか。第二話で説明されているのが図のような世界である（図8）。上方に天国、中程に現世、下方に地獄が描かれている。天国には中央に太陽が描かれ「神々ノ高天原」に「天照」が位置している。右端に「悟リノ浄土」、左端に「中国トノ境　桃源郷」と記されている。マンガの中で

「もともと日本は「この世とあの世」の二世界でした。しかしある時、当時「黄泉」と呼ばれていたあの世が亡者で混乱しすぎて八百万の神々が大会議を行った結果、現在のように、現世・天国・地獄と実質三世界へ分けられたのです。……地獄の構造はインドや中国等様々な国を参考に構築されました」（一巻三四頁）と説明されている。第四話で天国の桃源郷にいる霊獣・白澤が落とし穴から現世の穴を通って地獄へと落ちている（一巻七一頁）。しかし、その後はこうした垂直関係を明示するものは特段示されない。マンガとアニメの公式ガイドブックにも三つの世界の関係図は掲載されていない。

話中で地獄の案内図として示されるのが図のようなものである（図9）。十王が裁判を行うそれぞれの庁も記されている。物語には実際に十王も登場する。通路が交わる中心には門番の馬頭と牛頭がいる（一三巻一〇五頁）。天国と地獄の岐路であるこの場所は、騒動が起る場所としてしばしば作中に登場する。

「鬼灯の冷徹」は登場人物のキャラクターと容姿が極端なギャグマンガであるが、作者の江口は、読者が飽きないようにと、単行本（一冊九話）にストーリー中心やキャラを出せるような話などと並んで「地獄の知識が入った物語」も加えると述べている。[41] そのために定期的に地獄巡

【41】『コミック＆アニメ公式ガイド 鬼灯の冷徹 鬼灯なんでも入門』（講談社、二〇一七年）、一一八頁。

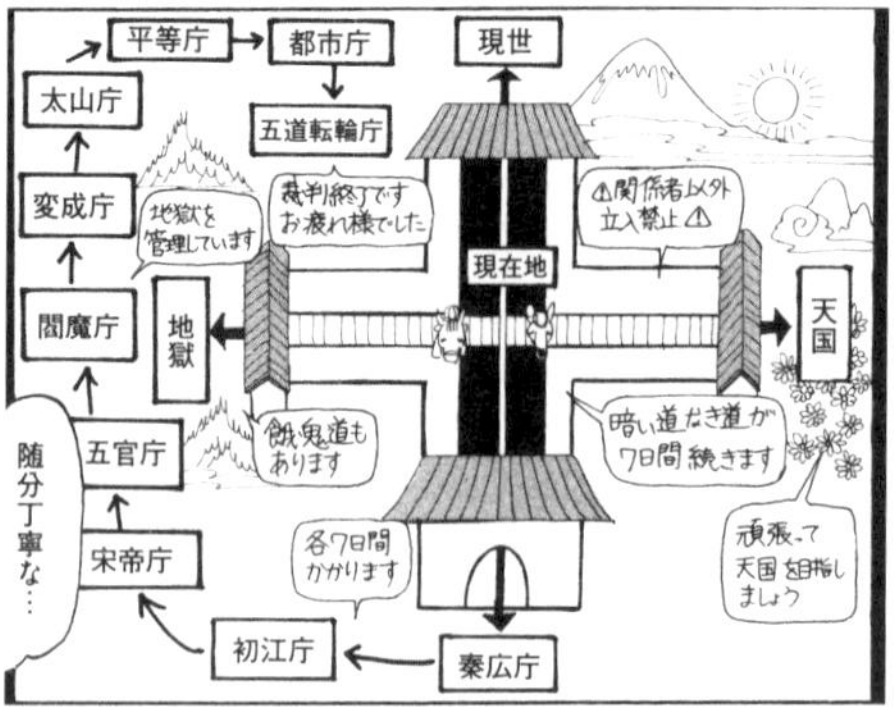

図9 地獄の案内図。『鬼灯の冷徹』第13巻（江口夏実、講談社）、一〇五頁より。

りのような話が登場し、地獄で苦しむ亡者とその理由が描かれる。とくに動物が多く出るマンガでもあるので、等活地獄の不喜処《ふきしょ》（動物を虐待した者が落ちる地獄）と、美人の獄卒が多い衆合地獄は比較的よく描かれる。八寒地獄も登場するが、そもそも絵になるのが珍しい以上に言及されることのない地獄である。

天国の様子が描かれることはほとんどない。第一六五話になって天国が登場するが、「咲き乱れる花と美しい鳥や動物……やっぱり神聖なものを感じるよなあ〜」、として数コマ描かれただけである。草木はサクヤ姫が管理していると説明される。

仏教の浄土でもキリスト教やイスラムの天国でも、地獄が克明に表現されるのと比べて表現は平板で似通った内容にとどまっている。つまり、緑あふれ水がこんこんと湧いていて食べ物にこまらない、といったイメージである。『鬼灯の冷徹』では他の世界の地獄や冥界が出てくるが、その場合にもそれぞれの天国が描かれることはない。

「鬼灯の冷徹」は作者も言うようにギャグマンガである。鬼灯をはじめとした個性の強い獄卒たち、閻魔大王、奪衣婆、懸衣翁、十王などが登場する。桃太郎と三匹のお供、かちかち山のウサギ、金太郎、一寸法師、花咲かじじいとポチなど昔話の登場人物も描かれる。昔話の英雄は天国にいるが、桃太郎が連れた犬、雉子、猿は鬼灯にスカウトされて地獄の獄卒として就職している。

神々も多く登場する。サクヤ姫、磐長《いわなが》姫、イザナキ（イザナギではなくイザナキと表記している）、ニニギノミコト、かぐや姫などは天国にいる。イザナミは地獄で鬼灯の前の第一補佐官を務めていた。義経と弁慶は獄卒として登場する。

妖怪やお化けも地獄にいるものとして数多く描かれている。座敷童はふたごで登場する人気キャラクターである。小豆とぎ、お岩、貞子、磯良、一本ダタラなどちょい役まで入れるとかなりの数になる。とくに動物のキャラクターが多く登場する。桃太郎のお供のシロ（イヌ）、柿助（サル）、ルリオ（キジ）は準主役として頻繁に登場する。神獣の白澤、かちかち山のウサギである芥子、地獄でアイドルとして活躍している野干のマキ、その他獄卒として犬（コーギーもいる）、八岐大蛇、ゴジラも登場する。他にもＵＭＡであるチュパカブラや宇宙人も描かれる。これらの登場人物が、ドタバタとギャグを展開するのである。

私たちは死後の世界について古老や家族から伝承されたり、生活の中で感得することなく成長する。しかし、アニメやマンガの中で、たとえギャグマンガであっても地獄に関する情報が提供されている状況を見ると、影響がまったくない、とは言い切れないのではないか、と思えるのである。

登場する人物や描かれる世界が正確でないと指摘するつもりはさらさらない。

作者の江口夏実には、江戸時代に制作された『仮名書き絵入り往生要集』のように、仏教信仰の布教の意図は存在しない。江口は「そもそもの話ですが、江口先生はもともと妖怪が好きで、妖怪が描きたくて「鬼灯」を描き始めたんですよね」というインタビューに答えて次のように述べている。

小さい頃から水木しげる先生の大ファンだったのに加え、『大神』という古代日本を舞台としたゲームにハマったこともきっかけでしたね。逆に、地獄の世界観や舞台設定などは『鬼灯』を描くに当たって初めて調べたくらいで、それまで「地獄をメインに描きたい」と思ったことは一度もありませんでした。[42]

創作したキャラクターが活躍する場として以上に、作者には特段地獄に対する関心や思い入れはないと思われる。江口は、アニメ化に際して、キャラクターに関して細かい注文を付けているが、設定となる地獄の描き方にはまったく言及していない。アニメの監督を務めた米田和弘もまた制作上の苦労話を披露しながらも「地獄」それ自体には言及がない。[43]

作者の江口は一九八三年生まれで、女子美術大学芸術学部絵画科日本画専攻を

【42】『TVアニメ 鬼灯の冷徹 第弐期公式ファンブック』(一迅社、二〇一九年)、八六頁。

【43】「スタッフインタビュー 監督米田和弘」『TVアニメ 鬼灯の冷徹 第弐期公式ファンブック』(一迅社、二〇一九年)、七四～七七頁。

卒業している。一般企業に勤めた後退社。その後作品を雑誌に投稿し受賞するが、雑誌の「作風に合わない」などの理由で、なかなか次にはつながらない。知人に勧められた雑誌『モーニング』に掲載された三作品が第五七回ちばてつや賞（二〇〇九年）を受賞した。三作品は、子ども姿の山神、学校に出る地縛霊を扱った作品、そして「鬼灯の冷徹」の下地となった作品である。『モーニング』の担当から「鬼灯を主役にして作品を描けますか」と言われたのが連載の始まりで、「アンケート結果も悪くなかったということで、『まずは10回連載してみよう』と言われました。8回目くらいに『このまま続けられる』[44]」ということで二〇一一年から連載が始まった。

閻魔大王と補佐官の鬼灯を描いたのは作者の江口だが、雑誌への掲載を呼びかけたのは編集者、そして受け入れたのは読者ということになる。

【44】「地獄は先生にとっての〝理想の職場〟⁉ 江口夏実インタビュー」『コミック&アニメ公式ガイド 鬼灯の冷徹 地獄の手引書』（講談社、二〇一四年）、一一四頁。

地獄とは

哲学者それとも日本文化論者と呼ぶべきなのか、幅広い研究活動と広範な芸術・社会活動に従事した梅原猛の処女作は『地獄の思想——日本精神の一系譜[45]』である。『鬼灯の冷徹』を梅原の著作と対比することは、本質的に無理なことではあるが、ポップカルチャーにおける宗教的なものの意味を理解するうえで役に

【45】中央公論社、一九六七年。

立つと思われる。
梅原は、日本の思想を流れるのは三つの原理ではないか、と指摘する。生命の思想、心の思想、そして地獄の思想である。「生命の思想」は日本人の中心的世界観で、「自然にも、わが心にも流れる生命よ、その生命はすばらしいものではないか」【46】という神道に強く流れる自然の生への崇拝である。「心の思想」であるが、仏教で言う唯識は心についての詳細な分析を行っており、心というものに対する深い洞察を与えた。平安時代以後日本文学の中心を占める心という言葉は唯識の影響なくして可能であったかと指摘する。そして「地獄の思想」は、深く人間の苦悩を内省する哲学である。こうして梅原は、地獄の思想が日本の思想に占める意味を明らかにする。なるべく短く引用してみよう。

こうした暗さの凝視によって、日本人はおのれの魂の深みに見入ることをおぼえた。おのれの魂の底に見入るとき、人はそこにかならずしも明るいものを見出さないはずである。それは、人生の苦を教え、人生の無常を教え、人生の不浄を教えた。ペシミズムとニヒリズムをそれは教えた。……しかし、その自己反省によって、魂はなんと豊かに、なんと深くなったことであろう。【47】

【46】同前、二〇頁。
【47】同前、二五頁。

『鬼灯の冷徹』にこうした魂の凝視や自己反省による魂の豊かさを期待することは、そもそも誤りである。登場人物は、地上のサラリーマン同様に働き、食堂でテレビを見ながら食事をし、ときには連れだって飲みに行き憂さを晴らす。すでに地獄と天国、現世の位置関係を示したが、きわめて平板なもので、贍部州や須弥山といった宇宙的世界観を持っているわけではない。地獄を描写するために、『正法念処経』の一般書を頼りにマンガを描いたに過ぎない。

ところで、問題はこれからである。それでは、『鬼灯の冷徹』が描く地獄や解説は、まったく読者や視聴者に影響を及ぼさないのだろうか。ギャグの合間に挿入される「遺族が手厚い供養をすると、本来地獄行きの者もたった一度の拷問で現世（転生）か天国行きになる」「子どもは転生する」「子孫が厚い供養をすると天国へ行ける」といった直裁で単純なメッセージは、作者の意図とは無関係に、宗教に関してほとんど真空状態の読者や視聴者に影響を及ぼすことはないのだろうか。

作者にとって多くの読者に読んでもらう、出版社や制作会社にとっては多くの読者・視聴者を獲得しようとする営為は、江戸時代の地獄絵巻が布教目的であったのとは異なっている。それでも若者が宗教用語を多少なりとも知っている状況はこうしたマンガやアニメを視聴しているからなのである。

地獄もしくは鬼

近年、「地獄」や「鬼」が話題になることが少なくない。二〇一二年七月四日の朝日新聞は「しつけに地獄絵本 人気」という見出しの記事を掲載した。記事によれば、『絵本 地獄』[48]がアマゾンの絵本部門ランキングで二〇一二年上半期一位になるなど「とにかく売れている」という。出版してから三〇年間で一一万部の販売数が二〇一二年の半年だけで約一〇万部売れた。突如として売上を伸ばし始めたのは、東村アキコ『ママはテンパリスト4』（図10）で取り上げられた直後からだという。筆者が購入した『絵本 地獄』（図11）は第二九刷（二〇一二年六月五日）だったが、すでに『ママはテンパリスト』で取り上げられた後で「東村アキコさん、絶賛!!」と印刷された帯が巻かれていた。

絵本は千葉県安房郡三芳村[49]に位置する延命寺に所蔵されている一六幅の「地獄極楽絵図」をもとに制作された。絵図は南房総市指定文化財に登録されている。南房総市によれば天明四年（一七八四）に江府宗庵という絵師によって制作されたというが、『絵本 地獄』では作者の名は不明とされている。江府宗庵について調べてみたが詳細はわからなかった。安房の曹洞宗の寺になぜ「地獄極楽絵図」があるのか、また、この絵図がどのような経緯で絵本になったのかもわからない。刊行の意図が本の見返しに記されている。「死のこわさ」を学習するチャンスに

【48】宮次男監修、白仁成昭・中村真男、風濤社、一九八〇年。

図10『ママはテンパリスト4』（東村アキコ、集英社）。©東村アキコ／集英社

図11『絵本 地獄』（宮次男監修、白仁成昭・中村真男、風濤社）。

【49】平成の大合併により、三芳村は二〇〇六年に消滅。現在の地名は、南房総市本織。

ついて語られることがない現状において「いま、私たちが子供らにしてやらねばならぬこと、それは、生きることのよろこびたのしさを存分に教え、と同時に自らの生命を尊び、自らそれを強く守るという心を培ってやることでしょう。それはまた、他者への思いやりや生命を尊ぶ心につながっていきます」と記されている。絵図は死後の世界への誘いから極楽浄土までを描いている。少なくとも、地獄の恐ろしさだけを強調したものではない。

他方で『ママはテンパリスト』であるが、『絵本 地獄』が登場するのは第四巻である。マンガが掲載されていた『コーラス』では二〇一〇年一一月号と一二月号になる。

新聞記事でも指摘されているように、『絵本 地獄』が突如として売上を急増させたのは『ママはテンパリスト』で取り上げられたためである。その理由は『絵本 地獄』に巻かれた帯に明確に示されている。「うちの子はこの本のおかげで悪さをしなくなりました」である。

単行本の第一巻の冒頭で作者が本の内容を紹介している。「この物語は29歳で出産し、日々の育児の大変さにテンパりながらも、あらゆる困難を人に頼って乗り越え、母親としての自己を確立したようなしないような一漫画家とその息子ごっちゃんの記録である……。」

話中で、育児に手を焼く作者は、子供に地獄の本を見せることを思いつく。自分が子供の頃に見た『地獄と極楽』という子供向けの本が怖くて悪いことを一切しなかったことを思いだしてのことである。本を購入して子供に読み聞かせると、過剰に怖がって言うことを聞くようになった、という内容である（図12）。

命の大切さを理解するために、という刊行意図は微塵も感じられない。扱いを持て余す母親が育児に地獄の怖さを利用する様子が面白おかしく描かれているだけである。

ぐずる子どもに「お化けがでるよ」とか「鬼が来るよ」という脅し文句は今に始まったわけではない。メディアアクティヴ社は二〇一二年に「鬼からの電話」というスマートフォン用のアプリケーションを発売した。アプリを起動させると、まず親のところへ擬似的に「赤鬼」から電話がかかってくる。赤鬼は「電話を替わってもらってもいいですか？」と尋ねて子どもが出ると、「コラーーーッッ!!!! 言うこと聞かないと、から〜い辛い鍋に入れて、食べちゃうぞ〜っ⁉ 言うこと、しっかり聞きなさい！ わかったか⁉ 言うことを

図12『ママはテンパリスト4』（東村アキコ、集英社）、七六頁より。©東村アキコ／集英社

聞かないと、鬼の仲間をイッパイ連れて、お家に行くからな！」（表記はメディアアクティヴ社のホームページ）と子どもを叱る、という仕掛けである。

アプリは二〇一三年四月一八日時点で二五〇万以上のダウンロードであるとい（代表取締役・佐々木孝樹へのインタビュー「なまはげ体験がモチーフ！　赤鬼から電話がかかって来て、子供をしつけてくれるアプリ」[50]）、かなりの人気であるようだ。新聞やテレビでもずいぶんと取り上げられている。

考えてみれば、「地獄先生ぬ～べ～」「約束のネバーランド[51]」「夏目友人帳[52]」でも鬼は重要な役割を担って登場する。近年まれに見るヒットとなった「鬼滅の刃」も鬼の物語である。現代における「鬼」の意味については、改めて考察する必要がありそうである。

百鬼夜行

鬼をはじめとした化け物や妖怪の類いが数多く出現するアニメやマンガが少なからず存在する。しかも、定期的といっていいほどに出現し、人気作品が少なくない。

民俗学者で妖怪研究を専門とする飯倉義之によれば「妖怪のポピュラーカルチャーへの進出に大きく力になったのは疑いなく、水木しげる（一九二二～二〇一

【50】https://www.excite.co.jp/news/article/E1366634558203/

【51】二〇一六年から二〇二〇年にかけて『週刊少年ジャンプ』に連載された白井カイウ原作・出水ぽすか作画のマンガ。単行本全二〇巻。アニメは第一期が二〇一九年一月から三月まで、第二期が二〇二一年一月から三月まで、フジテレビのノイタミナ枠で放送された。実写映画化もされ、浜辺美波、渡辺直美、北川景子らが出演し、二〇二〇年一二月に公開された。

【52】二〇〇三年から『LaLa DX』に掲載され、二〇〇七年からは『LaLa』本誌で連載されている緑川ゆきのマンガ。アニメはテレビ東京系列で、二〇〇八年から二〇一七年までに一期から六期、全七四話＋特別編一話が放送されたほか、劇場版やOVAも制作されている。

五〕」[53]である。水木の「ゲゲゲの鬼太郎」については後述するとして、妖怪が絵画に描かれるようになるのは平安時代の終わりから中世初めの頃らしい。「北野天神縁起絵巻」「大江山絵詞」がそれらであるが、まだ現在の妖怪ブームとはかなりの距離がある。近いのは「百鬼夜行」である（図13）。柳田国男や折口信夫は妖怪について大きな関心を抱いていたし、宮田登や小松和彦らが精力的に研究成果を輩出したこともあって、民俗学にはかなりの妖怪研究の蓄積がある。こうした妖怪の絵画に関わる事項について歴史的経緯を追うことが本書の目的ではなく、水木しげる以降に人気となった「妖怪」が多数登場する作品を問題とすることにしたい。

水木しげるは一九五四年に紙芝居物語「蛇人」や「空手鬼太郎」を制作する。しかし、鬼太郎という少年を巡る奇妙な話は必ずしも万人受けせず、貸本に移行しても苦闘の時代が続く。[54]一九六五年に『週刊少年マガジン』（講談社）への不定期掲載が始まるが、『鬼太郎』はずっと読者投票の最下位で、人気獲得のためにアニメ化しようと試みられた[55]がうまくいかなかったという。一九六六年に悪魔くんと呼ばれる小学生とメフィストが妖怪や怪獣と戦う実写ドラマが評判を得て、「ゲゲゲの鬼太郎」が『週刊少年マガジン』に掲載されるようになり、一九六八年にアニメ化されフジTV系列で放送された。以後、一九七一年に続編としてカ

【53】「妖怪は紙とインクでできている：マンガの中の妖怪文化」『ユリイカ』48(9), 219-225, 2016.

【54】貸本の初期のタイトルは「墓場鬼太郎」でその後「墓場の鬼太郎」となる。

【55】（内田勝『「奇」の発想——みんな『少年マガジン』が教えてくれた』（三五館、一九九八年）による。内田は当時の『少年マガジン』編集長。

図13　河鍋暁斎「百鬼夜行」

ラー版、第三作が一九八五年、第四作が一九九六年、第五作が二〇〇七年とそれぞれの年代で放送される作品となった。貸本時代の『墓場（の）鬼太郎』のアニメ化も含めると、実に七回となる。

特徴的な主題歌は第一作目から使用されている。鬼太郎ファミリーの子泣きじじいや砂かけ婆、一反木綿、ぬりかべは初回から登場する。猫娘が登場するのは第二シリーズから、第三シリーズでぬらりひょんが妖怪の総大将としてレギュラー化する。ストーリーは、「悪魔くん」と同様に、人間に味方する鬼太郎と妖怪との闘いが中心となっている。

鬼太郎については、いくつかの点に留意しておく必要があるだろう。第一には、「墓場（の）鬼太郎」から「ゲゲゲの鬼太郎」への変化である。墓場（の）鬼太郎は異様な風体をした不可思議な子どもである（図14）。マンガでは当初受けなかった。テレビに登場した鬼太郎は、それなりに美化された。テレビに登場することで容姿が著しく変わったのが猫娘である。当初は、子どもの体型をした猫であったが、しだいに人間化して描かれるようになり、第六シリーズでは背も高くなり美少女となった。

より重要なのは、ファミリーの形成と悪い妖怪との対立構造である。得体の知れない存在から仲間のいる不思議ではあるが人間の味方となることで、お茶の間

図14　墓場鬼太郎。『愛蔵版ゲゲゲの鬼太郎』第1巻（水木しげる、中央公論新社、三九頁より）。©水木プロ

【56】　一九九〇年から一九九六年まで『週刊少年サンデー』に連載された藤田和日郎のマンガ。単行本は全三三巻＋外伝一巻。アニメは第一期が二〇一五年七月から一二月まで、第二期が二〇一六年四

に浸透しやすかったと考えられる。明らかに、鬼太郎を我々の間に浸透させたのはテレビというメディアである。

鬼太郎以後もマンガ・アニメでは妖怪が多数出現する作品が人気となっている。「人気」の基準が難しいが、知名度の高そうなものを列記してみる。

『うしおととら』【56】（マンガ一九九〇年～一九九六年、OVA一九九二年～一九九三年、アニメ二〇一五年～二〇一六年）
『幽☆遊☆白書』【57】（マンガ一九九〇～一九九四、アニメ一九九二～一九九五）
『地獄先生ぬ～べ～』（マンガ一九九三～一九九九、アニメ一九九六～一九九七）
『夏目友人帳』（マンガ二〇〇三～、アニメ二〇〇八～）
『ぬらりひょんの孫』【58】（マンガ二〇〇八～二〇一二、アニメ二〇一〇～二〇一一）
『妖怪ウォッチ』【59】（ゲーム二〇一三～、アニメ二〇一四～二〇一八）
『物語シリーズ』（小説は『化物語』が二〇〇六年刊行、以下、『傷物語』『偽物語』など既刊二六巻。アニメは『化物語』が二〇〇九年、以下、『偽物語』『猫物語（黒）』など次々とアニメ化）

これら作品の出現には、ただ単に連綿として妖怪作品が現れている、と指摘す

月から六月まで、全三九話がTOKYOMX他独立系局で放送された。

【57】一九九〇年から一九九四年にかけて『週刊少年ジャンプ』に連載された冨樫義博のマンガ。単行本全一九巻。アニメは、一九九二年一〇月から一九九五年一月までの長期にわたり、フジTV系列で全一一二話が放送された。

【58】二〇〇六年、二〇〇七年の読み切りを経て、二〇〇八年から二〇一二年まで『週刊少年ジャンプ』に連載され、その後二〇一二年の『少年ジャンプNEXT!』に三回掲載されて完結した椎橋寛のマンガ。単行本全二五巻。アニメは、第一期が二〇一〇年七月から一二月まで、第二期が二〇一一年七月から一二月までTOKYOMX他で放送された。

【59】二〇一三年に発売されたニンテンドー3DS用のゲーム「妖怪ウォッチ」に始まるゲームのシリーズ。アニメはゲームを原作とし、二〇一四年一月から二〇一八年三月までの長期にわたり、全二一四話がテレビ東京系で放送された。

るだけでは不十分な現実が存在するのである。妖怪に対する関心は、アニメ、マンガに留まるわけではない。映画、講談、芝居、歌舞伎というように、妖怪に対する広範な関心の一部である。

ゴジラ（初代）が東京を蹂躙し国会議事堂を破壊したのは一九五四年のことだった。その後、モスラ、ラドン、キングギドラなど多くの怪獣映画が制作された。一九六五年には東映だけでなく、大映が「大怪獣ガメラ」を公開し、続編が続いた。大映は一九六六年に「大魔神」という特撮時代劇を制作し、水木しげるや楳図かずおの作品などによってブームの兆しを見せはじめていた妖怪という要素をプラスする形で、妖怪シリーズという一連の作品を公開した。「妖怪百物語」と「妖怪大戦争」が一九六八年に、「東海道お化け道中」を翌一九六九年に制作・公開している。他にも「怪談雪女郎」など少なくない怪談映画がある。時代は高度経済成長期のまっただ中で、大衆社会が形成されていく時だった。

その後も一九七九年には「口裂け女」が全国に出没し、一九八九年から一九九〇年にかけては「人面犬」が話題になった。そして一九九五年には「学校の怪談」が社会現象と言うほどに関心を持たれたのだった。

なぜブームになったのか

先に引用した飯倉は次のように説明する。「妖怪が現代日本で知られているのは、決して生活実感のうちに、人々が生きる日々の暮らしの中に欠くべからざる存在としてあるからではなく、エンターテインメントを通じてもたらされる特殊で興味深い知識として、ポピュラーカルチャーに興味ある人々に受け入れられているからだと言えるのではないか」[60]。生活実感のない妖怪に、なぜ人は興味を抱くのだろうか。現代人はなぜ妖怪を「特殊で興味深い知識」として受け入れるのだろうか。科学的思考に則って知識教養を涵養してきた近代人は妖怪を捨てたはずではなかったか。妖怪はキャラクターとして面白いからなのか。

マイケル・ディラン・フォスターは、水木しげるの作品が関心を集めたことと社会状況を端的に結び付ける。

> 一九六〇年代の学生紛争など反体制運動は日本にとって新しいものではなかったが、一九七〇年代には、安保闘争や成田空港建設反対運動などが引き続き行われていた。喪失感や失われた無垢という感覚は、過去への新たな夢想を生み出した。それは村落部の共同体と、向こう見ずの工業化推進のなかで放棄された生活への憧憬であった[61]。

【60】飯倉義之「妖怪は紙とインクでできている：マンガの中の妖怪文化」『ユリイカ』48(9)2016-07, 二二〇頁。

【61】マイケル・ディラン・フォスター『日本妖怪考 百鬼夜行から水木しげるまで』(森話社、二〇一七年)、二一七頁。

フォスターは、七〇年代の「ディスカバー・ジャパン」、八〇年代の「エキゾチック・ジャパン」にまで言及する。

当時の時代性と妖怪が活躍するアニメ・マンガの登場を容易に結合させることにはためらいを感じる。たとえば、鬼太郎は、墓場（の）鬼太郎時代には紙芝居でも貸本でも、『週刊少年マガジン』でも不人気だった。成功は、鬼太郎を中心に砂かけ婆や子泣きじじい、ぬりかべなどのファミリーが形成され、人間に悪さをする妖怪と対峙して成敗するようになってからである。いかにも大衆社会に受け入れられやすいエンターテイメントである。毎週テレビに登場する特異な形態をした数多くの妖怪は、非日常的な世界を引きずりつつも、ブラウン管という箱の中で繰り広げられる安心したコンテンツだった。

一九五七年に七・八％だった白黒テレビの普及率は、一九六八年に九六・四％に達する。そして一九六六年に〇・三％だったカラーテレビの普及は、十年経たない一九七五年に九〇％を超える（図15）。一九六三年のテレビアニメのタイトル数はわずかに七（継続が六、新規が一番組）だったが、その後順調に本数を増やし、現在は五〇〇本ほどにまで増加している。テレビのチャンネル数が増え、放送時間帯も拡張に次ぐ拡張を繰り返した。メディアと一般大衆は面白いコンテン

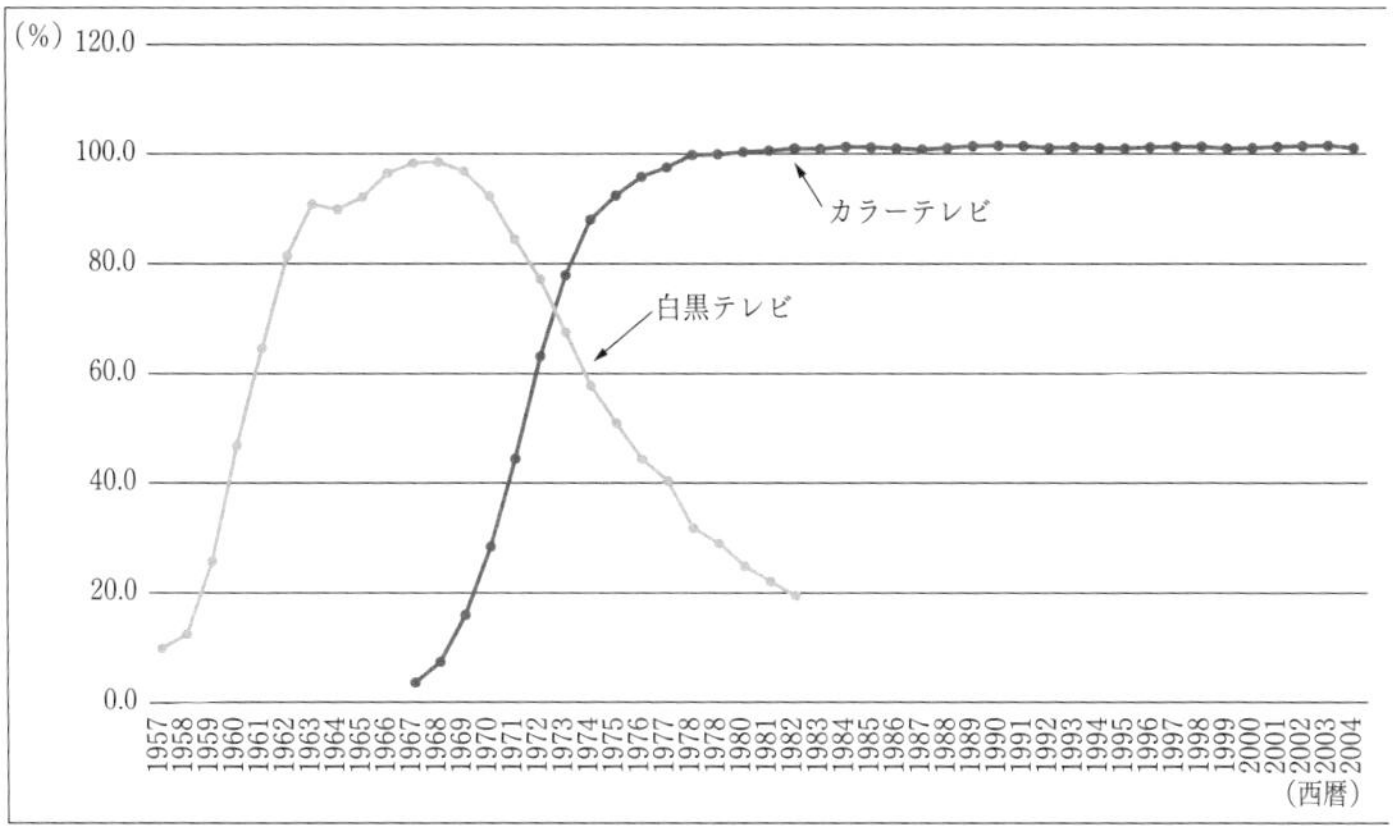

図15　テレビの普及率（内閣府消費動向調査のデータを元に作成）

ツを必要としていた。アニメやマンガ、あるいは映画とすることで、妖怪は本来の不気味さや危険性を喪失し、子どもたちが多少は騒ぐ程度の存在となって、飼い慣らされたのである。

「妖怪」の範囲

妖怪については、民俗学者をはじめ多くの研究者が定義や範囲について論じてきた。しかし、一般大衆にとって、その差異にどれだけの問題があるのだろうか。水木しげるの作品に出てくる妖怪は古い文献にある妖怪で、「妖怪ウォッチ」や「鬼灯の冷徹」「鬼滅の刃」に出てくる妖怪は創作だと分ける必要があるのだろうか。民俗学者の宮田登は『妖怪の民俗学』（岩波書店、一九八五年）のあとがきで「マス・メディアの世界にも、ゲゲゲの鬼太郎やゴジラ、オバQといった個性的な妖怪が描き出され」と記している。宮田に従えば、ポケットモンスターを妖怪の列に加えてもいいだろうし、「プリキュア」を初めとして、毎週宇宙や異世界から姿形を変えて襲ってくる敵も妖怪の範疇に加えていいだろう。何も揚げ足をとっているのではない。受容する側は、連綿としてこの類いの百鬼夜行を何の不思議もなく受容してきているのである。

異世界ブームの異界

書誌学の池原陽斎によれば「異界」の用語は一九七〇年代からということになるが、内容的には一九六〇年代から作品を確認することができる。しかし、新聞の紙面を紹介したように、一九九〇年代半ば以降に「異界」「異世界」への関心が高まったという指摘は何を意味しているのだろうか。時代との特別な関係性が存在するのか、それとも人気マンガの流行り廃りと関係したものだろうか。「日常系」といわれるアニメがヒットした後に、目先の異なった「異世界」ものに関心が集まった、ということか。そして「異界」ものが細分化され、読者に飽きが来つつある現在、別の作品のヒットを機に異なったジャンルが脚光を浴びるようになるのだろうか。

同工異曲ではあるとしても、細分化され新たな要素が付け加えられた数多くの作品の特徴をざっくりと指摘することは、ファンだけでなく、実態にもそぐわないだろう。本章の冒頭で取り上げた、共通する特徴と思われるものは、新聞紙面がまとめている。

作品の多くは、平凡な生活を営んでいた男性が突然の事故で異世界に生まれ変わり、異世界では地位を得て女性にモテるなど充実した生活を送るという、願望をかなえるもの。転生先はロールプレイングゲームで親しまれるモンスターのいる世界だ【62】。

アニメの好きな人であれば、これはあまりに大雑把なまとめ方で、この条件に合わない異世界物はたくさんある、というのではないか。生前もいろいろである。ニートもいれば（図16）、エリートサラリーマン、ただの高校生、理由の記されないものも少なくない。転生の理由もさまざまである。いきなり、事故で、神の名により、異世界から召喚されて等々。作品は個性を出そうとしている。転生先は「ゲームで親しまれるモンスターのいる世界」で、もう少し詳しくいえば、ヨーロッパの中世風の世界に、ドワーフやゴブリン、リザードマン、魔法使いのい

【62】「「異世界で大モテ」異例の大モテ」（朝日新聞二〇一九年七月二日）。

図16『無職転生』第1巻（理不尽な孫の手著、シロタカ挿画、KADOKAWA）。転生前の主人公は、高校時代のイジメが原因で引きこもった三四歳のニート。

る世界、だろうか。「十二国記」（図17）は中華的な世界だから異なっている。最近では女性に転生する作品も現れている（図18）。

筆者にはいくつか気になる点がある。主人公の環境は一度に急転する。主人公は、それまでの生活や家族に対する未練をほとんど感じていないようである。異世界に転生することで特別な能力を持つようになる。かれらは突然にもかかわらず、異世界に容易に順応していく。主人公たちは、元いた世界に戻ってきたくはないのだろうか。彼らが求めているのは現在の自分と現状からの「離脱」であって、異世界での夢のような成功（あるいは苦闘）はおまけなのではないか。

学生の反応

「異世界」物のヒットについて、学生（若者）の感想を聞いてみることにしよう。私の授業の受講生に、本章の冒頭で扱った新聞記事「「異世界で大モテ」異例の大モテ」を読んでもらい四〇〇通ほどの感想を書いてもらった。

全体の八割以上が、紙面で中西新太郎・関東学院大学教授が指摘する「若者の生きづらさ」をそのまま理由として挙げた。中西教授の発言としてまとめられているのは以下である。

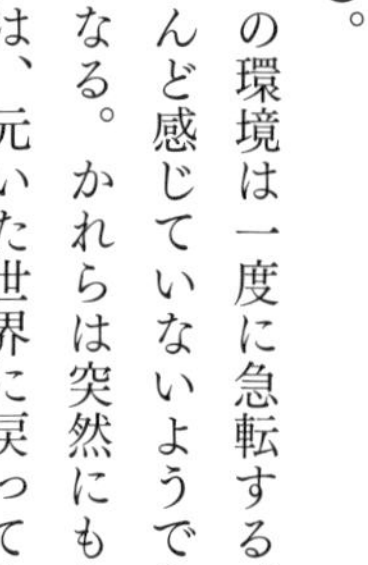

図17　原作小説『十二国記　白銀の墟　玄の月』第1巻（小野不由美、新潮文庫）

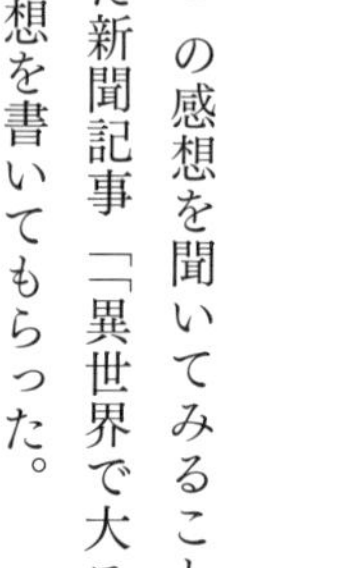

図18『異世界美少女受肉おじさんと』第1巻（津留崎優原作、池澤真画、小学館）。冴えないサラリーマンの主人公は、優秀な親友と異世界へ転移したとき、金髪碧眼の美少女に変身してしまう。

非正規雇用が増え、学生の関心事はブラック企業を避けること。SNS の普及で人間関係が常にある息苦しさから匿名の『裏アカ』を持つなど、大人以上に気疲れしている。

「現世が生きづらく、悩みも多い中で「逃げ出したい」や「こうだったら良いのに」と憧れを抱いたとき、同じ境遇の主人公に自分を当てはめ、共感することで気持ちを楽にさせる」と述べる者もいたし、「現実を諦めている若者が多い中で希望を投影」「日常生活からの逃避」「日本経済の悪化、地球温暖化問題などメディアが報じている内容は若者にとって今後の日本を心配させるものが多く、若者はネガティブな思考になり、現代での生きづらさを感じる」「窮屈になってしまった現実世界から離れ、異世界で自分の思いどおりにふるまえ、ありのままの自分を受け入れてもらえるような世界を人々が望むようになったことが理由」「日常の話や恋愛の話を見ると疲れてしまうという意見がある。実際に友人も現実の世界でも疲れるのに」などが代表的である。

彼らはそんなに疲れ、自信が無く、日本の将来に絶望しているのだろうか。異界転生ものの主人公が男性中心なのも気になるところである。つまり男性が主人公の場合、多くは転生しても男性で、タイプの異なる多くの女性にもてる、領地を順調に広げていくなど、現在求められている新しい生き方ではなく、明治以降の家父長的といったらいいか、男性専制主義的といったらいいのか、従前のタイプの男性像である。

異界の喪失

話を「異界」に戻したいと思う。直接「異界」ではないが、その背景に存在する生活様式や文化の話しである。

柳田國男は『日本の祭』の中で、私たちの間で古くは一日の始まりが「今日の午後六時頃、夕日のくだちから始まっていた[63]」と指摘している。夕暮れ時は一日の終わりであると同時に一日の始まりでもあった。こうした日の境は、タソガレ(誰そ彼)、オオマガドキ(逢魔が時)など、曖昧模糊としていて魔物が活躍する境界として考えられてきた。

魔物が活動する時間であるというのは、夜が聖なる時間であるということでもあった。このように民俗的知見が教えてくれるのは、かつて夜は「神聖な時間」であったということであり、……夜は重要な位置を占めていた。……それに対し現代の夜は常に明るく、「眠らない夜」にふさわしい。夜が明け

【63】『新編柳田國男集 第五巻』(筑摩書房、一九七八年)、三九頁。

てから日没までの昼を「人間の時間」とすれば、日暮れどきから明け方までの夜は神々が支配する「神々の時間」と言えよう。人は電灯という照明を獲得することにより、この神聖な時間である「神々の時間」を「人間の時間」に取り込んでしまった。それは言い換えれば、神聖な時間の縮小であり、日常の時間の拡大でもあった[64]。

民俗学では「ハレ」と「ケ」のサイクルこそが日本人の時間認識の特徴であると考え[65]、「ハレ」と「ケ」の循環の中で幸福が再生される[66]。都会を中心に「夜」が消え、「たそがれ時」が消えていき、「夜」の恐ろしさや禍々しさが減退していることは誰に目にも明らかである。闇は払拭され行き場を失ってしまったのか。メディアと宗教、とくにここでは異界や怪異を考えると、そうでもなさそうである。「異界」という表現が増殖し始めたのは一九九〇年代初めに、『学校の怪談』(一九九〇年)(図19)が刊行されたのも同じ頃だった。異界や闇はメディアへと移ったが、もはや昔の面影はなく、エンターテイメントの一部である。

【64】板橋春男「夜」『暮らしの中の民俗学1　一日』(吉川弘文館、二〇〇三年)、二四〇頁。

【65】景山正美「一日の時間と生活」『講座日本の民俗学6　時間の民俗』(雄山閣、一九九八年)、七八頁。

【66】新谷尚紀「しあわせとは何か——日本民俗学(伝承分析学)から考える」『宗教研究』(88巻2輯、二〇一四年)。

図19『学校の怪談』第1巻(常光徹著、楢喜八絵、講談社KK文庫)。

2 人々は転生に何を見るのか？

「転生」騒動

本章のテーマは「異界と転生」である。異界を中心に作品を見てきたが、転生に目を転じたいと思う。転生は甦り、生まれ変わりとかかわる日本人の宗教的世界観である。

その時代の精神や雰囲気とシンクロするような作品が生まれることがある。「新世紀エヴァンゲリオン」[1]や「もののけ姫」[2]「君の名は。」[3]「鬼滅の刃」など、たんに作品の面白さを超えて、ブームとなり人々の心を掴んでしまう。作者や制作者はそうした事態を予想したわけではないが、時代の影響を受け、何物かを表象してしまった作品が生まれたということなのだと考える。

「ぼくの地球を守って」（日渡早紀）もそうした作品のひとつである（図1）。「ぼくの地球を守って」は一九八六年から一九九四年まで、白泉社の『花とゆめ』と

【1】一九九五年一〇月からテレビ放送されたアニメ、一九九六年まで全二六話。一九九七年には一大ブームとなり熱狂的なファンを生み出した。主人公である一四歳の少年少女三人が巨大人型兵器エヴァンゲリオンに乗り、謎の敵「使徒」と闘う物語。二〇二一年にシン・エヴァンゲリオン劇場版が公開された。

【2】一九九七年七月に公開された宮崎駿監督作品の長編アニメーション。中高生の支持を受け、当時の配給収入の記録を樹立した。タタリ神が跳梁する混沌とした世界を描く。

【3】二〇一六年に公開された新海誠監督による劇場版アニメ。

いう少女マンガ雑誌に掲載されたマンガである。今でこそ一部のファンの間でしか認知されていないと思われるが、発表後、熱狂的な支持を受け、若い人たちの間に広まりつつあった前世ブームに火を付けた【4】。

物語は、東京の高校に転入した坂口亜梨子が、前世では異星人の科学者であり、「Z-KK101」と呼ばれる月の基地で、五人の仲間と共に地球を見守って暮らしていたという記憶を取り戻す。亜梨子が地球人に転生した仲間を探すなかで事件が起きる……という内容である。

マンガの中で、仲間を探すために雑誌の読者連絡欄で呼びかける場面がでてくる。同じことが超常現象や人類滅亡などオカルトを扱った雑誌『ムー』（学習研究社）や『トワイライトゾーン』（KKワールドフォトプレス）の読書欄で起こり、話題になったのである。

ファンレターを送ってくる読者のあまりの真剣さに、作者の日渡早紀は連載マンガの中にコメントを設けて違和感を述べている。

〝街中でもしかしたら輪（筆者：地球に転生した主要な登場人物の一人）とすれ違う瞬間があるんじゃないかって思ったりする〟〝月を見てたら、あーあそこには木蓮さんたちの亡きがらが眠っているんだなあ……なんてボンヤリ

図1『ぼくの地球を守って』第1巻（日渡早紀、白泉社）

【4】OVAも一九九三年から六話制作されたが、話は中途で終了した。

考えていた〟――といったご感想が多く届いています。なんだか日渡自身も妙〜な気分になってまいりますよ。……フィクションって疑似体験なんですねー（汗マーク）〝輪の夢を見たんですよ。例のマンションの前で『地球を守って……』と言いながら泣いてるんです。そしたら、風が吹いて緑がざわめいて、声になるんです。『ありすがいるから、大丈夫だよ……』〟手元に届く皆さんの感想が、ものすごいんです。なんだか、どれも全部イメージの塊で……。いやはや震撼ものです（汗マーク）『ぼくの地球』が皆さまのイメージの海をゆらしてるんならとは思いますが。な……なんか、怖いくらい。ど、ど、どーしよう（汗マーク）。【5】

あまりの過熱ぶりに、『ムー』は一九八八年六月号から、読書欄に前世の仲間探しに関する投稿を載せない方針を打ち出した。しかしながら同系統の雑誌には同じ種類の投稿がいぜんとして相次いだ。【6】

こうした状況の中で事件が起こった。一九八九年八月一六日午後九時少し前、徳島市の路上で中学二年生二人と小学校五年生の三人が倒れているところを発見された。三人は鎮痛解熱剤を服用して自殺を図ろうとしたものであるが、手に筋書きを書いた予定表を持っていた。もともと死ぬ気はなく、自殺を図るが結局は

【5】日渡早紀『ぼくの地球を守って』第2巻（白泉社、一九八七年）、九九頁。

【6】一方、『トワイライトゾーン』は、一九八九年一二月号で廃刊になっている。

助かるという筋書きの予定表であり、「自殺ごっこ」と報道された[7]。

この不可思議な事件は、すぐに週刊誌が追いかけることになった。『週刊新潮』によれば事件は以下のようになる。

1989年の夏休み、「エリナ」や「ミルシャー」の生まれ変わりだという女の子たちが、前世を見るために自殺騒動を起こしました。

なんでも、「みんな、前世は美しいお姫様だった。楽しそうな前世をのぞくには、一度死んでみればいい」と考えたそうで、3人の女の子たちは映画館で『魔女の宅急便』を見てから海岸に行き、1人がバファリンを8錠、もう1人がバファリンを1錠飲み、最後の1人は何も飲まずに「女の子が倒れている」と119番。救急隊員が駆けつけたときには3人とも倒れており、現場には『シークエンス』の単行本があったそうです。

警察署の係官は、「本気で死ぬ気だったようです。でも、我々が考えているような死ではなく、死んでも、また今の世の中に戻ってこれると信じていた」と述べました[8]。

文中の『シークエンス』(新書館)は、一九八九年八月一日に発売されたみずき

【7】朝日新聞(一九八九年八月一七日)。

【8】『週刊新潮』(一九八九年八月三一日号)、一二五頁。

健の一巻本のマンガである。幼なじみが引っ越してきて「自分には前世の記憶がある」といったのを契機に、主人公にも前世の記憶が甦る。二人は前世での知り合いであり、記憶だけでなく超能力も甦る。さらに、二人が過去の記憶だと思っていたものは、未来の世界の記憶であることが判明し……というストーリーが展開する。

ところで、日渡早紀は『ぼくの地球を守って』第八巻（一九八九年一二月、五九頁）で、作品がフィクションであることをわざわざ断っている。

〝ぼくの地球を守って〟というマンガは、始めから最後まで、間違いなくバリバリの日渡の頭の中だけで組み立てられているフィクションです。

毎日新聞は当時の若者の文化的状況を「滅びの世界　「夢」の中に友もとめ…」としてルポルタージュした。キーワードは、若者の孤独と「ふれあい」である。

不思議な閃光が少女の体を貫いた。

二年前の春。京都の名刹・東寺講堂。修学旅行中の東京の女子高生、エミ(16)は「不動明王」の彫刻の前でクギ付けになった。

右手に剣、左手に羂索を握った忿怒の像。それを見たとたん、未来に「トリップ」した。世界が音を立てて崩れるイメージ。続いて、インスピレーションがひらめいた。「地球が危ない。〝戦士〟になって地球を守るんだ」。理屈じゃなく、体でそう感じた。

二ヶ月後、オカルト雑誌の投稿欄に手紙を書いた。

《仲間を探しています。最終戦争（ハルマゲドン）に関わりのある方。エスパー（超能力者）の方。戦士の私に連絡ください。》

十五人から手紙が来た。九割が女性。エミとほぼ同年齢の女子高生が七人。女子中学生四人。二十歳の女子大生もいた。みんな「何か」を探していた。エミも全員に返事を書いた。数人とは実際に会って、喫茶店や図書館でじっくり話し込んだ。好きなアニメのこと、男の子のこと、そして地球や環境のこと…学校では友人も少なく、孤立したタイプの子が多かった。

「環境破壊はものすごいスピードで進んでる。どうせ地球を救えないなら、徹底的にこわしちゃったほうが…。それから出直しても、遅くはないわ」。エミが言うと、みんながうなずいた。……

エミは東京の下町生まれ。おかっぱの髪に、ぽっちゃりした顔。両親と祖父母、弟の六人家族。ごく普通の家庭だ。有名私立女子大の付属中学からエスカレーター式で高校に進んだ。学校で文芸サークルを主宰、自ら小説も書く。……

エミに手紙を書いた一人に大学生のマサキ（20）がいる。西洋魔術に凝っている。ユングをはじめ心理学の本も読みあさった。昨年夏、渋谷の喫茶店でエミと待ち合わせた。一時間ほどの会話で、エミは「仲間を探してるの。一緒に戦わない」と何度も口にした。「結局寂しいんだ。安住できる場所を探しているようだった」。マサキが振り返る。

福島の女子高生、マリ（16）は授業中、不思議な「体験」をした。意識がスーッと薄れて、心と体が離れていく。夢のような状態。宇宙服を着て、だだっ広い空間をさまよっていた。「泣き出したい」ほどの孤独感。ひとりぼっちのマリは、女の子一人と四、五人の男の子に助けられた。そこで意識が戻った。自分を〝救ってくれた〟子を探し出そうとして雑誌への投稿を続ける。……（徳島市での小中学校女の子三人の鎮痛解熱剤による「自殺ごっこ」への言及があるが略す）……

人と人が向き合わず、「モノ」と対峙しがちな現代。それでも、若者たちは「ふれあい」を求めて漂う。【9】

【9】毎日新聞（東京版）一九九〇年一月四日。

手塚治虫『火の鳥』にみる輪廻転生

輪廻転生とマンガとの関わりを考えると、すぐにも多くの人の念頭に浮かぶものがある。手塚治虫の描いた長編『火の鳥』である（図2）。しかしながら手塚の『火の鳥』は、一九八〇年代に突如としてブーム化した前世への、とくに少女たちの関心とは異なるものである。

『火の鳥』が『漫画少年』（学童社）にはじめて掲載されたのは一九五四年のことであった。その後、複数の雑誌に掲載を代えながら、最終の「太陽編」が『野性時代』（角川書店）に掲載されたのは一九八六年のことだった。『火の鳥』は全一二編の、古代の三世紀から宇宙時代の三四〇〇年にいたる壮大な物語である。手塚治虫のライフワークと考えられる作品である。古代からはるか未来まで、地球や宇宙を舞台に、生命の本質・人間の業が、手塚治虫自身の独特な思想を根底に壮大なスケールで描かれている。物語には「火の鳥」と呼ばれる鳥が登場し、火の鳥の血を飲めば永遠の命を得られるという設定となっている。長編であるために多くの主人公が登場するが、かれらは火の鳥と関わりながら生に悩み、苦しみ、残酷な運命に翻弄され続けるのである。

本章の目的に沿ってだけ『火の鳥』を論じることにするが、『火の鳥』が輪廻転生を描くマンガとしてよく知られている理由は、おおよそ二点である。ひとつ

図2『火の鳥』第1巻「黎明編」（手塚治虫、朝日新聞出版）。©TEZUKA PRODUCTIONS

は、手塚治虫自身が作品の中で、輪廻転生について語るからであり、今ひとつは、壮大な歴史であるにもかかわらず、同じキャラクターが輪廻転生のテーマに沿ってたびたび現れるからである。

『鉄腕アトム』に登場するお茶の水博士とよく似た、大きな鼻をしたキャラクターが重要な役割を担って繰り返し登場する。「黎明編」で初登場した猿田彦は無数の吹き出物のある大きな鼻を持ったキャラクターである。猿田彦はクマソを滅ぼす勇猛な戦士である。

猿田彦は次の「未来編」でさまざまな生命を培養する世捨て人の博士として登場する。時間はすでに三〇〇〇年以上たっている。第四編の「宇宙編」では猿田彦のみにくい鼻の理由が語られる。それは人を殺した業によるものである。奈良時代の出来事を描いた第四編「鳳凰編」では片腕の盗賊・我王として登場し、旅の僧・良弁の教えによって仏師となる。仏師の我王は輪廻転生の苦しみと怒りを鬼瓦制作にぶつける。そして良弁の死によって人の世の無常を知り悟りを得る(我王は第九編「乱世編」で鞍馬の天狗として登場する)。第一一編「異形編」では病気で鼻が見にくく腫れ上がった武士・八儀家正である。八儀は残酷な人物で、「鳳凰編」の我王の面影はない。

『火の鳥』の一二編を時系列に並べると「黎明編」が最初で「未来編」が最後

となるが、物語は「未来編」の最後がそのまま「黎明編」に繋がるようになっており、その意味でも輪廻が強く意識される構造となっている。

先に、『火の鳥』は一九八〇年代に突如としてブーム化した前世への関心とは異なるものである、と記したが、両者を読破してみればすぐにもわかる特徴がある。それは、猿田彦は自らの輪廻転生や業に苦しみながらも、自分が誰の生まれ変わりであるかは知らないのである。他方で、前世少女たちは、自ら「〇〇の生まれ変わり」「〇〇の記憶がある」と主張する。

「輪廻転生」をモチーフとするマンガ・アニメ

八〇年代の輪廻転生ブームに大きく関わることになったと考えられる「ぼくの地球を守って」出版の少し前から、「輪廻転生」と思われるモチーフを持ったマンガ・アニメが少なからず制作されて現在にいたっている。先述した「転生騒動」で少女たちがもっていた『シークエンス』もそうした一連の作品のひとつである。

ところで、ここまで分析を進めるときに、「生まれ変わり」「輪廻転生」「転生」を定義することなく用いてきた。これらは定義の上でも異なるものであるし、現状の分析においても、質的に異なるものである。

刊行開始年	書　名	生まれ変わり	アニメ放送開始年
1975	手天童子	手天童子	
1975	悪魔の花嫁	ヴィーナス	
1976	暗黒神話	ヤマトタケル	
1976	バウバウ大臣	アマンガワ王国の王子	
1978	海のオーロラ	転生を繰り返す	
1982	ときめきトゥナイト	魔界の王子	1982
1983	真珠姫	真珠姫	
1985	孔雀王	孔雀王、ルシフェル	
1985	黄門★じごく変	竜王	
1986	聖闘士星矢	アテナ	1986
1986	天よりも星よりも	静御前	
1987	アリーズ	女神ペルセフォネー	
1987	創竜伝	東海青竜王敖広	1991
1989	悪魔の黙示録	イエスキリスト	
1991	GS 美神 極楽大作戦!!	メフィストフェレス	1993
1991	十兵衛紅変化	柳生十兵衛三厳	
1992	美少女戦士セーラームーン	セレニティ	1992
1992	八雲立つ	布椎闇己	
1993	輝夜姫	李玉鈴	
1993	爆れつハンター	西王母、アプロス、その他	1995
1994	天使禁漁区	女堕天使・アレクシエル	
1994	炎の蜃気楼	上杉景虎	2002
1995	密・リターンズ！	端島密	
1995	烈火の炎	花菱烈火	1997
1996	妖しのセレス	天女セレス	2000
1996	犬夜叉	桔梗	2000
1996	VS 騎士ラムネ &40 炎	ラムネス	
1996	遊☆戯☆王	ファラオ	1998
1996	龍王魔法陣	八大龍王	
1997	CUFFS ～傷だらけの地図～	久宝龍二	
1997	天上天下	我王紀士猛速凄乃男身命	2004
1998	下弦の月	さやか	
1998	神風怪盗ジャンヌ	イヴ、卑弥呼、聖母マリア	1999
1998	シャーマンキング	麻倉葉王	2001
1999	Dr. リンにきいてみて！	光の巫女	2001
1999	ぴたテン	小太郎	2002
2000	一騎当千	孫策	2010
2001	GLOBAL GARDEN	ウルド／ベルダンディ／スクルド	
2002	あなたがいれば	かぐや姫	
2002	現神姫	暁生丸	
2004	カミヨミ	神那岐	
2004	神無月の巫女	来栖川姫子	2004
2005	裏切りは僕の名前を知っている	女性	2010
2005	こばと。	花戸小鳩	

表1　輪廻転生を扱ったマンガ（「ぼくの地球を守って」(1986)を除く）

刊行開始年	書　名	生まれ変わり	アニメ放送開始年
2005	昭和不老不死伝説 バンパイア	マリア	
2005	殲鬼戦記ももたま	鬼一桃伯	
2005	ボクを包む月の光	何度も転生	
2005	桃組プラス戦記	桃太郎	
2006	NG ライフ	シリクス、ルクレティウス、フロント	
2006	黒の李氷	何度も転生	
2006	しはるじぇねしす	魔王ルシファー	
2007	アリーズ２〜蘇る星座宮〜	女神ペルセフォネー	
2007	一年生になっちゃった	高遠伊織	
2007	海の御先	龍神	
2007	近未来不老不死伝説バンパイヤ	何度も転生	
2007	地平線でダンス	琴理	
2008	純★愛センセーション	木村純一	
2008	ボクラノキセキ	王女ベロニカ	
2009	妖狐×僕 SS	鬼	2012
2009	機巧童子 ULTIMO	大和	
2009	境界の RINNE	主人公の母親その他	
2009	シュトヘル	シュトヘル	
2009	来世であいましょう	メルシャン	
2010	亭主元気で犬がいい	水田連太郎	
2011	あやかし緋扉	未桜	
2011	ハスクールＤ×Ｄ	天使	
2011	はじまりのにいな	千歳	
2011	私は利休	千利休	
2012	犬とハサミは使いよう	ダックスフント	
2012	スピリットサークル	フォン、ヴァン、その他	
2012	つぶつぶ生活	胡桃	
2012	七つの大罪	リズ、ロウ、その他	2014
2012	マジ！！ベンテン	由美	
2013	十忍法魔界転生	魔神に生まれ変わり	
2014	聖剣使いの禁呪詠唱	守護者フラガ、冥王シュウ・サウラ	2015
2014	懲役 339 年	ハロー	
2014	斎女伝説クラダルマ	シヴァ	
2015	織田シナモン信長	織田信長	2020
2015	この素晴らしい世界に祝福を！	佐藤和真	2016
2015	てやんでい Baby	任侠者の原田	
2015	転生したらスライムだった件	スライム	2018
2015	和おん！	イチ（犬）	
2017	劉備徳子は静かに暮らしたい	劉備、曹操、孫権	
2018	生まれ変わってもまた、私と結婚してくれますか	室之介、薫	
2019	外科医のエリーゼ	エリーゼ	
2020	推しの子	ゴロー	

表1　輪廻転生を扱ったマンガ(つづき)

学術用語として明確なのは「輪廻転生」である。「〈輪廻〉とも書き、〈輪廻転生〉ともいう。……車輪が廻転してとどまることのないように、次の世に向けて無限に生死をくり返すこと。……生前の行為と転生後の運命が因果的に結びつけられ[10]」た世界観である。輪廻転生は業や因果応報といった概念と結びついている。少なくとも、自らが「○○の転生」などという自己理解などではない。

今日の「異界」「異世界」はネットへ投稿された小説が元で、その後マンガ・アニメ化されてブームになった。このテーマを扱った主たるマンガ（アニメ）を列挙してみると表1のようになる。[11] 備考に記したように、受賞作品が複数見られる。アニメ化された作品は人気作品と考えていいだろう（表1）。

ところで、本章のテーマに沿って論を進める際に、これらすべてをひとつひとつ論じる必要はないと思われる。まず分析の対象とすべきは、多くの読者を獲得した作品、アニメ化された作品、賞を受賞した作品等であるだろう。これらを中心に分析を進めることにしたい。

インターネットで調べた限りでは、「生まれ変わり」や「転生」をモチーフにしたとされるマンガは一九七〇年代半ばから存在している。詳細に調べていけば、膨大な量のマンガやアニメの中には、さらに刊行の早い作品があるかもしれないが、おおよそ関心のある者の間でヒットしたマンガとして知られているものに、

【10】「りんね」『世界宗教大事典』（平凡社、一九九一年）、二〇五〇頁。

【11】リストは、「輪廻」「転生」「生まれ変わり」が主要なモチーフであることに限定して、刊行物、ホームページから収集したものである。よって、筆者は過去に刊行されたすべてのマンガを読んだわけではなく、読者がこのテーマのマンガである、という認識の元で挙げられているマンガで、テーマが含まれていることを確認したものである。さらに詳細に比べていけば、作品数はさらに増えると思われる。青年誌は含まない。

『悪魔の花嫁』（図３）を挙げることができそうである。秋田書店から刊行された少女向け雑誌『月刊プリンセス』に一九七四年一二月から連載が始まり、以後媒体を代えながら長期間にわたって掲載が続いた。

『悪魔の花嫁』について本書に関係する部分だけ要約すると次のようになる。いつの時代か、妹のヴィーナスと相思相愛になったデイモスは大神（ジュピター）の怒りを買い天界から追放されて悪魔となる。妹は黄泉の国に落ちて生きながら身体が朽ちていく。デイモスは妹を救うためには妹の生まれ変わりである伊布美奈子の体にヴィーナスの魂を入れなくてはならない。一話完結のストーリーが時代や地域を越えて繰り広げられるが、どの時代やどの地域においても主人公たちが関係性を持って描写される様子は、後に言及するシャーリー・マクレーンの『アウト・オン・ア・リム』に代表される一連のスピリチュアリズムの概念である「ソウルメイト」を連想させる。

図３『悪魔の花嫁』第１巻（池田悦子原作、あしべゆうほ画、秋田文庫）

「自覚する」もしくは「記憶」を取り戻す

これまでの説明で「記憶」が重要な意味を持っていることを指摘してきたが、すでに『悪魔の花嫁』でも作品の設定として現れている。

デイモスは美奈子に告げる。「かならず私を思い出させてみせる」　まずは金曜日の午後一時におまえにあいに行くことにしよう　そのときおまえは自然や科学では説明のつかない呪いを悪霊の恐怖を体験する　そうしていつかおまえの記憶はよみがえりわたしたちはまた　いっしょになれるのだ」【12】（傍点は筆者）。

このように夢や失神していた間に見た「記憶」が「生まれ変わり」の根拠となる点は、多くの作品に共通している。

まずは「記憶」以外の事例も含めて、主要な作品を見てみたいと思う。分析の中心は、「どのようにして自分は誰かの生まれ変わりだと認識したか」、その結果、「どのようなことが起こったのか」の二点である。

先に紹介した「ぼくの地球を守って」は、物語は東京の高校に転入した女子高生が、前世では異星人の科学者であり、「Ｚ‐ＫＫ１０１」と呼ばれる月の基地で、五人の仲間と共に地球を見守って暮らしていたという記憶を取り戻すことから始まる。主人公の女子高生・坂口亜梨子は卒倒して夢を見る。夢の中では木蘭と呼ばれ、月の基地から地球を見守っている。

「美少女戦士セーラームーン」（一九九二年）も同様である。敵の攻撃を受けてタキシード仮面が倒れたのを見たセーラームーン（月野うさぎ）は、自分が月の女神プリンセス・セレニティであり、タキシード仮面が地球国の第一王子エンディミオンであったことを思いだす。

【12】池田悦子原作、あしべゆうほ画『悪魔の花嫁』文庫版第1巻（秋田書店、一九九六年）、一一頁。

精霊による告知もしくは認知

自分が特殊な役割を背負った存在であることを夢などを通して知る以外に、マンガやアニメでは精霊や小動物を通して告知されるパターンが存在する。人気の点でもよく知られているのは「セーラームーン」に登場するルナである。

ルナは額に三日月の模様がある黒猫の姿をしている。ルナはある日、月野うさぎの前に姿を現し、うさぎが選ばれた戦士であり使命があることを告げる（日本語を喋る）。ブローチを与え変身の文句である「ムーン・プリズム・パワー」を伝える。うさぎは変身しセーラームーンとなり、記憶を取り戻すためのきっかけを作る。

月刊少女漫画雑誌『りぼん』（集英社）の一九九八年二月号から連載されて人気を博し、テレビでも放映された「神風怪盗ジャンヌ」では、精霊が生まれ変わりであることをよりはっきりと保証している。

主人公の高校二年生・日下部まろんの前に、准天使のフィン・フィッシュが現れる。フィンはまろんに向かって「はじめまして　まろん　私は准天使フィン・フィッシュ　あなたを探してここまできたの　あなたの力が必要なのよ」と伝える。出会ってから一か月後の場面でフィンは叫ぶ。「まろん!!　1か月もやってるのにまだわかってないみたいだね　魔王がひそませた絵画の中の悪魔を回収できるのはジャンヌ・ダルクの生まれかわりであるまろんだけなんだよ！」[13]

集団による認知という方法もある。本人の申告を周囲が本物と認めるのである。一九八〇年代後半に大ヒットとなった『聖闘士星矢』[14]の主要な登場人物が、ギリシャ神話の女神アテナの転生という設定で活躍する。『聖闘士星矢』はギリシャ神話をモチーフにしたマンガである。二五〇年に一度出現する冥界の神ハーデスとの闘いにそなえて、アテナの化身と、アテナを守るために闘う聖闘士（セイント）が地上に現れる。星矢は聖闘士の一人である。

アテナは冥界の神ハーデスとの闘いを予期してアテナ神殿の奥深くに赤子となって降臨する。赤子は日本の大富豪グラード財団の総帥城戸光政の孫娘・沙織として育てられる。沙織は財閥のお嬢様としてわがままいっぱいに育つが、城戸光政の遺言で自らの正体とその使命を知る。後にアテナとして覚醒して前世の記憶を取り戻すのであるが、どのようにして覚醒したのかは描かれていない。本人が「アテナ」として自覚し「アテナ」として振る舞うのである。この作品でも本人の自覚が鍵となっている。

変身そして不思議な力の発動

本人が記憶を取り戻したり、何らかの働きで生まれ変わりを自覚した時に何が

【13】小動物や精霊は何も「生まれ変わり」にだけ登場するわけではない。ドラえもんも含めて多様な作品の中で重要な脇役として存在している。

【14】作者は車田正美。一九八五年から一九九〇年まで『週刊少年ジャンプ』に連載され、大人気を博した。単行本は全二八巻で、その後、愛蔵版、文庫版なども刊行された。

生じるのだろうか。基本的に生じるのは三つである。特別な力の獲得（変身）、与えられた使命（敵）、そして小集団（仲間）の形成である。本人の自覚（記憶）が先の場合が多いように思われるが、特殊な仲間の働きかけによって記憶が甦ったり、アイテムを用いた変身によって使命を自覚し記憶が甦るなど、組み合わせや順序は多様である（変身に関しては第1章「魔法少女はなぜ変身するのか」を参照）。

特別な力の獲得は作品によっていろいろである。特別な力を備えた存在になったことがわかりやすいように変身するのが通常である。日常的な服装や髪型は廃棄される。少女漫画の場合にはとくにコスチュームがきらびやかになり、髪型が通常はあり得ない様態を取る。女性らしさが強調される点も留意されていいだろう。他方で男性の場合は、戦闘服や場合によってはロボットと合体するなど、「力」の拡大、誇示が特徴ではないか。

特殊能力が使命と密接に結びついていることは明らかである。特殊な能力は使命を果たすための武器であり、換言すれば、敵対者を想定することではじめて超能力や変身や自らが聖なる存在の生まれ変わりであることが意味を持つようになる。同じ記憶を共有する仲間と出会い、お茶を飲んで会話を楽しむだけでは物語は成立しない。

渡瀬悠宇『妖しのセレス』は小学館『少女コミック』に一九九六年から掲載さ

れた。二〇〇〇年にはテレビ放映もされた人気作品で、第四三回小学館漫画賞を受賞している。【15】

羽衣伝説をモチーフにした作品である『妖しのセレス』の主人公・御景妖は一六歳の誕生日に親戚一同が集まるなか「天女のミイラの手」を見せられる。妖に血の影像が見え、一瞬にして目と髪の色が変わる。天女の力の発露の衝撃で服が破れ、「ミイラの手」もバラバラに吹っ飛ぶ。目は赤くなり、髪は茶髪から黒髪へと変わる。妖は予知能力を持ち、宙に浮くことができる。衝撃波（人間を一瞬で溶かすことも可能）が出せるようになり、異空間を作り出して敵と戦う。

『犬夜叉』（図4）は一九九六年から小学館『週刊少年サンデー』で連載が始まった人気作品である。【16】作者の高橋留美子はこれまでに『うる星やつら』『めぞん一刻』『らんま1／2』などのヒット作を送り出した人気作家である。数多くの賞も受賞している。

『犬夜叉』の主人公日暮かごめは一五歳の中学三年生である。実家が神社である以外はごく普通の中学生である。ある日境内に祀られた祠の中にある骨喰いの井戸を通じて戦国時代へとやってくる。そこで犬夜叉と出会い、すべての願いが叶うという四魂の玉を争って物語が進んでいく。

かごめは五〇〇年前の戦国時代の巫女・桔梗の生まれ変わりとされる。本人に

【15】アニメは、二〇〇〇年四月から九月にかけて全二四話がWOWOWで放送された。

図4『犬夜叉』第1巻（高橋留美子、小学館）

【16】アニメは、第一期「犬夜叉」が二〇〇〇年一〇月から二〇〇四年九月にかけて全一六七話が日本テレビ系列で放送され、第二期は「犬夜叉 完結編」と題して二〇〇九年一〇月から二〇一〇年四月にかけて全二六話が同系列で放送された。さらに劇場版も四作が公開されているほか、続編といえる「半妖の夜叉姫」二四話が、二〇二〇年一〇月から二〇二一年三月にかけて同系列で放送された。

自覚はないが、周囲の者が桔梗として認知し、その結果、生まれ変わりを認めることになる。桔梗の妹の楓に「姉さまに似ている」「お前は桔梗姉さまの生まれ変わりだ」と言われる。楓もまた霊力を備えた巫女である。半妖怪の犬夜叉にも「あの女と同じにおいがする」といわれる。かごめの脇腹からは桔梗が守った四魂の玉が現れる。聖痕である。

かごめは戦国時代に移ってから不思議な力を獲得する。誰にも出来なかった犬夜叉の封印を解き、鎮魂の言葉（たましずめのことば）によって犬夜叉をコントロールすることができる。敵の妖気や妖力の気配を感じ、弓矢で妖怪を倒す。弓矢によって邪気を浄化することができる。妖怪の体のどこに四魂の玉のかけらがあるかがわかる。

かごめは変身しない。戦国時代へ移ってもセーラー服である（マンガでは複数の現代の服を着ている）。しかし、戦国時代のセーラー服は変身した服装と変わらない意味を持つだろう。かごめの戦国時代でのセーラー服以外の服装は、巫女の装束だけである。巫女としての力を発揮するときには、セーラー服か巫女姿ということになる。

変身して特殊な使命が与えられることに関しては、別の機会に論じてみたいと思うが、見方によっては使命を与えられる、あるいは使命を自覚する一手段が変身や特殊な能力の獲得と考えることもできる。

　使命は地球や人類の救済を始め、親友や両親を守るなど、多様な状況が設定されている。眼前に現れる「敵」はさらに多様で、化け物、宇宙人、友人・知人、宇宙の法則、運命など、作者の腕の見せ所なのだろう。

仲間

　小集団（仲間）の形成の重要性は強調しておきたい。たとえ主人公が孤独なヒーロー（ヒロイン）のように見えても、主人公を理解し助ける仲間（恋人）の存在は不可欠である。仲間の獲得こそが中心的なモチーフであるといっていい。仲間が反発や対立を繰り返しながらも、時にはバカな仕業によって大騒ぎを繰り返しながら、物語が進んでいくのが通常である。「セーラームーン」の五人の戦士、「犬夜叉」の旅する一行など、どの作品にも少数の濃密な関係で結ばれた登場人物が存在する。

　『妖狐×僕ＳＳ』（図5）は藤原ここあによるマンガで、二〇〇九年からスクウェア・エニックスの『月刊ガンガン　ＪＯＫＥＲ』（創刊号）から連載された。二〇一二年一月からはテレビでの放送も行われた人気作品である。

　旧家である白鬼院家の令嬢として生まれた白鬼院凜々蝶は、常に家名の由緒が

図5『妖狐×僕ＳＳ』第11巻（藤原ここあ、スクウェア・エニックス）
©Cocoa Fujiwara/SQUARE ENIX

優先される環境に息苦しさを感じ、家を出て一人暮らしをすることにした。家を出ることの条件として、妖館と呼ばれている厳重な審査をクリアした者しか入居を許されない高級マンション「メゾン・ド・章樫《あやかし》」への居住を命じられる。

凛々蝶は普段は普通の高校生として暮らしている。自分が「鬼」の先祖返りであることを自覚し、一部であるが始祖（や前世）の記憶を受け継いでいる。変身するとコスチュームが変わり制服が和服っぽい衣装になる。髪に牡丹の花、剣が現れて妖怪と闘うことになる。

『妖狐×僕SS』は時間的なループも含む作品であるが、白鬼院凛々蝶が住むメゾン・ド・章樫での住人とのコミカルなやりとりや、すれ違う恋などが丹念に描かれている。住人である御狐神双熾、反ノ塚連勝、雪小路野ばら、髑々宮カルタ、渡狸卍里、夏目残夏や妖怪従業員とのやりとりが高級マンションという狭い空間で描かれる。

伝統的な「生まれ変わり」

第二節ではここまで一九八〇年代以降のアニメ・マンガに表現された「生まれ変わり」を見てきた。現在の異世界・転生を考察する前に、伝統的に存在してきた「生まれ変わり」について説明をしてみたいと思う。そうすることで、現在のブームがどのような特徴を有しているかを理解できると考える。

生まれ変わりは、ある人間が死んで他の人間に生まれ変わったという話である。日本の固有信仰でも、霊魂不滅が信じられていたと考えられ、肉体が滅んでも霊魂が新しい肉体に転移するのである。それゆえに、生まれ変わりであるという証拠が必要になる。

生まれてきた赤ん坊が証拠となる紙などを持っていることがある。滝沢馬琴の『兎園小説』に娘の生まれ変わりの話が載っている。


江戸神田和泉橋通りの経師屋の隠居善八は旅行好きで、文化十四年に上方からの帰途、行き倒れの娘を助け、伊勢津にいる両親の元へ送り届けた。娘は別れ際に「あなたのご恩を忘れないために、何か一品預からせて下さい」と申し出た。善八は持っていた守袋の浅草観世音の御影を与えた。

しばらくして江戸に戻ると、長男の嫁が子どもを生み、ちょうどお七夜の日であった。その子は生まれたときから泣き続けていて泣きやまない。左手は握ったままである。ところが善八が抱き上げるとぴたりと泣きやむ。手を開いてみると、観世音の御影を持っていた。

善八が伊勢に手紙を出すと、娘は病死したという返信が来た。善八は、孫は男ではあるがあの娘の生まれ変わりであったのか、と驚いた。

この生まれ変わりには、亡くなった者と生まれて来た者との同一性が、手に持った観世音の御影で保障されているだけである。前世の記憶があるとか、姿形がそのまま、ということではない。

仏教の影響を受けたと思われる再生信仰の事例をひとつ紹介してみよう。

ラフカディオ・ハーン（小泉八雲）は、「雪女」や「耳なし芳一」など、多くの幽霊譚や不思議な話を書き残している（図6）。作品の中に、生まれ変わりをテーマにした「力ばか」という小品がある。

力《りき》は脳に病気を持つ一七歳の少年で、二歳ほどの智慧しかなかった。四歳以上の子どもはいっしょに遊びたがらなかった。ホーキの柄に乗って、驚くほど響く笑い声をたてながら、飽きずに坂を上がったり下ったりする少年だった。力は突然死んでしまったが、死後、不思議な話が残された。

力ばかを葬るとき、母親は、わが子の名を左の掌にかいてやった。「りき」を漢字で、「ばか」をひらがなで書いた。そうして、今度はもっと恵まれた人生を授かるようにと、幾度も神仏に祈った。

図6『小泉八雲　日本の心』（和田久實監訳、彩図社）

三カ月ばかり過ぎたころ、麹町の何某様の立派なお屋敷で一人の男の子が生まれた。その左の掌には、「力ばか」という文字がくっきり浮かんでいた。

そこで何某家では、その子が生まれたのは、だれかが願をかけ、それが叶ったからにちがいないと思った。何某家は八方手を尽くして、力ばかとは何者かを調べた。

とうとう、ある八百屋が、牛込界隈に力ばかという仇名の少し頭の鈍い少年がいたが、前の年の秋に死んでしまったという話を持ってきた。何某家は力ばかの母親を探しに、二人の下男を牛込に向かわせた。

ようやく、下男たちは力ばかの母親を探しだした。そうして、いったい力ばかに何があったのか尋ねた。すると母親は大いに喜んだ。何某家は裕福な名家だからである。しかし、下男たちは、何某家では生まれた子の掌の「ばか」という文字にひどく怒っているのだと伝えた。

「ところで、息子さんはどこに葬られているのかね」

下男たちは母親に尋ねた。

「善導寺だがね」

「そうかね。すまないが、息子さんのお墓の砂を少しわけてもらえないかね」

そこで母親は下男たちと善導寺に出向き、力ばかの墓に案内した。下男たちは母親にお礼として十円を渡すと、墓の砂を風呂敷に包んで帰って行った。

「でも、なぜ何某家の下男たちは砂をほしがったのですか」

私は不思議に思った。

「こういうことです」

年老いた樵夫は、わけを話してくれた。

「何某家にしてみれば、その子を、掌に力ばかと書かれたまま成長させたくないわけですよ。つまり、その子の前世のからだが埋まっている墓の砂で擦る以外に、その文字を消す方法はないからなのです【17】」

【17】和田久實監訳『小泉八雲 日本の心』（彩図社、二〇〇三年）。

「入字」といって、体の一部に字を書いておき、生まれ変わることを願う、という話は比較的多いようだ。『龍の子太郎』や『ちいさいモモちゃん』で知られる児童文学作家の松谷みよ子が集めた現代民話の中に、一一の事例が採録されている。亡くなった者の手や足の裏、あるいは背中などに、名前やお経を書く。時を経ず、異なった場所で生まれた者に、同じ場所に同じ文字が字のように浮かんで見える、というものである【18】。筆者も実際に、両親から同じような話を聞いたことがある。筆者の祖母は明治生まれで、男八人、女二人を産んだ。私の父親は八

【18】松谷みよ子『現代民話考V あの世へ行った話・死の話・生まれかわり』（立風書房、一九八六年）。

男だが、七男の兄は、子どもの頃になくなった兄弟の生まれ変わりだと言われていた。利発だった子どもが亡くなって悲しんだ祖父は、その子の足に墨で印を付けた。何人か男の子が生まれたが、七男の足に同じようなアザがあり、生まれ変わりだと喜んだようだ。

体にあるアザであるが、生まれ変わった側の親は、必死に消そうとしたらしい。亡くした親にとっては生まれ変わりではあっても、赤ん坊が生まれた家では必ずしもありがたいことではなかったようだ。「力ばか」にあるように、お墓から土をもらってきてこするか、あるいは水に溶いて拭くとかすると、しばらくして消える、と信じられた。

前世の記憶を持って子どもが生まれたという話もないわけではない。比較的知られているものとして次のような話がある。

越中富山在の百姓某の妻が文化五年に男児を出産したが、生まれるとすぐ物を言い、食べ物をねだるので、取り上げ婆が肝をつぶした。この騒ぎは名主から役所へ訴え出、赤子を役所に連れて行くことになったが、門を入ると口を利かない。役人に叱咤された名主以下が赤子をなじると「外山の役人共が上座にいて、私を下座に置くからじゃ」と言う。再度訴えに役人は何か仔細のあることか、鎮守様でも乗り移ったかと今度は下座に平伏すると赤子は「まだ頭が高いぞ」と言う。恐る恐る「あなた様は何様でいらせられます」と尋ねると「我は加賀中納言なり、早々本城へ申し渡すように致せ」と言う。驚愕した役人はその趣を金沢の加賀様（前田家）本城重臣あて、早飛脚をもって届け出た。重役共が藩主へお伺いすると「心当たりがある」との仰せで、早速赤子の親へ十五人扶持を給わり、その外衣類雑用金まで前田侯から一切を贈られ、乳母両人を付けられた。当時、前田侯にも何かしるしがあったという。世にも不思議な話である。【19】

『街談文々集』は文化文政期に巷の話題を集めたもので、近世庶民の生活資料として言及されることの多い著作である。

【19】石塚豊芥子『近世庶民生活史料 街談文々集要』（三一書房、昭和六年）。

前世探しブームの到来

松谷みよ子が集めた前世の記憶に関する民話は一一話中四例にとどまっている。あまり頻繁にある話ではないのだろう。ところが過去ではなく現在における「前世」とか「前世の記憶を持つ」とか「前世療法」を謳った本を探すと、驚くほどたくさん存在するのである。たとえば、『前世を記憶する子どもたち』、『前世の言葉を話す人々』(図7)、『子どもはみな前世を語る』、『生まれ変わりの村――中国奥地、前世を記憶する村があった 意外な前世記憶法』などなどである。中には、『コワいほど当たる！ 誕生日占い――現世・前世・未来が10秒でわかる！』など、前世があるのは当たり前、といった感じさえしてくる。[20]『ぼくの地球を守って』をはじめとしたこれまで扱ってきたマンガが、いかに伝統的というか、生活の中で伝承されてきた「生まれ変わり」と異なるものであるかがわかる。内容的に近いのは「前世探しブーム」である。

アメリカで一九八〇年代に前世探しがブームになった。以前にも、前世に対する関心は存在したが、一部の者の関心にとどまっていた。八〇年代の前世探しブームは、広がりとアプローチの点でそれまでとは大きく異なっている。影響はアメリカにとどまらず、確実に現代日本の我々にも届いているのである。

二〇世紀になって前世や輪廻転生を説いたのは霊能者エドガー・ケイシーである。彼は、「リーディング」と呼ばれる催眠状態中に、アカシックレコードから宇宙の知識を引き出し、病気の治療法を口述したのである。アカシックレコードとは、個々の人間の魂に関する記録が蓄積された記録のことである。過去、現在、未来のあらゆることが記されており、過去の記録を読むうちに、輪廻転生を知ることになった。エドガー・ケイシーは多くの前世を持っていた。たとえば、前世

図7『前世の言葉を話す人々』(イアン・スティーヴンソン、笠原敏夫訳、春秋社)

[20] イアン・スティーヴンソン『前世を記憶する子どもたち』(日本教文社、一九九〇年)、キャロル・ボーマン『子どもはみな前世を語る』(PHP研究所、二〇〇二年)、イアン・スティーヴンソン『前世の言葉を話す人々』(春秋社、一九九五年)、森田健『生まれ変わりの村1――中国奥地、前世を記憶する村があった 意外な前世記憶法』(河出書房新社、二〇〇八年)、はづき虹映『コワいほど当たる！ 誕生日占い――現世・前世・未来が10秒でわかる！』(マキノ出版、二〇〇八年)。

ではイギリス人ジョン・ベインブリッジ、ペルシアの医者、エジプトの高級神官ラ・ター、トロイの門番、キレネ人のルキオ（使徒行伝13：1、ロマ書16：21）として生きてきたと述べている。八〇年代の前世ブームは、エドガー・ケイシーの発想を受け継ぐ形で広がっていった。

一九八〇年代の前世探しブームに火を付けたのは、アメリカの女優シャーリー・マクレーンである。シャーリー・マクレーンは、一九八三年に自らが精神世界に目覚めていくプロセスを記した自伝的小説『アウト・オン・ア・リム』を出版した（図8）。彼女は映画「愛と追憶の日々」でアカデミー主演女優賞を受賞しているが、映画が封切られたと同じ年に、自らの前世について語った本を出版したのである。さらに続編として刊行された『ダンシング・インザ・ライト』（一九八七年）とともに、世界的ベストセラーとなった[21]。

シャーリー・マクレーンの著書は「私に実際に起こったこと」である。彼女は自分の回りで起きることや友人に導かれて、今いる自分は前世をいかに生きてきたかによる所産であり、私たちの魂は浄化され尽くすまで繰り返しこの世に戻ってくることを理解する。彼女は古代文明の時代に男として二回、女として一回生まれていた。現在進行中のイギリスの上院議員との愛人関係は、過去の人間関係によるものであることも分かる。そして、アンデスの山奥の鉱泉で幽体離脱を体

図8『アウト・オン・ア・リム』（シャーリ・マクレーン、山川紘矢・亜希子訳、地湧社）

【21】（シャーリー・マクレーン『アウト・オン・ア・リム』（邦訳、地湧社、一九八六年／角川文庫、一九九九年）、『ダンシング・インザ・ライト』（邦訳、地湧社、一九八七年／角川文庫、一九九九年）。

験する。シャーリー・マクレーンは輪廻転生を確信するのである。

シャーリー・マクレーンの著作は自叙伝ではあっても、自らの体験を客観的に保障するものではない。しかし、前世の自覚が、たんなる霊能者や本人の思いこみではなく、退行催眠によって科学的に実証できる、とする研究者が現れるようになって、前世の記憶や輪廻転生は信憑性を帯びるようになる。患者を催眠状態に誘導し、出生以前の前世での状態を思い出させることで、現在抱えているさまざまな問題の解決を図ろうという方法が開発された。

アメリカ・フロリダ州の精神科医ブライアン・ワイスは、一九八〇年のある日、診察室を尋ねてきたキャサリンを診断することになった。彼女は二七歳で、神経症と強迫観念に悩み、一時はひじょうに悪化していた。ワイスはキャサリンに催眠療法を用いて症状の原因となった時まで戻るよう指示すると、催眠状態のキャサリンは、意外にも、生まれる前の過去生を語り始めたのである。


アロンダ……私は十八歳です。建物の前に市場が見えます。かごがあります……かごを肩に乗せて運んでいます。私達は谷間に住んでいます。……水はありません……時代は紀元前一八六三年です。その地域は不毛で、暑くて、砂地です。川はありません。水は山の方から谷間にきています。【22】

【22】ブライアン・ワイス『前世療法』(ＰＨＰ研究所、一九九六年)、二四頁。

こうしてワイスのもとで治療を始めたキャサリンは、つぎつぎと前世を思い出していったのだった。ブライアン・ワイスは、ただの医者ではなく、立派な学歴と職歴を有する精神科医だった。そうした社会的地位を捨てることになっても、輪廻転生を信じることで、不安が消え、よりよい人生を歩んでいるという自覚を得るまでになったのである。

他にも、ワイスの退行催眠による前世探求を批判しながらも、科学的に前世の記憶を持った子どもを徹底的に検証したイアン・スティーヴンソンなど、前世探しはブームとなったのであった。

日本での前世探しブーム

アメリカでのこうした運動をニューエイジという。ヒンドゥー教や仏教への傾倒、輪廻転生、ヒーリング、瞑想、気功、チャネリングなど、身体技法への関心や体験を通した真理の獲得を重視する。日本では「精神世界」という言葉で一九七〇年代後半に紹介され、八〇年代になって広がりを見せた。

前世探しブームはそれなりに真剣で、生き方や人生観として受容し主張する人も少なくなかった。ここで長々と説明する必要はないと思うが、飯田史彦と山川亜希子を中心に簡単に説明してみたい。

飯田史彦『生きがいの創造』

飯田史彦が『生きがいの創造』(PHP研究所)を出版したのは一九九六年だった。九九年に文庫化されるが、その時点で四〇万部が売れていたという。さらに二〇〇七年のはじめ頃には、著作全体で一五〇万部を超えた。ところで、『生きがいの創造』には副題が付いている。「〝生まれ変わり〟の科学が人生を変える」である。

飯田史彦は、元福島大学教授で経営学者である。本の元となった論文「「生きがい」の夜明け——生まれ変わりに関する科学的研究の発展が人生観に与える影響について」は福島大学の商学論集に掲載されたものである。先に紹介した精神科医ブライアン・ワイスの退行催眠に大きく依拠している。飯田の主張を「はじめに」から拾うと次のようになる。

本書は、「死後の生命」や「生まれ変わり」のしくみに関する科学的研究の成果を、わかりやすく整理してご紹介し、それらの研究から得られる知識を活用することによって、私たちの人生観がどのような影響を受け、日々の生活がいかに素晴らしいものへと変わるだろうかということについて考える、新しい観点からの「生きがい論」です。

飯田が用いる「すべてのことには意味がある」「ソウルメイト」「個々人の魂の成長」といった常套句は、すでにシャーリー・マクレーンやワイスで見てきたとおりである。

退行催眠による前世の記憶については、批判も少なくない。前世への退行催眠を施すと、自分が違う土地で違う人物として生きているというイメージを体験することは事実としても、体験した事実が客観的な出来事の記憶かどうかはわからない。前世療法によって臨床的効果が上がったということと、前世体験の客観性とは別である。

石川勇一は前世療法の問題点を指摘している。[23] 前世は実証された事実ではなく、前世療法という呼称からも分かるように、「前世」の存在を前提としたひとつの世界観である。さらには、素朴な心身二元論に基づいた輪廻転生が想定されており、「世界観の壁を十分な検証もないままに安易に乗り越えてしまっている」。石川によれば、日本にも三〇〇名以上の前世療法セラピストが存在していて、さらに増加中であるという。大半は民間のスクールやセラピスト養成講座で学んだ人

【23】石川勇一『心理療法とスピリチュアリティ』（勁草書房、二〇一一年）。

であり、催眠療法や心理療法に関する専門的な知識と技能を身につけていない、民間催眠療法家か民間心理療法家であるという。

それでは、なぜ多くの現代日本人、とくに若者が前世や輪廻転生に関心を示したのだろうか。近年の前世についての言説と、従来の再生信仰を比較すると、明らかに語りの主体が異なっていることがわかる。つまり、伝統的な再生は、残された者が亡くなった者の再生を信じ探すのに対して、「前世」の場合は、自らが誰の生まれ変わりであるかを突きとめることに目的があるようだ。明らかに、本人のアイデンティティの問題に重点が置かれているといっていい。問題は、過去ではなく現在である。

この点を、『前世療法』や『アウト・オン・ア・リム』の翻訳者で、自身も『人生は奇跡の連続』[24]を著している山川亜希子は次のように述べている。

私達は、人間とは何か、自分とは誰か、何のために私達はここに生きているのかといった問いかけと、真正面から取り組まねばならない時代にいるのではないかと思います。そして、その答えを得るために特に大切なことは輪廻転生、つまり、人間は何回も肉体の衣をまとったり脱ぎ捨てたりしながら転生を繰り返す魂であるという事を、十分に理解することです。私達は、何

【24】大和書店、二〇〇九年。

回もこの地上に生まれ、それぞれの転生でしなければならない体験をし、そこから学ぶべきことを学んで、一つずつ、階段を上がるがごとく、神としての自己をみがいてゆくために、永遠に生きている存在なのです。[25]

科学的装いをまとい、自助によるスピリチュアリティの開発を目指すという個人主義的な志向性は、同時に緩やかな人とのつながりを希求する。組織や集団に対しては不信を抱き、伝統的価値観には背を向け、もしくは自ら再解釈する。ニューエイジの輪廻転生には、仏教の輪廻思想のような因果応報観や業の観念は存在していない。前世はムー大陸の王女だった、ということにどのような因果応報が含まれているのだろうか。

現代の生まれ変わりや輪廻転生は、過去や未来、魂の成長を述べるが、結局は現在への強い個人的な執着の表現のようである。ワイスも、シャーリー・マクレーンも、そろって輪廻転生を確信してから幸せになったと記している。生が死で終わるのではなく、また同じ人間として生まれ、魂は成長していく。今、自分と深く関わる人は、過去もそうだったし未来でも少し違った形で関わりを持つ、と信じることが可能であれば、現在は永遠の今と変わらないのではないか。永遠に続く自分は死なない自分であり、不死願望へとつながっている。

【25】前掲、ブライアン・ワイス『前世療法』「あとがき」、二六三頁。

こうした「輪廻転生」論や「生まれ変わり」を、本章の冒頭で紹介した「異界と転生」と比較すると、似て非なるものであることがわかる。以下、人気作品の「転生」の状況を見てみよう。

「転生したらスライムだった件」の主人公・三上悟はサラリーマンである。「平和だな。何ということもない普通の人生。大学を出て、いちおう大手といわれるゼネコンに入社し、それなりに出世し、そこそこの給料をもらいないに不自由ない」と思っている。後輩に相談を持ちかけられて街中を歩いている最中に通り魔に刺されて死亡する。死につつある中で、耐熱耐性獲得、物理攻撃耐性獲得、痛覚無効獲得、ユニークスキル・捕食者といった声が響く。遠のいた意識が戻ってくると自分がスライムになっていることを自覚する。主人公は「どうやら刺されて死んで転生しちゃったようだ」と認識する。死に際に聞こえた声で宣告された様々な耐性を備えてスライムとして生まれ変わった、ことになる。

主人公は自分が生前の三上悟だった頃の記憶や知識をそのまま引継ぎ、新たな耐性を生かして、転生先の世界で活躍し仲間を増やしていく。

「Re:ゼロから始める異世界生活」の主人公ナツキ・スバルは一日中ゲームをしている引きこもりの高校生である。夜コンビニでスナックを買って出てきたとき、急に周囲の光景が変わる。スバルは「つまり、これは、ひょっとして異世界召喚ってやつ」と叫んで納得する。転生した世界でも旧世界と変わったところがないように思えたスバルだが、「死に戻り」という特殊能力を獲得したことを知る。盗品を扱う店に入った主人公は、殺人現場に出くわし殺されることになる。意識が戻ると時間もまき戻っていて、その後生じる事態に対応ができるようになる。

「Re:ゼロから始める異世界生活」はRPGをする者であればおなじみの世界とルールで成り立っている。何度死んでも、少し前の時間と場所に戻ることでやり直しが可能で、その先のステージに進むことができる。主人公は、大切な人たちを守るために、「死に戻り」の能力を利用して運命に立ち向かう。

「この素晴らしい世界に祝福を！」（図9）の主人公は引きこもりのゲーム好き佐藤和馬である。人気ネットゲームの初回限定版を買いに出かけるが、女子学生を助けるつもりでトラクターの前に飛び出し、ショック死する。意識が戻ると日本で若くして死んだ人間を導く女神アクアから、二つの選択肢があると説明される。ゼロから新しく人生を歩むか、天国的なところへ行っておじいちゃんみたいな暮らしをするか、である。ところが女神は、魔王の軍勢によって長く続いた平和が脅かされている世界があり生まれ変わるのを拒否している人が多いので行か

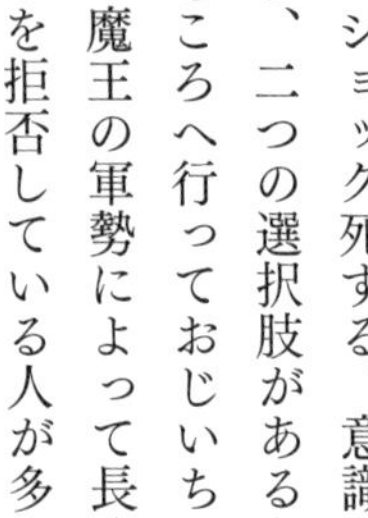

図9『この素晴らしい世界に祝福を！』第2巻（暁なつめ、三嶋くろね挿画、角川スニーカー文庫）

ないかと提案する。肉体と記憶はそのままで、ひとつだけ好きな物を持って行けるといわれ、主人公は承諾するのであった。

ひとつだけ持って行くものにアクアを選んだ主人公は、異世界で生活苦にあえぎながらも魔法使いや女騎士を仲間に魔王軍と戦うのであった。

どの作品もゲーム的な世界が繰り広げられるが、ゲームという異世界での活躍を扱った作品も少なくない。「オーバーロード」もそうした作品のひとつである。仮想現実体感型オンラインゲーム「ユグドラシル」がサービスを終了することになった。しかしながら終了時間が過ぎてもゲームは終わらず、仮想現実が現実となって、主人公はゲームの中の最強のキャラクターとして活動を始める。主人公は現実では友だちも家族もなく、仕事をして帰って寝るだけの男性である。

こうしたゲームの世界への転生は他にも、「魔王様、リトライ！」[26]などの人気作がある。

本章の冒頭で取り上げた「異世界へ転生」は、日本にかつて存在した「生まれ変わり」とも、従来のマンガ・アニメの「生まれ変わり」や「前世探しブーム」とも異なっている。「異界」「異世界」ブームでの「転生」は基本的に生まれ変わらない。たとえ事故で死んで「異世界」へ移動したとしても、本人のアイデンティティは十二分に確保され記憶や知識もそのままである。多くは元の世界の自分

【26】二〇一六年一〇月から「小説家になろう」に投稿連載が始まった神崎黒音の小説。二〇一七年、第五回ネット小説大賞金賞。同年からモンスター文庫（双葉社）で刊行が始まり、翌二〇一八年からMノベルス（同）に移り、既刊八巻。

そのままに異なった世界で、特殊な能力を発揮し、地位の上昇や領土の拡大が進んでいく。主人公は圧倒的に男性で、異世界では個性のある多くの美女に囲まれることになる。ゲームの世界に近いというか質的に同じ「転生」である。

主人公はそれまでの世界で引きこもりやニート、しがないサラリーマン、あるいはエリートサラリーマンだったりするが、生活自体に困っているわけではない。それでも世界は楽しいかと聞かれれば、「ただのクソゲー」（「ノーゲーム・ノーライフ」【27】）である。異世界に行けば生活は保証されない。毎日ギルドでクエストを探し日々の糧を得て、その後は酒場で友人と飲みまくり（「この素晴らしい世界に祝福を」）、また新しい冒険に出かけていく。旧世界への未練はない。異世界はいったん行ってしまったら戻れない世界ではなく、できれば行きたい世界である。

【27】日系ブラジル人の漫画家・イラストレーターである榎宮祐のライトノベル（イラストも本人）。二〇一二年からMF文庫Jで刊行され、既刊一一巻。マンガ化・アニメ化もされ、アニメは二〇一四年四月から六月にかけてTOKYO MXなどで放送された（全一二話）。

終章

宗教団体のメディア利用

これまでアニメ、マンガにどのような宗教性が表象されているのか、その表現方法や意味、重要性（非重要性）を論じてきたが、ここで視点を変えて、宗教団体のメディア利用について考えてみたいと思う。アニメやマンガに表象される宗教性とは、質的に相違している。

筆者が宗教とメディアに関して初めて論文を書いたのは一九八六年のことで三〇年以上も前のことになる。[1] メディアの発達と宗教との関わりは以外に深い。グーテンベルクの発明した印刷技術は、聖書の刊行を容易にし、キリスト教の普及や宗教改革の信仰に測りがたい影響を及ぼしたことはよく知られている。論文の当時、日本社会で進行しつつあった情報化が宗教に影響を与えるだろうことは、うすうす認識されてはいた。しかし、アメリカでのテレヴァンジェリストに関する研究成果が現れはじめていても、「情報化と宗教」というテーマは、まだ日本

【1】論文のタイトルは「アメリカにおける宗教テレビの現状」（『宗教研究』二六九号）である。

ではなじみの薄い領域だった。当時アメリカではＣＡＴＶや通信衛星を利用した布教が実施されていて、多くの視聴者を獲得していた。日本では一九八〇年代前半に通信衛星、放送衛星が打ち上げられニューメディア元年といわれて、アメリカにならって通信衛星を利用した宗教活動を始めようとする教団が複数現れていた。

研究テーマを「情報化社会と宗教」とすると、すぐにも雑誌、マンガ、アニメに表象される宗教性も気になったが、研究当初は宗教団体のメディア利用が中心だった。あまりにも広大な領域でどこから手をつけるべきか思案に暮れたが、宗教団体が布教のためにマンガを利用していることは分かっていたし、当時普及し始めたＶＨＳの機器にあわせてビデオテープも布教用に作られ始めていたので、まずは宗教団体のメディア利用に注目することとした。

一九九〇年に刊行された『新宗教事典』（弘文堂）の「布教・教化」の項目を担当した。新宗教のラジオやテレビといったマスメディア利用は一九五〇年代半ばから始まっていたが、うまく機能しなかった。直接的な人間関係を重視する教団にあってマスメディアでの布教が馴染まなかったためで、教団のマスメディア利用は布教の拡大よりは社会的評価を落とす結果になった。

他方でニューメディアといわれた通信衛星、ＣＡＴＶ、ビデオ、コンピューターを利用した布教や、若者への接近を狙ったマンガやアニメが新しい布教方法として注目された。大学生が電車の中でマンガを読んでいると顰蹙を買ったのは一九七〇年代だった。手塚治虫の『ブッダ』も一九七二年に連載が始まっている。マンガは若者文化であり、若者をターゲットに布教が試みられたことになる。『新宗教事典』の原稿にリストとして掲載したのは表1の通りである。紙面の都合で多くを掲載することができず、代表的な教団と特徴的な作品を選んだ。網羅したものではない。オウム真理教はマンガやアニメを熱心に作るようになるが、当時はまだ多くなかった（表1）。

教団刊行の作品は、実に丹念かつ丁寧に制作されていた。天理教の『劇画教祖《おやさま》物語』【2】（図1）は、『稿本天理教教祖伝』をはじめとした公刊本にもとづいて教祖ひながたの道と天理教の歩みを再現したものである。教祖の描き方にも教学的な扱いが見てとれた。文書とは異なる表現様式を踏まえてのことである。天理教の信仰の中心・中山みきは、はじめはふつうに顔の表情も描かれている。しかしながら神になる場面でその面は描かれない。顔を描かないという手法によって教祖中山みきの聖性が担保されていた。本文中には難解な用語に注が施され、巻末には年表などが掲載されている。

教祖伝は天理教だけではなく数多くの教団で刊行されている。「金光教新聞」

【2】服部武四郎原作・中城健雄作画、全五巻、道友社、一九八七年～一九九〇年。

図1『劇画教祖物語』第1巻

に掲載されていたマンガの教祖伝も単行本化されているが、暖かみのある絵で描かれている。[3] 創価学会でも初代会長・牧口常三郎、二代会長・戸田城聖のマンガが刊行されている。開祖や教祖は教団にとってきわめて重要な人物であり、伝統仏教においてもマンガ化やアニメ化、あるいは実写化は少なくない。

世界真光文明教団の『ザ・輪廻転生』では、教団の重要な儀礼である手かざしとその効果が視覚的に説明されている。文字表現だけでは理解にしく内容が理解されやすく工夫されているように思えた。

教団制作の書籍は教団出版社だけでなく大手出版社も含まれており、入手しようと思えば誰でも手に入れることができた。しかし、こうしたマンガは、一部では注目されたのかもしれないが、一般に広く知れ渡って人気作品となったことはなかったと思う。

教団によるニューメディア利用でもっとも成功し普及したのはビデオ制作である。文化庁宗務課の調査によれば、七割を越える宗教法人が今後のビデオ利用を考えているという結果が出ていた。[4] そして当時、実際に数千本の教団ビデオが製作されているものと考えられた。

ビデオにはマスメディアとは異なった特性、使用法、受容のされ方が存在した。教団行事や教祖の言行を記録するといった初期の使用方法をはるかに越えて、

【3】『教祖さま——神人（かみひと）の道を開いた人』金光教徒社、二〇一四年。

【4】「宗教教団のメディア利用の概況——「宗教放送等の実状」調査報告」（『宗務時報』No.77、一九八八年）参照。

阿含宗

桐山靖雄原作・飯田耕一郎作画・大塚英志構成『密教念力（胎蔵界篇）超人への道』徳間書店、1988。

桐山靖雄原作・島田ひろかず作画・大塚英志構成『密教恋愛術——天と相手に恋心を伝える法』徳間書店、1989。

桐山靖雄原作・飯田耕一郎作画・大塚英志構成『密教念力（求聞持聡明法）聖への挑戦』徳間書店、1989。

オウム真理教

麻原彰晃作・ダビデの星作画『滅亡の日』全3巻、株式会社オウム、1989。

解脱会

YG編集部編・いまいまさみ画『マンガ版・解脱入門』解脱会出版部、1989。

世界真光文明教団

黒田みのる『霊障人間』立風書房、1979。

黒田みのる『死霊復活』立風書房、1981。

黒田みのる『憑霊群舞』出版研、1986。

黒田みのる『狂霊伝奇』出版研、1986。

黒田みのる『魔少女』全3巻、九重出版、1984。

黒田みのる『ダイヤ少女』全3巻、九重出版、1984。

黒田みのる『魔女の星』(1)-(3)、九重出版、1983。

黒田みのる『マリカ』(1)-(3)、九重出版、1983。

黒田みのる『少女エクソシスト』(1)-(3)、九重出版、1983。

黒田みのる『死者の門』(1)-(3)、九重出版、1983。

黒田みのる『死者のくに』(1)-(3)、九重出版、1984。

黒田みのる『死神天使』(1)-(3)、九重出版、1984。

黒田みのる『少女サタン』(1)-(3)、九重出版、1984。

黒田みのる『青いノア』(1)-(3)、九重出版、1984。

黒田みのる『石の呼ぶ家』九重出版、1986。

黒田みのる『白い霊の恐怖』九重出版、1986。

『ザ・輪廻転生——僕は生まれ変わっている』世界真光文明教団広報部、1986。

金光教

THE FOUNDER OF KONKO RELIGION, 1966.

『天地の子』。

創価学会

渡あきら原作・石井いさみ劇画『みちょれ！ 太陽』全2巻、聖教新聞社、1971-1972。

みなもと太郎『未来ケンジくん』全6巻、聖教新聞社、1980-1981。

井上サトル『バリバリ君』全13巻、聖教新聞社、1971-1986。

菅原有一原作・芝城太郎作画『コミック巨人・戸田城聖 旭は昇る』全5巻、講談社、1984。

北野英明『牧口先生』全13巻、潮出版社、1972-1979。

渡あきら原作・石井いさみ劇画『ざくろの花』全5巻、聖教新聞社、1975-1979。

芝城太郎『四条金吾』潮出版社、1972。

ささきせい『シャカの十大弟子 舎利弗と目連』第三文明社、1986。

天理教

服部武四郎原作・中城健雄作画『劇画教祖物語』全5巻、天理教道友会、1987-1990。

『リトルマガジン天理少年』天理教少年会（『天理少年』として1967年発刊、1981年改題）。

白光真宏会

五井昌久原作・三国勇劇画『釈迦とその弟子アナン物語』上・下、白光真宏会出版局、1985-1986。

霊波の光

『御由来 神への道』宗教法人霊波の光、1983。

表1　宗教教団が刊行した布教用のマンガ一覧

様々な利用方法が考案された。これまで機関誌が果たしてきた役割をビデオに代えようとするものがあった。大本では『大本ビデオニュース』や『大本ビデオ速報』を制作し、希望のある支部に配布していた。大本の他にも、ＰＬ教団、円応教、立正佼成会、真如苑、本門佛立宗などがビデオによるニューズ・レターを制作していた。

浄土真宗本願寺派が制作した「仏典物語」は大手の制作会社によるもので、映像がきれいだった。内容も興味深いもので想定を超える利用があったようだ。

しかしながら総じて見ると、これらのメディアの普及は、少なくとも布教や教化という点では、現在までのところめざましい成果をあげているとはいいがたい。通常の作品を装って布教を目的とするものもみられたが、読者は布教を意図したものか、たんなるエンターテイメントなのかを微妙に嗅ぎ分けているように思えた。

宗教を扱うマンガ

教団によるものではない作品で、宗教や宗教者そのものを扱っている作品がある。もっともよく知られ読まれているのは手塚治虫『ブッダ』[5]（図2）ではないだろうか。書名の通り、ブッダの生涯を描いた力作である。発行部数は二〇〇〇

【5】一九七二年に『希望の友』（潮出版社）で連載開始、同誌が『少年ワールド』『コミックトム』と誌名を変えつつ一九八三年まで連載された。本来は『火の鳥 東洋編』として企画されたものといわれる。単行本は潮出版社の希望コミックス新装版・全一四巻、潮漫画文庫版・全一二巻、講談社の手塚治虫漫画全集版・全一四巻など複数ある。

図2『ブッダ』新装版第11巻（手塚治虫、潮出版社）。©手塚プロダクション

万部以上といわれる。ところで、手塚の『ブッダ』は忠実なブッダの生涯記ではない。作中には手塚が創作した多くの人物や話が含まれている。すずき出版からは仏教コミックスとして「広大な仏教世界の中から、現代人にとくに必要なテーマを一〇八巻にまとめた」シリーズが刊行されている（図3）。一九八九年から九年間にわたって刊行されたもので、内容はきわめて真面目な仏教コミックである。しかし、このシリーズも期待されたほどの反響は得られなかった。

ところで、「聖☆おにいさん」【6】（図4）はどうだろうか。主人公はブッダとイエス・キリストの二人である。連載されていた『モーニング』の公式サイトには次のように紹介されている。「目覚めた人ブッダ、神の子イエス。世紀末を無事に越えた二人は、東京・立川でアパートをシェアし、下界でバカンスを過ごしていた。近所のおばあちゃんのように、細かいお金を気にするブッダ。衝動買いが多いイエス。そんな〝最聖〟コンビの立川デイズ。」宗教ネタを使ったギャグマンガであるが、筆者がこのマンガを知ってすぐに思い出したのは、一九九一年に起こった五十嵐一筑波大学助教授刺殺事件である。彼は前年にサルマン・ラシュディの小説『悪魔の詩』【7】を邦訳していたが、本の内容がムハンマドを侮辱していると、当時のイランの指導者ホメイニーより著者への暗殺指令が下ったと言われている。著者のラシュディは身を隠し、イタリアをはじめとした翻訳者が実際に襲

図3『仏教コミックス 法華経物語1』（ひろさちや原作、本山一城画、鈴木出版）。

図4『聖☆おにいさん』第1巻（中村光、講談社）。

【6】二〇〇六年から『モーニング・ツー』（講談社）で連載中。単行本は現在一八巻（二〇二〇年五月）。

【7】インド出身のイギリスの作家サルマン・ラシュデイが一九八八年に発表。邦訳は、五十嵐一訳、上下巻、新泉社、一九九〇年。

われた。時期は後になるが、二〇一五年にフランスの風刺新聞『シャルリー・エブド』の本社がイスラーム過激派の襲撃を受け一二人が殺害された事件はまだ記憶に新しい。

さて「聖☆おにいさん」であるが、主人公は明らかに「ブッダ」と「イエス」で「ムハンマド」はいない。イエスはコンビニに出かけて女子高生に「ジョニー・ディップ」と間違えられたと嬉しそうに語り、ブッダは白毫を小学生にめっちゃ押されて痛かったと怒り気味である。キリスト教徒、仏教者はこのマンガをどう思っているのか気になった。

学術論文として「聖☆おにいさん」を扱っているものは見当たらなかった。先にも引用した高橋優子『ポップカルチャーを哲学する——福音の文脈化に向けて』には、キリスト教学的に徹底解説されたニ四作品の中に含まれている。キリスト教の月刊雑誌『福音と世界』に掲載された記事ではあるが、十分に神学的に考察されている。高橋は「イエスやブッダの正典および伝説中のエピソードがパーツとして多用されるが、それによって表現されるのはキリスト教や仏教の世界観ではなく、むしろ日本人の世界観や宗教観だと言ってよい」[8]と述べるだけで、作品に対する不快感や怒りを表明することはない。

論文や評論に批判が見られないので、ネット上で批判を捜したが、ほとんど見

【8】高橋優子『ポップカルチャーを哲学する——福音の文脈化に向けて』新教出版社、二〇一七年、七五頁。

当たらなかった。『聖☆おにいさん』のNHKドラマをたまたま見かけた。キリストが「十字架背負って歩いてたときさ〜、じつはダルかったんだよねw」と言うのを聞いて憤りを覚えた。放送料払って侮辱の言葉を聞くとは。二度と見なかった」という牧師のコメントに何件か書き込みがあったが、議論になるようなものではなかった（togetter.com/li/1419161）。

ブッダの扱いについても同様で、知り合いの仏教学者に尋ねると、「マンガだし仏教に対する関心の入口になってくれればいいのではないか」という回答だった。「本当の信仰への入り口になれば」という感想は、マンガ、アニメ、ゲームなどしばしば耳にする表現である。宗教界では集客のために直接宗教とは関わりのないコンサートなどイベントも数多く実施されている。ともかく一度でも境内や建物の中に入ってくれれば関心が湧くかもしれない、という思惑というか淡い期待というか、切羽詰まった行為である。

しかしながらコンサートや講演、落語や展示で施設を訪れた人がそのまま信者、崇敬者や檀家になることはまずない。アニメやマンガも同様に、宗教を正確に伝えようとする作品には関心が向けられない状況からしても、信仰の入り口になることは考えにくい。せめてきっかけになればと言う宗教者の言葉は、諦めにも似た溜息のように聞こえる。

「聖☆おにいさん」の作者・中村光はインタビューで手塚治虫の『ブッダ』の影響を受けたと述べる一方で、「聖☆おにいさん」の宗教ネタの元を尋ねられて「あんまり調べないようにしてるんです。自分が特定の宗派だとはっきり認識してしまうと、無意識のうちにそっちに偏って描いてしまいそうなので……。小さい頃から宗教書を読むのが好きだったので、その記憶を掘り起こしてネタを考えてます」【9】と答えている。

一般的にいって、作者は制作のために、時によっては神道や密教やキリスト教、あるいは道教や陰陽道を研究する。しかし研究といっても、きちんとした宗教史や宗教の本質に迫ろうとするものではなく、あくまで作品に必要な限りである。解釈が偏っていたり、誤っていたりしても、日本ではとくだん糾弾されることはない。たかだかアニメ・マンガだと。「聖☆おにいさん」の中村光は「荒川アンダーザブリッジ」【10】（図5）では、身長二メートルを超えるシスターの格好をした元傭兵（男）を登場させている。シスターは毎週日曜日に河川敷の教会でミサを行っている。作者たちにとくだん宗教的な制約や目的があるわけでなく、多様な宗教（者）を自由に利用しながら作品を創り上げていけばいいだけである。見ている方もそうしたことを前提として成立している。

【9】 https://natalie.mu/comic/pp/buddha

【10】 二〇〇四年から二〇一五年まで『ヤングガンガン』に連載された中村光のマンガ（全一五巻）。アニメは第一期が二〇一〇年四月から六月、第二期が同年一〇月から一二月にかけて全二六話がテレビ東京などで放送された。そのほか実写ドラマ化や実写映画化もされている。

ポップカルチャーの宗教表象

本書では、「魔法少女」「神社・巫女」「異界」「生まれ変わり」といったテーマに関するアニメ、マンガを数多く取り上げることになった。通して読んでいただいた方は、いかに多くマンガやアニメに宗教的な人物、アイテム、テーマが登場するのかと思われたかもしれない。取り上げたテーマや作品はほんの一部でまだまだ存在する。

アニメやマンガでは「神が降ってくる」とか、人が「神」になるということは珍しいことではない。天照大神、倉稲魂をはじめ神々そのものもしばしば登場する。「神」のような存在にまで広げれば、かなりの作品数になるにちがいない。「神」がどのように表象されているかも興味深いテーマである。必ずしも神々しく描かれているわけではなく、一般的なごくふつうのおばさんやおじいさんの姿も多く、日本人と神との距離感がよく表されているものが多い。神話のモチーフに着想を得ている作品も少なくない。日本神話だけでなくギリシャ・ローマ神話や北欧神話をはじめ、よく見つけてくるなと思われる変わった神話も描かれている。

「生まれ変わり」については部分的にしか扱えなかったが、タイムリープや世界線、並行世界といったテーマを含めればこれまた相当の数になってくるだろう。

図5『荒川アンダーザブリッジ』第3巻（中村光、スクウェア・エニックス）©Hikaru Nakamura/SQUARE ENIX

さらには、特別宗教的と思えなくても、人智を超えた力やありえない「技」まで含めれば、「スラムダンク」【11】や「テニスの王子様」【12】、「弱虫ペダル」【13】といったスポーツものも範疇に入ってくる。

救世主や世紀末といったテーマの作品もかなり多く見られる。現在の地球はしばしば滅んで当然のものとして扱われている。通常ではないことまで広げれば、もともとフィクションやファンタジーの世界であるから、「アニメ、マンガ、ゲーム作品はすべて宗教的」ということも、できないわけではない。実際にそう指摘する研究者も存在する。しかし、「アニメ、マンガ、ゲーム作品はすべて宗教的」といって何を理解できるのだろうか。「すべて」といったときに差異は消滅し、説明は放棄されるのである。

すでに繰り返し指摘してきたように、ごく一部の作品を除いて、どれだけ宗教者、宗教団体、宗教現象が描かれても、制作する側は「宗教」を描こうとしているわけではない。読者もまたしかりである。

失われゆく宗教儀礼の残照として

それではアニメやマンガで取り上げられる宗教が読者・視聴者に与える影響は皆無なのだろうか。実は、筆者は少なくない、と考えている。

【11】一九九〇年から一九九六年まで『週刊少年ジャンプ』に連載された井上剛彦のマンガ。単行本全三一巻。アニメは、一九九三年一〇月から一九九六年三月にかけて全一〇一話がテレビ朝日系列で放送された。

【12】一九九九年から二〇〇八年にかけて『週刊少年ジャンプ』に連載された許斐剛のマンガ。単行本は全四二巻。二〇〇九年から『ジャンプSQ』に連載中の「新テニスの王子様」という続編がある。アニメ化もされ、二〇〇一年一〇月から二〇〇五年三月にかけて全一七八話がテレビ東京系列で放送された。さらにゲーム、実写映画、ミュージカル、あるいは中国で実写ドラマ化されるなど多様な展開をした。

【13】二〇〇八年から『月刊少年チャンピオン』に連載されている渡辺航のマンガ。単行本は既刊七一巻。アニメは二〇一三年一〇月から二〇一八年六月までに四期一一一話がテレビ東京系列で放送されているほか、劇場版アニメ、実写映画、ゲーム化もされている。

そう考えるに至る経緯の説明には長文を要するので、筆者の他の論文や本を参考にしていただかなくてはならないが[14]、あえて単純な言い方をすれば、私たちの日常生活からあたりまえだった宗教性が失われているからである。私たち日本人の宗教性は、宗教団体に自覚的意識的に帰属することによって維持されてきたのではなく、もっぱら年中行事や通過儀礼といった生活の節目節目、人生の折々に行ってきた儀礼を通じてだった。神社や寺院とは地縁や血縁を元にして関わりを持つのであって、自覚的な信者としてのそれとは異っている。しかしながら戦後七〇年の間に産業構造の変動による地域社会と家族構造の変化によって、伝統的な生活のリズム、社寺との関わりは著しく薄れていくことになった。

次表は、民俗学が伝統社会における代表的な年中行事として示すものだが、一九五〇年代の農村には残っていたと考えられる。農耕と関わるものが多く、境内か田畑かは別にして神社と関係深い行事が多い（表2）。

ここに記された年中行事は現在いくつ残っているだろうか。たとえ名称は同じでも、他の行事がなくなったのだから、その内容や意味も変容を余儀なくされている。私たちの生活が合理的になったかどうかとは別に、宗教的世界を背景として成立していた年中行事や通過儀礼は戦後、とくに高度経済成長期以降急速に減少、変容していった。そして近年、バブル崩壊後、結婚式や葬儀など、きわめて

【14】『増補改訂版 データブック現代日本人の宗教』（新曜社、二〇〇七年）、『テレビと宗教 オウム以後を問い直す』（中央公論新社、二〇〇八年）、『改訂新版 日本人の一年と一生——変わりゆく日本人の心性』（春秋社、二〇二〇年）など参照。

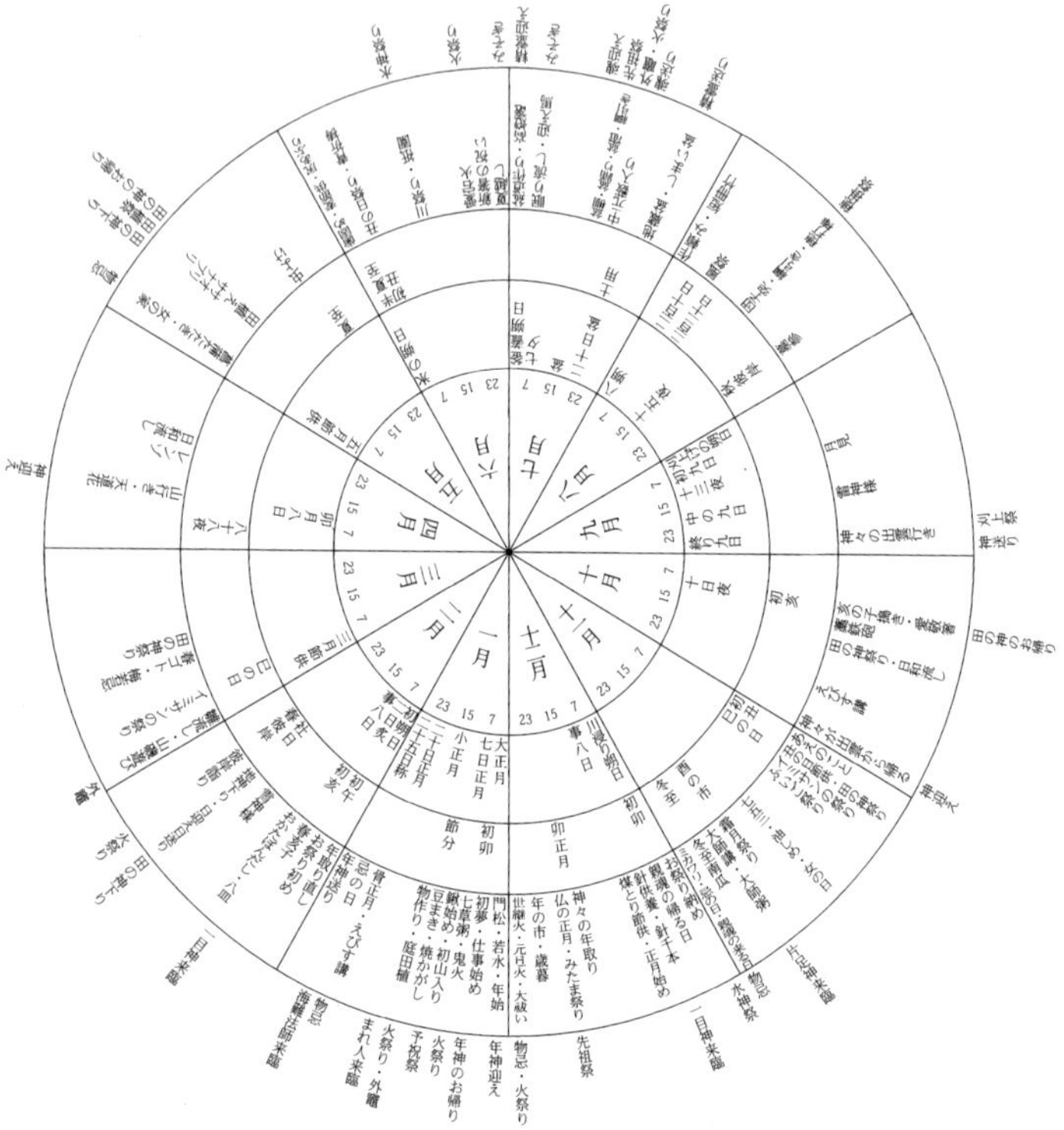

表2　主要年中行事表

（井之口章次「年中行事一覧」『日本民俗学大系7　生活と民族(2)』平凡社、1959年）

重要な儀礼が消滅しつつある。葬儀の形態は多様化し規模は縮小、儀礼自体は簡略化している。挙式も披露宴も行わない「ナシ婚」が三割に増加し、看取る者のいない孤独死が増加している。

我々の儀礼文化・世界観を支えていた神社や寺院は、少子高齢化、過疎化・限界集落化、そしてライフスタイルの変化によって基盤が脅かされるようになった。他方で御朱印や世界遺産ブームで賑わう社寺もあり、二極化しつつある。戦後活動が活発になった立正佼成会、創価学会、霊友会などの新宗教も、二〇世紀終わり近くになって活動が停滞するようになっていった。クリスチャンは増加せず、聖職者の高齢化が進んでいる。

私がポップカルチャーに表象されている宗教を問題としているのは、こうした状況が背景にあるからである。宗教団体に対する無関心、生活の中の儀礼文化の希薄化、他方で増大するメディア（とくにテレビ）における宗教的要素の増大は何を意味しているのだろうか。宗教者や宗教団体ではない人や組織が制作した、布教や伝道目的ではない宗教的な物が情報の中を流れ、責任を追うことなく流布している。

ポップカルチャーとなった宗教は、私たちの人生に深く関わることをやめ、エンターティメントとしてそのときそのとき姿を現すだけである。多くの人々にとって宗教が文化の中でも中核的で濃い文化だった時代は終わり、今や情報と消費の中を彷徨するゴーストのような存在になりつつあるのではないだろうか。

あとがき

取り上げた方がいい作品がもっとあったかもしれない。『陰陽師』『タンキー』『ファンシーダンス』など、明らかに宗教者が主人公の作品は取り上げてもよかったかと思う。宮崎駿・ジブリ作品にもほとんど言及していない。「となりのトトロ」「もののけ姫」「千と千尋の神隠し」「魔女の宅急便」など気になる作品が多数あるが、あえて取り上げなかった。これらの作品には膨大な量の書籍・評論があり、拙速の考察は避けたかった。テーマも絞らざるをえなかったが、他にも「救世主」「終末」「神話」などまだまだ論じるべきテーマはありそうだ。

書き終わってみて、いろいろな意味で大変な作業だったと思う。アニメやマンガを見ればいいんだからと思われるかもしれないが、興味のある作品だけではない。還暦を超えて見るには辛い苦しいアニメやマンガも少なくなかった。研究対象として見ているので、メモをとりながらマンガには付箋も貼る。アニメ、マンガとも作品数が多く、人気作品を見るだけで、膨大な時間を要した。「まどか☆マギカ」のように一二話で完結する作品ならば集中してみられるとしても、数百話に及ぶような大作は、とにかく時間がかかった。学務で多忙な時期もこつこつと見てきたが、研究の進捗は、遅々たるものに感じた。ふだんから話題になったり面白いと聞いた作品はなるべく見るようにはしているが、根っからのファンではない。

アニメやマンガの学術的分析が可能であるかも自問した。この領域は評論が多い。取り上げる作品も論評の仕方も筆者によって様々だ。ジェンダーからの学的分析がすでに行われていたし民俗学での試みにも励まされた。最近では修士論文や博士論文でも扱えるようになったので、今後は普通に論じられるようになるのではないかと思う。

巫女や神社、シスターが登場するアニメやマンガがこんなにあるとか、「バガボンド」のような人の生き方に迫る作品も宗教的と言い放っておくわけにはいかないので、表現者と制作サイドに留意しながら、作品での「宗教」の扱われ方と需要者への影響の可能性について分析することにした。

メディア環境の多様性と拡大につれて、アニメやマンガが社会や個人に及ぼす影響力は大きくなっているように感じる。それにしては、メディアが精神文化の中核と言われる宗教にどのような影響を与えるかについては、研究が少ないのではないか。本書は戦後の社会変動と宗教との関係を情報から読み解こうとする試みの一端である。すでに筆者はラジオ、テレビにおける宗教性の考察は終えたので、今後はデジタル化（DX）が考察の対象となる。

本書は次の論文を大幅に書き換え、大幅に補ったものである。

「現代における「よみがえり」考」『國學院雜誌』第一一三巻第八号、二〇一二年
「機械の中の幽霊」『宗教研究』第三七七号、二〇一三年
「ポップカルチャーと宗教序論」『國學院雜誌』第一一六号、二〇一五年
「ポップカルチャーと宗教――マンガ・アニメにおける「生まれ変わり」」『國學院大學大学院紀要』第四八輯、二〇一七年
「魔法と変身――「魔法少女」形成期における「魔法」」『國學院大學紀要』第五六巻、二〇一八年
「「魔法」という矛盾――「魔法少女」形成期における「魔法」の位置付けについて」『國學院雜誌』第一一九巻六号、二〇一八年
「戦闘美少女と魔法――「セーラームーン」と「プリキュア」に見る魔法の意味」『國學院大學大学院紀要』第五〇輯、二〇一九年
「ポップカルチャーにおける神社・巫女に関する考察」『國學院大學紀要』第五八輯、二〇二〇年

本研究は、國學院大學大学院特定課題研究（「宗教表象の現代的展開に関する研究」二〇一六

〜二〇一八年度、「現代ポップカルチャーにおける異界」（山田利博代表）二〇一九〜二〇二一年度）の助成を得て行われた。後半は、國學院大學文学部の山田利博教授にお世話になった。研究費で参考文献だけでなく膨大な数の資料（マンガ）をいやというほど購入することを認めていただいた。記してお礼申し上げたい。アニメはレンタル、プライムビデオ、そしてDアニメストアで視聴した。

最後に謝辞を述べたい。論文を書き始めた当初、対象とする作品や一覧の選択に、大道晴香さんと古山美佳さんの助力を得た。作品そのものの選択に迷っていたときに助けとなった。取材を受けていただいた鷲宮神社・相澤力宮司にもお礼申しあげたい。本書の刊行にあたった春秋社の小林公二編集長にも、通り一遍の謝辞以上のお礼を申し上げなければならない。本書の刊行を春秋社にお願いしたのは、氏の人柄とともにポップカルチャーに関して深い造詣を有しているからである。氏からは多くの示唆を得た。

家族にもお礼をいっておきたい。山のようにマンガを積み上げる私に不審な目を向けることのなかった家内と、多くの有益なサジェスチョンをくれた娘に感謝して筆を擱くことにする。

二〇二一年一〇月九日

石井研士

石 井 研 士 *Kenji Ishii*
1954年、東京に生まれる。東京大学大学院人文科学研究科宗教学・宗教史学専攻博士課程単位取得満期退学。東京大学文学部助手、文化庁宗務課専門職員を歴任。現在、國學院大學神道文化学部教授。博士（宗教学）。専門は宗教学・宗教社会学、研究テーマは現代社会と宗教。著書に『銀座の神々――都市に溶け込む宗教』（新曜社）、『社会変動と神社神道』（大明堂）、『結婚式――幸せを創る儀式』（NHK出版）、『データブック現代日本人の宗教 増補改訂版』（新曜社）、『日本人の一年と一生――変わりゆく日本人の心性［改訂新版］』（春秋社）など多数。

魔法少女はなぜ変身するのか

ポップカルチャーのなかの宗教

2022年6月20日　第1刷発行

著者――――石井研士
発行者――――神田　明
発行所――――株式会社 **春秋社**
〒101-0021 東京都千代田区外神田2-18-6
電話 03-3255-9611
振替 00180-6-24861
https://www.shunjusha.co.jp/
印刷・製本――萩原印刷 株式会社
装丁――――伊藤滋章

JASRAC 出 2203396-201
ISBN978-4-393-29162-7
定価はカバー等に表示してあります